# O BRASIL COMO PROBLEMA

*Qual é a causa real de nosso atraso e pobreza? Quem implantou esse sistema perverso e pervertido de gastar gente para produzir lucros e riquezas de uns poucos e pobreza de quase todos?*

global editora

Darcy Ribeiro

# O BRASIL COMO PROBLEMA

Apresentação
João Cezar de Castro Rocha

global
editora

1ª Edição, Francisco Alves Editora, 1995
2ª Edição, Global Editora, São Paulo, 2015
2ª Reimpressão, 2023

**Jefferson L. Alves** – diretor editorial
**Gustavo Henrique Tuna** – editor assistente
**Flávio Samuel** – gerente de produção
**Flavia Baggio** – coordenadora editorial e revisão
**Tatiana F. Souza** – revisão
**Tathiana A. Inocêncio** – projeto gráfico
**Marcelo Girard** – capa

**CIP-BRASIL. CATALOGAÇÃO NA FONTE**
**SINDICATO NACIONAL DOS EDITORES DE LIVROS, RJ**

R369b
2.ed.

Ribeiro, Darcy, 1922-1997
O Brasil como problema / Darcy Ribeiro. – 2. ed. – São Paulo : Global, 2015.

ISBN 978-85-260-2202-7

1. Brasil - Civilização. 2. Brasil - Política e governo. I. Título.

15-21387 CDD: 981
CDU: 94(81)

Obra atualizada conforme o
NOVO ACORDO ORTOGRÁFICO DA LÍNGUA PORTUGUESA

global editora

**Global Editora e Distribuidora Ltda.**
Rua Pirapitingui, 111 – Liberdade
CEP 01508-020 – São Paulo – SP
Tel.: (11) 3277-7999
e-mail: global@globaleditora.com.br

globaleditora.com.br
@globaleditora
/globaleditora
@globaleditora
/globaleditora
/globaleditora
blog.grupoeditorialglobal.com.br



Nº de Catálogo: **3661**

Acervo Fundar

# SUMÁRIO

# **Darcy Ribeiro** e *O Brasil como problema*

O leitor deste livro deve adotar uma atitude iconoclasta que muito provavelmente agradaria a seu autor, isto é, deve começar a percorrer este instigante testemunho de um dos mais criativos e inquietos pensadores da cultura brasileira pelo último texto: "Minhas peles". O título revelador constitui um convite para o entendimento de sua obra e, sobretudo, do *estilo* Darcy Ribeiro.

O usual teria sido a escolha de outra voz: *máscaras*. A noção do emprego de máscaras diversas no trato social é a marca-d'água do moralismo francês, inaugurando um modelo ainda hoje recorrente e que traduz a vida social em termos teatrais, pois todos, conscientemente ou não, representamos inúmeros papéis na sociedade.

Contudo, e de modo sintomático, Darcy escolheu um vocabulário propriamente visceral: *peles*. Eis um índice preciso para pensar sua vida e obra. Vejamos, ou melhor, escutemos suas palavras:

> Meu tema, aqui, sou eu mesmo e devo versá-lo com o gosto que tenho e confesso de falar de mim. Quem sou eu? Às vezes me comparo com as cobras, não por serpentário ou venenoso, mas tão só porque, eu e elas, mudamos de pele de vez em quando. Usei muitas peles nesta minha vida já longa e é delas que vou falar.[1]

Vaidade? Narcisismo? Claro que sim! Mas apenas parcialmente – e essa restrição faz toda a diferença, abrindo caminho para uma leitura radical da *diferença* Darcy Ribeiro.

Como contraponto à afirmação anterior, tem-se a "Nota do autor à primeira edição". Nela, o leitor encontra uma advertência prudente:

---

1 RIBEIRO, Darcy. *O Brasil como problema*. São Paulo: Global, 2015. p. 247.

Mas não se equivoque comigo. Nenhum escritor é inocente, eu também não... Confesso que quero mesmo é fazer sua cabeça. [...] E, apesar de mim, me queira bem.[2]

É bem isto: a força da *presença* Darcy Ribeiro depende das mesclas – palavra-valise do seu pensamento – incomuns de ingenuidade *e* autoironia, utopia *e* autocrítica. Sem essa mestiçagem conceitual, o gosto de falar de si mesmo não seria muito mais do que um traço psicológico.

Esse não é o caso do autor deste livro em nenhuma circunstância. Trata-se antes de um dilema estrutural que Darcy Ribeiro precisou enfrentar a fim de afirmar sua singularidade como pensador. A melhor maneira de compreendê-lo consiste em surpreender uma constelação similar em outros autores de diferentes contextos, mas irmanados por idêntico impasse.

Isto é, a oscilação intelectual e existencial constitui o pano de fundo no cotidiano de culturas não hegemônicas, dada a centralidade atribuída ao Outro, que, neste caso, são as vozes das nações que exercem hegemonia política, econômica e simbólica. Hegemonia que apenas foi reiterada no mundo globalizado contemporâneo.

Se não vejo demais, estamos às voltas com a mesma circunstância descrita com eloquência por Albert Camus no prefácio de seu primeiro livro:

> [...] nesse mundo de pobreza e de luz onde vivi por muito tempo e cuja lembrança me salvou dos dois perigos que ameaçam todo artista: o ressentimento e a satisfação. [...]
> Para corrigir uma indiferença natural, fui colocado a meia distância entre o sol e a miséria. A miséria me impediu de acreditar que tudo está bem sob o sol e na história; o sol me ensinou que a história não é tudo.[3]

Esse tipo de vaivém entre extremos, que sempre descobre um modo de estabelecer pontes, tornando a própria precariedade uma instância pro-

---

2 Ibidem. p. 9-10.

3 CAMUS, Albert. L'Envers et l'Endroit. In : ______. *Essais*. Paris: Bibliothèque de la Pléiade, 1965. p. 6.

dutiva, permite vislumbrar o quanto de autoironia subjaz ao narcisismo do autor de *Aos trancos e barrancos* (1985).

Ainda mais: pelo avesso, esse "gostar de si mesmo" é uma resposta bem-humorada, e no fundo necessária, ao veio dominante na tradição latino-americana, pois, se costumamos idealizar o Outro, ao mesmo tempo desprezamos nossas culturas, diminuindo o valor de nossos artistas e intelectuais.

Darcy Ribeiro, como foi comum em sua rica e múltipla trajetória, rompeu ostensivamente com esse padrão. Entende-se, então, o alcance político de sua vaidade: de fato, para um intelectual latino-americano, amor-próprio expressa o desejo legítimo de manter um diálogo de alto nível *entre pares*, em lugar de contentar-se com o papel pálido de discípulo aplicado, leitor endomingado do texto alheio. Dessa forma compreende-se a ruptura, pois, aqui, amor-próprio também é um ato político de engajamento a favor dos menos poderosos, dos menos favorecidos.

O autor de *Os brasileiros – Teoria do Brasil* (1972) explicitou sua posição na nota à primeira edição desta obra:

> Os escritos espelham seus autores, refletindo sentimentos, ideias e manias. Os meus também. Neles me expresso com minha visão do mundo, que é a de antropólogo metido na militância política. Apaixonado pelos índios e pelos brasileiros, especialmente os negros e mulatos.[4]

Essa opção ajuda a esclarecer outro paradoxo constitutivo do *estilo* Darcy Ribeiro; na verdade, este livro é o retrato acabado desse paradoxo.

Refiro-me à capacidade incomum do autor de *Maíra* (1976) de produzir sínteses *na* dispersão, de preferência, *por meio* da dispersão. Desdobrando-se em múltiplas atividades – antropólogo; ensaísta reconhecido internacionalmente; professor universitário; criador de universidades em todo o mundo; ministro-chefe da Casa Civil de João Goulart; vice-governador do Rio de Janeiro; revolucionário da educação; idealizador do Centro Integrado de Educação Pública (Ciep), escola de tempo integral que ainda hoje perdura na memória do povo carioca; escritor de sucesso, etc. –, reinventando-se com

---

4 RIBEIRO, Darcy. Op. cit. p. 9.

novas peles, radicalmente avesso a máscaras, a *presença* Darcy Ribeiro tinha tudo para diluir-se: raio intenso de luz que impressiona, porém não deixa rastros; infinito livro de areia, cujas linhas se desfazem com a rapidez da fala desse autêntico Macunaíma redivivo que foi Darcy Ribeiro.

No entanto, o legado do autor de *O processo civilizatório* (1968) permanece atual e sua obra somente se torna mais importante à medida que o tempo passa. Ora, caro leitor, não se surpreenda, basta consultar o título deste livro: *O Brasil como problema*.

Eis o segredo da síntese no seio da dispersão: as preocupações plurais do antropólogo e político, as trezentas-e-cinquenta peles desse Calibã brasileiro, enfim, seu caleidoscópico apetite pela vida conheciam um norte preciso, régua e compasso dos quais nunca se afastou: o *Brasil*. Nascido em 1922, ano da Semana de Arte Moderna, Darcy Ribeiro, como poucos, levou adiante o projeto modernista de redescobrir o país, refundando a cultura nacional, no movimento entre o *lá* e o *cá* que tanto permitiu definir o trabalho antropológico, como ajudou a formar a literatura brasileira desde Domingos Caldas Barbosa, Gonçalves de Magalhães e Gonçalves Dias, nessa oposição adverbial consagrada na "Canção do exílio".

Cuidado, porém, com uma previsível interpretação literal do título deste livro. O *Brasil* é menos um *problema*, em si, do que uma *experiência de pensamento*, uma *forma de convívio*, vale dizer, uma possibilidade de ser e de estar no mundo, uma maneira inventiva de se relacionar com a alteridade, em suma, uma potência ainda à espera de sua atualização plena.

No artigo que nomeia este livro, "O Brasil como problema", o autor expõe o dilema nacional sem meias tintas:

> Não nos esqueçamos de que o Brasil foi formado e feito para produzir pau-de-tinta para o luxo europeu. Depois, açúcar para adoçar as bocas dos brancos e ouro para enriquecê-los. Após a independência, nos estruturamos para produzir algodão e café. Hoje, produzimos soja e minério de exportação. Para isso é que existimos como nação e como governo, sempre infiéis ao povo engajado no trabalho, sofrendo fome crônica, sempre servis às exigências alheias do mercado internacional.[5]

5 Ibidem. p. 47.

O projeto de Darcy Ribeiro, pelo contrário, apostava na capacidade de autodeterminação do povo brasileiro. Porém, ela somente seria despertada por meio da educação. Ao que tudo indica, Trotski se equivocou, pois a revolução permanente não ocorrerá em trincheiras ou barricadas, mas no dia a dia modesto das salas de aula. E, especialmente nos colégios públicos, a tarefa mais urgente consiste na transformação de alunos em futuros cidadãos críticos. Por isso, o autor de *A universidade necessária* (1969) foi um semeador de escolas e universidades; afinal, para Darcy Ribeiro, a educação superior precisava adaptar-se às novas condições da sociedade da informação:

> O saber desdobrou-se e se esgalhou tanto que o seu completo domínio é inatingível. Não pode, também, ser uma mera universidade local, formadora de quadros profissionais do tipo comum. O pleno desenvolvimento regional e nacional exige que se aproveite esta oportunidade de criação de uma nova universidade para fazer dela não um mero conglomerado de escolas de nível superior, mas aquele tipo de universidade que corresponda às exigências da modernização e desenvolvimento do Brasil.[6]

É uma *utopia selvagem*, sem dúvida; porém buscada com empenho total durante toda a sua vida. Tal empenho gerou uma energia única que permitiu um último gesto, característico do homem que nunca deixou de acreditar no impossível: enfermo, com um diagnóstico desfavorável, fugiu do hospital para escrever seu último livro, *O povo brasileiro* (1995).

Terminemos, pois, este prefácio com as palavras solares de Darcy Ribeiro:

> Somos os portadores da destinação que, forçados pela história, nossos pais se deram, a seu gosto ou a seu pesar: plasmar este novo gênero humano, o brasileiro; com vocação mais humana, porque feito de mais humanidades e porque engendrado de forma mais sofrida. Um povo em que ninguém está enfastiado, nem tedioso; todos aspiram é à fartura e à alegria.[7]

*João Cezar de Castro Rocha*

---

6 Ibidem. p. 194.

7 Ibidem. p. 20.

# Nota do autor à primeira edição

## Atenção!

Reúno neste volume, refeitos, diversos escritos meus, inéditos em livro. Só o livro comum, vendido em livraria, atinge realmente o público ledor.

Quem compra um livro, olha, tentando avaliar a mercadoria que comprou e começa a ler. O mais depende só do livro. Se é bom, alguns leitores se apegam a ele, o leem e releem, com o gozo que possam tirar. É para eles que a gente escreve.

Os escritos espelham seus autores, refletindo sentimentos, ideias e manias. Os meus também. Neles me expresso com minha visão do mundo, que é a de antropólogo metido na militância política. Apaixonado pelos índios e pelos brasileiros, especialmente os negros e mulatos. Interessado em todas as culturas e civilizações. É, também, a visão do plantador de centenas de boas escolas e modernas universidades. Inclusive a Universidade do Terceiro Milênio, que criei e acaba de ser fundada.

Minha fala é a do cruzado que sou, sempre defendendo minhas causas ou expressando minha indignação. Seja a salvação dos índios. Seja a reforma agrária. Seja a ruindade de nossas elites. Seja o descalabro da educação brasileira. Seja a universidade necessária. Seja a malandrice neoliberal.

Mas não se equivoque comigo. Nenhum escritor é inocente, eu também não... Confesso que quero mesmo é fazer sua cabeça. Os brasileiros vêm sendo tão massacrados pela indoutrinação direitista, difundida por toda a mídia, que já não há onde alguém possa informar-se realmente sobre como viemos a ser o que somos, sobre como se implantou a crise em que estamos afundados e sobre as alternativas políticas que se abrem para nós. Os velhos discursos de esquerda ficaram obsoletos. A velha oligarquia, montada na força do dinheiro, consolidou sua hegemonia através das eleições, nos vencendo uma vez mais.

Por tudo isso, nada é mais necessário hoje que um novo discurso de esquerda. Quer dizer, socialmente responsável diante do povo sofredor e suficientemente ambicioso para definir desígnios mais altos para o Brasil. Isso é o que eu tento dar aqui. Se você é jovem de idade ou de espírito, leia primeiro o texto "Indignação". Se é velho, leia outro. E, apesar de mim, me queira bem.

# O BRASIL
# EM CAUSA

# O Brasil no mundo

## Uma nova Roma

O Brasil surge e se edifica a si mesmo, mas não em razão dos desígnios dos seus colonizadores. Eles só nos queriam como feitoria lucrativa. Contrariando suas expectativas, nos erguemos, imprudentes, inesperadamente, como um novo povo, distinto de quantos haja, deles inclusive, na busca de nosso ser e de nosso destino.

Somos um rebento mutante, ultramarino, da Civilização Ocidental Europeia, na sua versão ibero-americana. Produto da expansão europeia sobre as Américas, que destruindo milhares de povos modelou com o que restou deles uns poucos novos povos, multiformemente refeitos. Todos configurados como extensões da metrópole que regeu a colonização, impondo sua língua e suas singularidades.

Uns quantos soldados latinos e suas cinquenta gerações de filhos, transfigurando-se sucessivamente ao longo de 1500 anos, debaixo de toda sorte de opressões e padecimentos, plasmaram a forma lusitana. Saltando o mar-oceano, há 500 anos aquela Lusitânia prístina veio ter aqui, para cumprir em nós seu destino mais alto: fazer o Brasil.

A Europa não conseguiu fazer o mesmo no Oriente, cujas populações muito mais densas absorveram o assalto, conservando sua própria cara. Também não na África, que constituiu, por séculos, mera reserva de mão de obra de que os europeus tiraram mais de 100 milhões de escravos, enquanto o músculo humano foi a fonte energética principal do sistema produtivo. Quando o trabalho manual obsolesceu, a África tinha mantido sua tribalidade, desde a qual se esforça, hoje, para compor suas próprias imagens étnicas.

Nas Américas não houve nunca possibilidade nenhuma de que os povos avassalados mantivessem sua identidade. Primeiro, os índios que aqui estavam; depois, os negros para cá trazidos, e também os brancos e até os orientais, foram todos radicalmente transfigurados. Isso se operou com tamanha brutalidade que desfez, étnica e culturalmente, quantos foram engajados no processo, para de todos fazer neoeuropeus genéricos, mais homogêneos que qualquer um dos povos propriamente europeus. Tanto é assim que os países europeus guardam mais idiomas e variantes dialetais nas falas de seus povos que nas falas dos povos americanos.

Somos, pois, inelutavelmente, uma criatura a mais da civilização ocidental condenada a expressar-se dentro dos seus quadros culturais. Uma romanidade tardia, tropical e mestiça. Uma nova Roma, melhor, porque racialmente lavada em sangue índio, em sangue negro. Culturalmente plasmada pela fusão do saber e das emoções de nossas três matrizes; iluminada pela experiência milenar dos índios para a vida no trópico; espiritualizada pelo senso musical e pela religiosidade do negro. Deste caldeamento carnal e espiritual surgimos nós, os brasileiros.

Somos, apesar de toda essa romanidade, um povo novo, vale dizer um gênero singular de gente marcada por nossas matrizes, mas diferente de todas, sem caminho de retorno a qualquer delas. Esta singularidade nos condena a nos inventarmos a nós mesmos, uma vez que já não somos indígenas, nem transplantes ultramarinos de Portugal ou da África.

Somos os portadores da destinação que, forçados pela história, nossos pais se deram, a seu gosto ou a seu pesar: plasmar este novo gênero humano, o brasileiro; com vocação mais humana, porque feito de mais humanidades e porque engendrado de forma mais sofrida. Um povo em que ninguém está enfastiado, nem tedioso; todos aspiram é à fartura e à alegria.

Somos os herdeiros de uma imensa, imensamente bela, imensamente rica, província da Terra que, lamentavelmente, mais temos malgastado que fecundado. Tamanho foi o desgaste que, hoje, tarefa maior é salvar toda a beleza prodigiosa da natureza que conseguiu sobreviver à nossa ação predatória. É fixar as diretrizes para uma convivência melhor com as terras, as matas, os campos, as águas e toda a diversidade quase infinita de formas de vida que nelas ainda vicejam.

Maior ainda foi o desgaste humano. O Brasil tem sido, ao longo dos séculos, um terrível moinho de gastar gentes, ainda que, também, um prodigioso criatório. Nele se gastaram milhões de índios, milhões de africanos e milhões de europeus. Nascemos de seu desfazimento, refazimento e multiplicação pela mestiçagem. Foi desindianizando o índio, desafricanizando o negro, deseuropeizando o europeu e fundindo suas heranças culturais que nos fizemos.

Somos, em consequência, um povo síntese, mestiço na carne e na alma, orgulhoso de si mesmo, porque entre nós a mestiçagem jamais foi crime ou pecado. Um povo sem peias que nos atenham a qualquer servidão, desafiado a florescer, finalmente, como uma civilização nova, autônoma e melhor.

Falo de civilização autônoma, sem nenhuma pretensão de poderio autárquico. Bem sei que este é um mundo só de nações interdependentes. Mas sei, também, que as há autônomas, como também as há dependentes. Nós, brasileiros, bem podemos optar pela autonomia e pela singularidade, em razão de nossa dimensão continental e da condição de maior das províncias neolatinas. Mas, também, com base na democracia racial que estamos desafiados a construir como um povo confluente de todas as raças. E com base, sobretudo, na aspiração nacional de criar uma sociedade solidária, inspirada na propensão indígena para o convívio cordial e para a reciprocidade.

O fato incontestável é que nos cabe neste mundo um espaço de existência e de influência que estamos chamados a assumir, juntamente com alguns outros povos, também dotados para a grandeza e para a felicidade. Faz falta ao mundo um Brasil realizado em suas potencialidades de civilização tropical, mestiça e solidária, que não pede nada a ninguém, mas muito pode dar. Temos tudo para isso.

Somos uma nação etnicamente unificada e coesa, sem qualquer contingente oprimido a disputar autodeterminação. É verdade que uns quantos povos indígenas, para nossa vergonha, ainda estão reclamando a propriedade dos territórios em que viveram desde sempre e o direito de continuarem vivendo dentro de sua própria cultura. Eles são tão poucos e o que pedem é tão insignificante, que a dignidade nacional não há de negar-lhes. Isso seria fatal, hoje, já não para o nosso destino, mas para a nossa honra.

Nossa matriz africana é a mais abrasileirada delas. Já na primeira geração, o negro, nascido aqui, é um brasileiro. O era antes mesmo do brasileiro existir, reconhecido e assumido como tal. O era, porque só aqui ele saberia viver, falando como sua a língua do amo. Língua que não só difundiu e fixou nas áreas onde mais se concentrou, mas amoldou, fazendo do idioma do Brasil um português falado por bocas negras, o que se constata ouvindo o sotaque de Lisboa e o de Luanda.

É de assinalar que esses nossos patrícios negros enfrentaram, e ainda enfrentam, o drama de sua penosa ascensão de escravo a assalariado e a cidadão, debaixo da dureza do preconceito racial. Menos virulento que o de outras partes, mas, aqui também, discriminatório e perverso. Ainda assim, é do contingente negro, como do índio, que nos vem a singularidade cultural que temos. É também do negro nossa criatividade mais assinalável, que se expressa, por exemplo, no carnaval carioca e no culto a Iemanjá.

Somos hoje uma nação de 160 milhões de pessoas[1] falando a mesma língua, a todos inteligível – sem dialetos e nem mesmo sotaques dissonantes. Imersos, todos, numa mesma cultura, fiéis a seus valores maiores. A partir dessas bases é que ingressaremos na nova civilização, fundada no desenvolvimento científico e tecnológico, que teremos de dominar para não perecer.

Quando alcançados há dois séculos pela Revolução Industrial, incapazes que fomos de nos incorporar autonomamente a ela por um salto evolutivo, nos deixamos avassalar, como consumidores de seus produtos. Reiteramos assim, já independentes, o mesmo papel colonial, subalterno, de servidores do mercado mundial. Urge vencer esse desafio que a história novamente nos propõe, para sermos, afinal, a civilização inigualável que podemos ser.

## A conjuntura mundial

O panorama mundial alterou-se substancialmente nos últimos anos, como não ocorria desde o fim da Segunda Guerra Mundial. Com efeito, uma Bomba da Paz explodiu no Leste Europeu, evidenciando claramente que não haverá a tão anunciada e temida Guerra do Fim do Mundo. Em consequência, tornou-se inútil a compressão que a URSS exercia internamente sobre o povo soviético para manter seu oneroso potencial guerreiro,

1 Em agosto de 2013, o Instituto Brasileiro de Geografia e Estatística (IBGE) publicou dados de levantamento feito pelo órgão que estimou a população brasileira em 201.032.714 habitantes. (N. E.)

bem como a pressão que exercia sobre as nações do Pacto de Varsóvia para mantê-las quietas.

Todo aquele colosso esboroou-se, entrando em crise, da qual os russos certamente conseguirão sair mais prósperos e mais poderosos do que nunca. Um novo conglomerado de nações, estruturado em torno da Rússia, é que medirá forças com a Europa, o Japão e os Estados Unidos da América, dentro de uma nova conjuntura mundial.

Isso ocorre precisamente quando é mais precária a nossa situação no mercado mundial em transformação acelerada. Transformação cujo efeito imediato sobre o Brasil será nossa crescente marginalização no mercado mundial, que ameaça tornar nossa produção, já obsoleta, também dispensável. Começamos a ser tratados como nação descartável, à qual só se dá a atenção de duras repreensões, mas da qual se continua a exigir bens, arrancados de nossa pobreza, no tom mais boçal e das formas mais chantagísticas. Submeter-se a essas exigências apresentadas cinicamente como o caminho do progresso importa na perpetuação da miséria em que nosso povo está afundado. Importará, também, em perpetuar uma forma de relação internacional que, de fato, torna impossível nossa integração na civilização emergente.

Dois fatores conjunturais agravam essa situação crítica. Por um lado, a formação de mercados continentais cativos como o europeu, o norte-americano e o japonês, estruturados como blocos autodefensivos, nos deixa à margem, na posição de meros fornecedores de insumos cada vez mais depreciados, sem qualquer capacidade de defender nossa economia e fazê-la prosperar. Por outro lado, a renovação dos sistemas econômicos soviético, leste-europeu e chinês, que se abrem competitivamente ao mercado mundial, no esforço de se organizarem como economias de mercado. São, para isso, patrocinados por grandes potências, seja o Japão, seja a Alemanha.

A contraparte que temos nós, latino-americanos, é a brutalidade da iniciativa Bush, cujo "empreendimento para as Américas" se desenhou como uma afirmação de hegemonia regional, pela reserva de uma área complementar cativa, provedora de insumos baratos. Nessas circunstâncias, tornou-se ridículo falar de livre-comércio num mundo feudalizado em imensos blocos continentais, internamente solidários, que abrangem a maior parte dos gêneros que se mercadeja no comércio internacional.

Frente a essa estruturação, só nos cabe como saída dar vigor ao movimento de integração, mutuamente proveitoso, com as outras economias sul-americanas, criando nosso próprio mercado preferencial de livre-comércio e de união aduaneira. Assim, poderemos ir compensando o caráter puramente desigualitário de nossas relações de troca com o grupo de ricos, de cujo contexto querem, expressamente, nos excluir.

É lastimável, porém, que ainda no princípio de integração do Cone Sul já se aceite a imposição da assinatura dos Estados Unidos da América, o país que, historicamente, mais tem obstado o processo de integração econômica latino-americana. Refiro-me aos termos do Acordo-Quadro de Comércio e Investimentos assinado entre os Estados Unidos e o Brasil, a Argentina, o Uruguai e o Paraguai, que submete nossas economias ao escrutínio permanente de Washington.

Também muitíssimo onerosa para nós tem sido a degradação ardilosa dos preços de nossas exportações. Somam-se a ela o protecionismo dos países ricos, tanto através de restrições alfandegárias, como de barreiras não tarifárias e, ainda, a especulação cambial, o contrabando e o subfaturamento.

A todos esses infortúnios se soma, ainda, a pura chantagem na manipulação do mercado. Exemplifica essa última forma de agressão o caso da informática, em que para evitar um suposto prejuízo de 1 milhão de dólares para a Macintosh, os norte-americanos nos deram um prejuízo de 100 milhões de dólares, recusando uma importação de sapatos, já produzidos e prontos para entrega. Exemplar, também, é o caso das pressões exercidas sobre nosso governo e transmitidas ao Congresso, no sentido de nos forçar a promulgar uma lei de patentes. Seu efeito imediato será onerar e alienar, ainda mais, a produção de fármacos – setor absolutamente estratégico para a nação –, controlada já por empresas estrangeiras em mais de 90% e que movimenta a cada ano recursos da ordem de 4 bilhões de dólares. Insaciáveis, eles querem mais. Ainda mais. Imensa repercussão vem alcançando a já referida desfaçatez com que nos querem impor até reformas da Constituição.

Observa-se, também, um obscurantismo crescente da política científica e tecnológica norte-americana. Hoje em dia, Washington não restringe a exportação de bens e de conhecimentos de valor estratégico apenas para seus adversários militares. Restringe, também, a difusão de tecnologia de ponta e de equipamentos complexos, como os grandes computadores, para países menos desenvolvidos, como o Brasil. Essa política oficial de monopolização do saber e da técnica, somada à privatização dos conhecimentos, através de patentes empresariais, constitui um retrocesso da própria civilização. Aponta para uma feudalização, que tende a fazer ainda mais rígida a regência de uns poucos núcleos hegemônicos sobre o mundo dos povos avassalados.

Acresce a tudo isso, por um lado, a degradação dos preços de nossos produtos, as restrições às nossas importações, a negação de novos créditos bancários, mesmo os onerosos da rolagem da dívida e, por outro lado, a imposição de que abramos nosso mercado à importação de produtos industriais refinados.

A última novidade no vasto campo de nossos desencontros com o mundo dos ricos é a agressividade com que eles nos acusam de pretender a destruição da floresta amazônica com queimadas gigantescas que ameaçam intoxicar o planeta. Até parece o discurso de gente que houvesse preservado suas florestas e que já tivesse parado de poluir o planeta com força destrutiva mil vezes maior.

Atrás desse discurso verdemente ecológico, se escondem as garras da pretensão de nos impor tutela porque seríamos incapazes de preservar uma natureza valiosíssima para toda a humanidade. Esse é o terceiro bote que intentam contra a Amazônia brasileira. O primeiro foi o projeto Unesco da Hileia Amazônica; o segundo foi o lago prodigioso do Instituto Hudson; e agora é a vez da ONU – Imperial – Ecológica.

Argumenta-se com o caráter destrutivo das formas atuais de exploração econômica das florestas tropicais que, efetivamente, ameaçam aquela imensa massa vegetal que é a maior e mais diversificada fonte de vida da Terra. Negam-se, entretanto, a diagnosticar como causa dessa destrutividade o caráter da economia mundial que faz interface com as florestas tropicais. Também se fazem cegos à natureza da própria civilização ocidental que, ao longo dos séculos, só foi capaz de exterminar os povos da floresta e de destruir as formas de vida que nelas vicejam.

Em lugar disso, nos acusam como se fôssemos os autores deliberados da hecatombe. A preservação da floresta amazônica, como parte substancial do patrimônio natural de toda a humanidade, é uma tarefa coletiva para a qual todos podem colaborar. O inaceitável é a insensatez de fazer dessa salvação um logro espoliativo. O desafio que o Brasil enfrenta nesse campo é o de criar uma civilização tropical, realizando as infinitas potencialidades energéticas e produtivas da floresta amazônica. Nisso é que o BNDES deveria concentrar seus recursos e sua equipe, em lugar de transformar-se num leiloeiro infecundo do patrimônio que recebemos de gerações mais sábias e mais brasileiras.

É nessa conjuntura adversa que o Brasil tem de abrir caminho sem nenhum aliado confiável e sem nenhuma instituição a que possa reclamar. Afunda-se, em consequência, a economia brasileira na maior crise de nossa história. A que Corte de justiça apelar? À trilateral? À OCDE? À ONU poderia ser, até deveria ser, se ela não tivesse fracassado em suas tentativas de fazer cumprir suas próprias resoluções, se não fosse tão servil às nações ricas. Recorrer à Corte Internacional de Haia, talvez, ou, quem sabe, ao Vaticano? Na ordem mundial regida por Washington, em associação com Berlim e Tóquio, nós somos ovelha de tosquia, com o só direito de balir.

É explicável – ainda que também seja lamentável – que, num panorama tão patético, surjam as opiniões despudoradas dos desesperançados. Não vendo outra saída frente à trama que nos coage e nos ameaça, a não ser aderir, nos propõem nada menos que mergulhar nela, sem opor qualquer resistência. Com efeito, o que hoje planejam os economistas oficiais, com o apoio de quase toda a imprensa, é uma inserção ainda mais profunda e mais orgânica do sistema produtivo brasileiro na economia mundial. Ou seja, a receita dos órgãos de defesa dos países ricos – FMI, Bird, GATT – passa a ser, ultimamente, para nosso pasmo, a diretriz dos feitores da política econômica brasileira, num coro tão uníssono quanto insensato.

Em nome de uma suposta desideologização da política econômica, nos impingem a ideologia da recolonização, sem outro disfarce senão o verbal dos seus discursos em economês. A causa de tamanha insanidade reside nas pressões irresistíveis que se exercem sobre o mandatário da nação brasileira. São elas que inspiram o fanatismo de economistas teleguiados, infiéis à sua pátria e a seu povo.

## Desafios cruciais

Não há como negar que a nação brasileira enfrenta, em nossos dias, gravíssimos problemas. É até provável que nenhuma geração tenha enfrentado desafios tão sérios como os que hoje nos reptam. Vivemos às vésperas de uma nova civilização. Tal como ocorreu com a civilização industrial, a civilização emergente vai transfigurar o mundo inteiro e mudar toda a vida. Mudará o quadro das nações, a estrutura das sociedades, os conteúdos da cultura, os hábitos e costumes dos povos e os valores sociais e éticos que os motivarão.

Frente a essa civilização emergente, somos chamados a exercer nossa criatividade, com todo o vigor, toda a lucidez e toda a astúcia de que sejamos capazes, para não cairmos uma vez mais na condição de sociedades meramente modernizadas, mas não integradas na nova civilização. Ela surge ativada por um processo civilizatório, movido por uma nova revolução tecnológica que está renovando tudo no campo energético, no produtivo, no administrativo, no das comunicações e no ecológico.

Somos desafiados a nos apropriar das sementes desta revolução tecnológica, dentro de uma conjuntura internacional que não nos é favorável. Se, outra vez, nos limitarmos ao papel subalterno de meros consumidores de seus frutos, veremos repetir-se o desastre que foi nossa inserção na civilização industrial, que só nos permitiu um desempenho medíocre dentro do mundo moderno.

O que nos desafia hoje não é menos do que a história. É a própria evolução. É o próprio processo civilizatório em curso que, entrando num novo ciclo, irá peneirar, uma vez mais, os povos. Uns poucos florescerão, realizando suas potencialidades, porque se incorporarão à civilização emergente, pela via da aceleração evolutiva, através do comando do próprio destino e do domínio autônomo dos novos saberes e das novas técnicas.

A maioria dos povos, porém, uma vez mais será meramente atualizada, reflexamente modernizada, para servir aos povos avançados, como seus proletariados externos. Serão os contemporâneos não coetâneos do futuro, como nós o somos hoje. Seja por se agarrarem a passados obsoletos; seja por sua incapacidade de explorar suas potencialidades, criadas na própria civilização; seja pela impotência para evoluir e para expressar plenamente as novas formas de fazer, de se associar, de sentir, de crer, de pensar e de criar da civilização emergente.

As novas forças transformadoras da nova civilização – mais poderosas que qualquer outra que a humanidade tenha experimentado – não podem ser contidas e concatenadas pelos procedimentos tradicionais. Seu imenso poder destrutivo e construtivo só pode ser orientado pela liberação de todas as peias burocráticas que tolham as forças transformadoras da nova revolução tecnológica. Isso não significa, porém, abrirmo-nos a elas passivamente, porque assim colocaríamos em risco a própria soberania e a unidade nacional do povo brasileiro. Significa, ao contrário, que devemos definir nosso programa alternativo de desenvolvimento autônomo e autossustentável pela exploração exaustiva de nossas potencialidades e em nosso próprio benefício, visando sobretudo à soberania nacional e ao atendimento às aspirações do povo brasileiro. Para tanto, precisamos afirmar sobre todas as outras diretrizes da política econômica o primado do nacional sobre o internacional e do social sobre o individual.

É dentro desse enquadramento que se situam as três questões fundamentais que vimos analisando. Primeiro, impedir que na negociação da dívida externa se deixem absorver por ela os excedentes produzidos pela economia brasileira e cujo reinvestimento é indispensável para sairmos da miséria e progredirmos. Segundo, não permitir que a política de privatização do patrimônio público empobreça o povo brasileiro e o desarme na competição econômica internacional. Terceiro, realizar os esforços necessários para competir numa economia mundial crescentemente regida por altíssima tecnologia.

Ninguém tem completa clareza sobre o modo de alcançar um perfeito desempenho no enfrentamento desses desafios cruciais. Sabemos apenas que estamos condenados a negociar a dívida menos com os banqueiros a quem devemos, do que com governos dispostos a nos subjugar.

Também sabemos que a preservação da ossatura de nossa economia, representada pelas grandes empresas públicas, em mãos brasileiramente responsáveis, ou sua entrega à irresponsabilidade do privatismo, será decisiva para o nosso destino. Nestas circunstâncias, razões maiores de Estado e não apenas doutrinarismos economicistas devem ditar a política econômica nacional.

Nestas vésperas da civilização emergente, o Brasil, que fracassou frente à civilização industrial, tem de ousar no pensamento e na ação. Só alcançaremos êxito – e dele dependerá até mesmo a nossa soberania – se tivermos os olhos abertos para a nossa realidade, dentro da realidade de um mundo que nos é ou indiferente ou hostil; se tivermos o coração aceso para as dores da pobreza dos homens e mulheres de nossa terra; se fizermos nossas as suas mal fundadas esperanças de felicidade.

É a história que nos bate à porta, alertando para esta hora do destino. Conforme a conduta que tivermos, seremos amanhã uma nação independente e próspera dentro da futura civilização ou iremos amargar o papel subalterno e servil de um novo proletariado externo, como consumidores passivos de inovações criadas por outras sociedades, clamando que, uma vez mais, o Brasil não deu certo.

Repito: é a história que nos interpela. Não para nos dar um destino prescrito, inelutável. Mas para nos chamar a decidir sobre o destino que queremos ter. Esse tanto pode ser, e até tende a ser, a continuidade mecânica de nosso passado medíocre que, conjugada com a resultante das pressões que se exercem sobre a nação brasileira, nos condenará ao atraso se consentirmos passivamente que assim seja. Ou será, por força de nossa vontade, lucidez e garra, o destino que nos propusermos, como um invento, uma utopia do melhor Brasil que pode ser. Há de ser.

## Integração, para quem?

Fala-se demais sobre a integração da América Latina e se fala de forma cada vez mais enganosa e traiçoeira. Que integração querem? Integração cultural? Integração social? Integração econômica?

É duvidoso que exista área mais integrada no mundo. Quinhentos milhões de latino-americanos falam duas variantes modernas de uma língua neolatina, o português e o espanhol, mutuamente inteligíveis. A Espanha, que foi incapaz de digerir os bascos, os catalães e os galegos, aqui na América plasmou uma língua única, mais uniforme até que as falas castelhanas que lá se falam. O mesmo ocorreu com o português de Portugal, diversificado em múltiplos dialetos naquele território minúsculo, mas uniforme em toda a vastidão do Brasil, onde só se registram sotaques locais, que o rádio e a televisão estão absorvendo rapidamente.

O que a fala brasileira tem de original é a sua semelhança com as falas das nações africanas colonizadas pelos portugueses. Nossa língua brasileira, como a angolana e a moçambicana, é, de fato, um português falado, modernizado e melhorado, que se fala com bocas de negros.

Nas outras esferas, o assinalável é, também, a uniformidade de gentes, principalmente tropicais e mestiças, oriundas do mesmo processo colonial de formação. Nossa criatividade cultural se expressa nas mesmas formas básicas, exceto em algumas variantes. Tal é o que se dá nas áreas onde o negro mais se concentrou, como a Bahia e a Venezuela. Entretanto, essa sobrevivência só se expressa naqueles setores em que o escravo pode resguardar sua cultura original. A religiosidade, a música e a alegria de viver colorem certas culturas locais, enriquecendo-as, mas não as diferenciando substancialmente. Efetivamente, elas não ensejam qualquer reivindicação autonomista. O latino-americano de origem africana, embora preserve indelével sua marca racial negra, foi radicalmente assimilado no plano étnico e constitui, até, uma das sólidas bases da identificação nacional dos povos que ajudou a plasmar.

Há, da mesma forma, as ilhas da indianidade original, mais remarcadas onde o europeu se defrontou com altas civilizações, principalmente na Guatemala e no Altiplano Andino. Em certo nível, também no México, onde a multiplicidade de povos indígenas, culturalmente diferenciados, criou um mosaico cultural mais variado.

O vigor da sobrevivência cultural maia e incaica pode até ensejar a revisão dos quadros nacionais respectivos. Ali se alça um clamor equivalente ao dos bascos, na Espanha, pela autonomia, tendente a crescer muito mais, porque muito maior foi o seu drama. Ainda hoje o é pela opressão que a sociedade mestiça exerce sobre eles, prosseguindo a obra de europeização e cristianização. Entretanto, se cinco séculos de opressão não dissolveram esses povos, é de todo provável que eles persistam e até floresçam como nações.

Também os índios de nível tribal que sobrevivem para além das fronteiras da civilização, ou engolfados dentro dela, continuarão resistindo.

Também eles tendem não só a sobreviver, mas a aumentar seu montante. Embora sofram uma desculturação cada vez mais profunda, que os fará, inevitavelmente, mais e mais semelhantes à população de seu contexto, mantêm sua identidade étnica. Seu montante populacional é, porém, tão minúsculo, que qualquer que seja seu destino, este já não afetará o destino das nações onde eles resistem.

Os brancos, importados aos milhões na passagem do século, quando a população europeia se tornou exportável porque excedia às necessidades do sistema produtivo, marcaram profundamente as regiões em que se concentraram como áreas de cultura visivelmente ítalo-americana, teuto-americana, nipo-americana e outras. Não têm, todavia, qualquer potencialidade autonomista de caráter étnico.

Na Argentina e no Uruguai chegaram a plasmar um perfil nacional predominantemente europeu, tão enorme foi o alude gringo que caiu sobre as populações mestiças originais que haviam fixado o território, empreendido a independência e plasmado a nação.

Isso significa que nós, latino-americanos, como parcela ponderável do gênero humano, já estamos plasmados em nossa forma básica. Somos uma romanidade tardia, lavada em sangue índio e em sangue negro. Somos a matriz de uma Latino-América-Nação, em busca do seu destino, que se plasmará no próximo milênio. Essa é a promessa maior da civilização emergente, que, se foi capaz de fundir povos tão variados e conflitivos como os europeus numa comunidade, também o fará com nossos povos, tão mais homogêneos e solidários.

É de temer-se, porém, que nosso destino só se plasme quando vencermos os pregadores da integração econômica. Eles não querem menos que mais da integração dependente em que estamos atrapados. Fomos no passado e somos, até hoje, um proletariado externo, posto aqui não para atender suas necessidades e aspirações, mas para servir, com o seu desgaste, ao mercado mundial. No pós-guerra esse avassalamento se agravou pelo predomínio crescente das empresas multinacionais, que converteram as áreas em que mais se concentram em núcleos de colonialismo interno de nossas sociedades.

Ultimamente, a situação se tornou crítica, porque o sistema econômico implantado na América Latina não necessita da mão de obra que tem à sua disposição. No passado, vivemos sempre famintos de força de trabalho. Gastamos milhões de índios, depois milhões de negros, depois milhões de brancos na produção. Hoje, nosso povo é descartável, como excedente das necessidades da economia. Como não há ninguém no mundo querendo importar latino-americanos, poucas perspectivas se abrem para nós.

Excedentes assim surgiram antes, com o café e com as ovelhas. A solução foi queimar montanhas de café e afogar milhões de ovelhas. Não podendo apelar para remédios tão eficazes, teremos que escolher entre as alternativas viáveis. Continuar com o genocídio provocado pelo desemprego, pela fome e violência dele decorrentes, que já dizima nossa população? Ampliar a esterilização das mulheres para reduzir o ritmo de crescimento da população, como está ocorrendo de forma escandalosa e com descarado financiamento estrangeiro? A alternativa é reordenar todo o sistema produtivo para garantir o pleno emprego e a fartura, criando, pela primeira vez, uma Latino-América para si mesma.

A integração de que tanto se fala, com tanta alegria, é o projeto de continuísmo do sistema de dominação que sofremos e que faz de nós, também no plano econômico, uma área inexcedivelmente integrada. Sua ideologia é o neoliberalismo, socialmente irresponsável e dissuasivo da formulação de um projeto próprio de desenvolvimento autônomo para nossas nações.

Entretanto, sem um projeto assim, claramente formulado e politicamente executado, as forças transformadoras da revolução tecnológica em marcha outra vez nos avassalarão, como ocorreu com a Revolução Industrial. E o farão, tanto mais facilmente, porque esse é o projeto da maioria de nossas classes dominantes, associadas a interesses exógenos e predispostas, uma vez mais, a trair seus povos em favor de seus lucros.

# Crise ética e política

## Introdução

Uma funda preocupação ética percorre a nação brasileira. É a consciência, afinal alcançada, de que em nosso país tudo se deteriora e se degrada. A própria normalidade institucional vai se tornando uma anormalidade.

Dois episódios incidentais – a inconfidência de um irmão raivoso e a confissão de um tecnocrata assassino – nos puseram diante da realidade que tínhamos frente a nossos olhos e não víamos. Nos dois casos, o Congresso Nacional se colocou à altura do desafio. Destituímos o Presidente da República, que se deixou enlear numa trama de corrupção da máquina do Estado. Apuram-se as acusações concernentes à Comissão de Orçamento para extirpar do Parlamento aqueles que o desonraram.

Sucede, entretanto, que no primeiro caso, do enorme escândalo de denúncias envolvendo numerosas pessoas e empresas, resultou apenas o *impeachment*, votado quase unanimemente. Ficou a cargo da Justiça o julgamento dos implicados, que se arrasta na vaga esperança de que um dia sejam punidos. No segundo caso, é muito de temer que, depois de cassar uns quantos "anões" por falta de decoro parlamentar, se fique nisto. O grave, porém, é que entrou em cena um coro de conivência, clamando pelo cerceamento e pela extinção das CPIs.

Pode uma nação viver e prosperar debaixo de tamanhos escândalos e de tão desavergonhada sangria de seus bens? Pode uma nação formar novas gerações de cidadãos prestantes, debaixo do exemplo de tamanha desfaçatez e impunidade?

## A nação em causa

Aquelas duas ondas de revelações espantosas apontaram clara e insofismavelmente para a nossa incapacidade de impor a todos os responsáveis pelos três poderes uma conduta cidadã à prova de roubos, de falcatruas e de favoritismos.

Diante de fatos de tamanha gravidade, não nos é dado o direito de nos iludirmos sobre a profundidade do desafio que a história nos propõe e nos chama a enfrentar. Não se trata de um grupo de políticos que assaltou o poder e se entregou a desmandos. Não se trata, também, de uma Comissão Orçamentária viciada e viciosa. Esses são sintomas. A nação brasileira é que está em risco de deterioração, porque é a própria estrutura do poder que está corrompida e desmoralizada.

Ninguém ignora que o Parlamento seja instituição indispensável e insubstituível para a existência nacional em dignidade. Ninguém quer extingui-lo. É sobre os parlamentares que pesam as acusações. É nossa honra que está sendo questionada. A nação nos argui, indagando se somos capazes de servi-la limpamente. Estamos perdendo, se já não perdemos, o respeito do povo brasileiro.

Nestas circunstâncias, como deixar de nos perguntar se compomos uma organização legislativa capaz de cumprir o encargo de dar à nação a institucionalidade legal de que ela necessita? Como negar que excedem à centena as leis e os códigos que a nação espera de nós, e que não se sabe em que prazo daremos?

É verdade ou é mentira que nos deixamos levar pelo faraonismo? Como negar que nosso Parlamento é o mais grandioso e mais suntuosamente edificado desse mundo? Como esquecer que ele cresceu faraonicamente foi nos anos da ditadura, em que funcionou coactado?

É verdade ou é mentira que somos propensos ao clientelismo? Senão, como explicar o número de nossos servidores, que excede os 15 mil? Que Parlamento no mundo se dá tantos serviçais?

É verdade ou é mentira que aqui também viceja o favoritismo? Quais são realmente os salários e as vantagens que aqui se pagam? Que há de verdade nas acusações de incúria que se propalam?

As dúvidas da opinião pública nessas matérias – e nossas próprias dúvidas – tornam imperativo que se faça claridade nessas questões. Toda a nação pede transparência.

O mesmo sucede a respeito do corpo de servidores do Parlamento. Aqui, também, dúvidas postas a público sobre o envolvimento de servidores em atos irregulares e até criminosos se estendem a todo o Parlamento e nos obrigam a uma avaliação rigorosa.

Por que tão graves acusações se tornaram verossímeis? Por que nos tornarmos tão criticáveis? Nenhuma injustiça seria maior que a de supor que o Parlamento brasileiro, integrado por tantos homens probos, por tantos patriotas devotados, se tenha degenerado e pervertido até a insolvência. Ocorre, porém, que uma minoria de parlamentares corruptos e irresponsáveis comprometem o Parlamento.

## A Justiça como ré

Acaso o Poder Judiciário brasileiro, que funciona fechado em si, como um corpo de juízes que se julgam a si mesmos, e infenso a qualquer fiscalização, está isento de deformações? Podemos, honestamente, desconhecer que temos uma Justiça injusta, porque tarda e cara?

É sabido que se conta por mais de 1 milhão o número de processos nas diversas varas da Justiça, que elas, com sua estrutura atual, não têm nenhuma condição de julgar em tempo previsível. Dado o fato de que esses processos, quase todos, dizem respeito a direitos e interesses populares, como desconhecer que milhões de brasileiros morrerão à míngua de Justiça?

Muito pior, entretanto, que esses danos da carência de Justiça são os males da impunidade. Aqueles que decorrem de julgamentos cheios de trampas processuais, muitas vezes, se seguem o arquivamento da causa, o dito por não dito, o feito por não feito. É certo que em alguns casos isso ocorre por culpa do Parlamento, que não dá à Justiça a legislação adequada. Mas, em muitos outros casos, é a Justiça mesma que se atrapalha e produz injustiça.

É recente o escândalo das indenizações exorbitantes pagas pela Previdência Social, de cujo julgamento resultou que os juízes foram encarcerados, mas seus subornadores e os funcionários que pagaram aquelas somas astronômicas estão em liberdade. Até quando?

Outra anomalia da Justiça é a indústria das liminares, que põe os juízes a bancarem o todo-poderoso chefão, embargando qualquer ação pública, muitas vezes com base em futilidades. Se assim se asseguram possíveis direitos do cidadão, assim também se prejudicam imensos interesses coletivos.

É quase uma tradição brasileira ver sucederem-se escândalos de roubalheira denunciados pela imprensa, seguidos da queda do interesse jornalístico pelo assunto até que a Justiça inocente o culpado. Em qual daqueles escândalos os culpados foram julgados no mérito da questão e foram punidos? Se isso se deu por imperativos judiciais, caberia à Justiça, pelo menos, indignar-se contra o feio papel que representa, de coonestadora de traficâncias.

Nosso ideal de Justiça não pode ser meramente formalista. Queremos, é certo, uma Justiça como a Justiça deve ser: atenta à letra da Lei – *dura lex sed lex*. Mas não uma Justiça tão ritualista que não se exalta nem se comove quando promove a injustiça. Isso é o que ela faz quando deixa notórios bandidos em liberdade, para mais roubarem e mais usufruírem de seus roubos, em razão de chicanas processuais. Esse ritualismo ameaça converter a Justiça brasileira numa burocracia da Lei, desinteressada pela verdade de qualquer questão, porque só tem olhos para a processualística.

Do feio pecado de faraonismo peca também o Poder Judiciário. A nação está estarrecida com as revelações da imprensa sobre a suntuosidade das edificações que o Superior Tribunal de Justiça está se dando em Brasília. Segundo dados divulgados pela imprensa, trata-se de um prodigioso conjunto arquitetônico de 130.000 $m^2$ de obra fina, que custará ao país 240 milhões de dólares, nesta quadra de crise e de fome.

Não queremos juízes julgando debaixo das árvores; mas também não se admite um Poder Judiciário tão doentiamente autárquico, que só cuida de si mesmo, indiferente ao destino da nação.

São também tão reiteradas as acusações de nepotismo e de clientelismo que a Justiça não pode mais esconder sua realidade da opinião pública. O povo quer ver. O povo quer saber.

## Perversão do Executivo

É notório que o Poder Executivo exibe ainda piores perversões. Jamais conseguimos instituir um serviço civil profissional de caráter técnico-administrativo. Será meramente ocasional o fato de que com a democratização do Brasil se liquidou a maior conquista nossa nesse campo, que era a gestão do Dasp sobre a administração federal? Enquanto ele existiu, as admissões se fizeram por concurso e a ascensão na carreira, por mérito comprovado. Tudo isso se perdeu.

Trata-se, acaso, de uma incompatibilidade entre a ordem democrática e a honestidade administrativa? Não. Em todo o mundo se veem governos respeitáveis, dotados de sistemas autocorretivos que os reformam quando prevaricam. Se, aqui, um serviço civil respeitável não medrou, não medrou porque não fomos capazes de defender a própria máquina do Estado da politicagem que a degrada pelo clientelismo e pela corrupção.

A corrupção, tal como ela se exerce em nossa sociedade, tornou-se parte inerente do nosso sistema social. Cumpre até a função social de justificar o rigor do julgamento popular sobre o setor público, tido como intrinsecamente corrupto, ao mesmo tempo que inocenta o corruptor. Outro efeito dessa corrupção institucionalizada é a arrogância dos corruptos que induz à ideia de que todos devem tirar vantagens, porque retrata como ingênuo quem se esquiva das ladroeiras.

A mais grave enfermidade que grassa em nossa vida institucional é a corrupção e o clientelismo. Elas afetam profundamente empresas estatais e autárquicas que, assumindo a falsa postura de empresas privadas, escapam do controle do Estado para passarem a atuar como se fossem empreendimentos privados e próprios. Os critérios que adotam, às vezes, para gerir esses bens públicos visam primordialmente a atender sua vassalagem ante os políticos que nomeiam seus diretores e a satisfazer as reivindicações de sua clientela interna, através da dadivosidade em salários, seguros e toda sorte de vantagens.

Tamanhas e tão abusivas dações estão a exigir justo corretivo. O remédio não é, porém, matar o doente, acabando com as empresas públicas. É, isto sim, combater a doença, tornando cada titular de cargo de serviços centralizados e descentralizados permanentemente responsável por sua gestão e sujeito a ser exonerado, com perda de todos os seus supostos direitos e também de seus bens mal havidos.

Neste ambiente de corrupção e de favoritismos, o mundo empresarial privado também sofre graves deformações. Entre elas, a de entregar-se ao jogo sujo dos sobrepreços para suas obras, a fim de pagar subornos, e também para obter superlucros. Assim, o fato afortunado de se haverem estruturado no Brasil grandes empresas com total domínio da tecnologia mais moderna, capacitadas a levar a cabo as obras mais complexas em qualquer continente, se vê afetado por uma prática viciosa de desonestidade administrativa e de propensão ao suborno e à negociata.

## Os privilegiados

Nosso Poder Executivo, na verdade das coisas, é constituído por um corpo de mais de 100 mil detentores de cargos de confiança, que comandam os serviços públicos, as autarquias e as empresas estatais. Constituem um clube de "contemplados", como aquele que recebeu, por doação da Coroa portuguesa, a gestão dos bens da Companhia de Jesus, quando ela foi expulsa. Efetivamente, na qualidade de detentores de altos cargos, preenchidos por indicação política, eles gerem o Brasil. Se havia dúvidas sobre a vulnerabilidade desses novos "contemplados" à corrupção, elas foram dissipadas pela CPI do Orçamento, que comprovou, sem deixar dúvidas, o conluio ladravaz de parlamentares com hierarcas federais e autárquicos e com agentes das grandes empreiteiras.

Nessa trama nefasta é que se estrutura a prática da corrupção como sistema. Seu defeito maior é ser habitualmente encarado como normal e aceitável. Há até quem queira reconhecer como direito legítimo dos parlamentares e governadores a indicação dos titulares dos cargos administrativos que mais afetam a população em sua área de influência. Não é assim! Em nenhum país sério se admite que os detentores de mandatos eletivos tenham esse direito. Ao contrário, se defende tanto a autonomia e independência de ação dos representantes e mandatários por voto popular, quanto a independência e o profissionalismo dos responsáveis pelo serviço civil, tomando-se toda a contaminação entre eles como criminosa.

Nossa máquina administrativa integra mais de 100 mil cargos de chefia cujos titulares, a cada grande virada política que leva ao poder novos governantes, são substituídos por indicação política. Isso se faz legalmente, porque o texto constitucional (art. 37, V), que determina que a administração dos serviços públicos se faça por funcionários de carreira, incluiu, com todo o cinismo, a expressão "preferencialmente". Graças a ela, os políticos entregam toda a burocracia dos serviços públicos e das autarquias a seus afilhados. São exceções o Itamaraty e o Banco do Brasil, por isso mesmo muito mais eficazes.

As atividades nefastas dessa teia de articuladores políticos, de altos funcionários e agentes das empreiteiras foram comprovadas irretorquivelmente na CPI do Orçamento. Acresce, porém, que ela é responsável por crimes muito mais graves. Suas ações mais deletérias são as destinadas a perpetuar a estrutura de poder e seu domínio sobre a economia e sobre a sociedade. Ela opera, de fato, como uma plutocracia que nenhuma farsa eleitoral dissimula, mesmo porque nossas eleições, dominadas pelo poder econômico, servem é para coonestá-la.

Efetivamente, as eleições constituem a instância privilegiada que compõe e unifica a cúpula da estrutura de poder – irmanando os dignitários por mandato eleitoral com os dignitários por eles mesmos cooptados e nomeados, aos quais se juntam os dignitários, na qualidade de gestores de empresas, que financiam as eleições.

Um bando de tecnocratas assaltou, nos últimos anos, os órgãos definidores da política econômica e financeira de nosso país. São os *chicago boys*, discípulos de Delfim e de Roberto Campos, todos de cabeça feita lá fora, todos colonizados mentalmente. Em sua arrogância, não reconhecem nenhuma função social da propriedade, nem qualquer ordem de interesse econômico propriamente nacional. Atribuem qualquer ideia de planejamento econômico ao comunismo. Apátridas, nada sabem nem querem saber da história brasileira. Comportam-se como se o país devesse nascer agora de suas mentes avassaladas ao capital transnacional.

São esses tecnocratas que encarnam, hoje, o pendor reacionário de nossas elites. É através desses porta-vozes que as velhas elites pedem um Estado mínimo, uma economia socialmente irresponsável, desligada de qualquer fidelidade nacional e ainda mais assanhadamente devotada ao lucro. As credenciais que podem apresentar de sua competência para gerir a economia brasileira são todas negativas. Seus dois feitos maiores e incontestáveis são a perda da moeda nacional, que na voragem do processo inflacionário tornou-se um mero registro escritural, sucessivamente depreciado; e a invenção da chamada correção monetária. E foram elas que desencadearam a ciranda financeira, que desvia a massa principal da poupança brasileira de seu destino natural, que seria a reinversão produtiva, para a pura especulação.

Seu discurso não muda. Outra vez prometem que, se tiverem liberdade de lucrar, o bolo de riquezas há de crescer, para ser distribuído. O que pretendem, de fato, não é menos do que congelar a velha ordem. Sua trampa é fazer supor que exista, escondida por aí, uma casta de empreendedores geniais, capacitada a promover o progresso, a modernização e a riqueza geral. É crível que nosso patronato possa passar da condição do mais açambarcador que se conhece para a de um apostolado distributivista? Seria de rir, como uma piada, essa afirmação, se ela não fosse tão trágica. O Brasil é o caso mais escandaloso de concentração de renda que se conhece. Somos o país em que os ricos mais monopolizam e em que os pobres menos veem a riqueza que produzem.

Quem é, de fato, esse empresariado alçado à condição de salvador da pátria? O núcleo mais ativo e próspero dele é formado pelos banqueiros, cujos lucros são tão exorbitantes como jamais se viu. Sua participação no PIB saltou, nos últimos anos, de menos de 5% para mais de 20%, o que significa que já se apropriaram da maior parte das empresas brasileiras. São eles, também, que estão atrás de toda a conspiração privatizadora alardeada pela mídia e vexatoriamente apoiada pelo governo. Até mesmo pelos órgãos públicos destinados a defender e a desenvolver a economia nacional.

O outro componente empresarial básico é o formado pelo corpo de gestores das empresas multinacionais, que predominam em vários setores de nossa economia. Nem chega a ser um patronato, é um estamento gerencial burocrático, cuja fidelidade está atrelada aos interesses de seus patrões lá de fora. Entregar a tais heróis do capitalismo parasitário e a tais burocratas transnacionais a condução da economia brasileira seria doar o Brasil a vontades alheias, indiferentes ao seu destino.

Entretanto, o componente mais ativo e perigoso é mesmo o dos tecnocratas. Como um patriciado, tiram seu poder dos cargos públicos. Mas jamais foram servidores públicos como tantos que tivemos, e alguns que ainda temos, regidos por um severo rigor moral. Os tecnocratas de hoje são daquele tipo de economista que acha legítimo lucrar e enricar no exercício de funções públicas. São esses energúmenos que, em sua fúria privatista, ameaçam alienar o corpo principal das empresas do país. Aquelas que dão envergadura à nossa economia, a capacitam a atuar internamente, promovendo a modernização e, externamente, enfrentando a competição internacional.

## Nossas elites

Elite é aquele corpo seleto de pessoas que maior influência exercem na organização e na condução de sua sociedade. Ela é formada por dois corpos principais: o patronado, que tira seu poderio da propriedade e exploração de empresas produtivas e de bancos; e o patriciado, formado pelos que mandam através do desempenho de cargos, como os políticos, os juízes, os generais, os tecnocratas, os administradores, os bispos, os principais jornalistas e tantos outros.

Às vezes tornam-se ambíguos, como no caso de empresários bem-sucedidos, que entram na política para exercer mais plenamente sua vontade de poder e de riqueza. Ou no dos patrícios, que exercem seus cargos para enriquecer, a fim de ingressarem no patronado. Mesmo quando distinguíveis, eles são essencialmente solidários, porque a função efetiva do patriciado é a ordenação legal e jurídica da sociedade, seu governo e a manutenção da ordem, para que o patronado possa exercer livremente sua função de gestor da economia.

Em algumas sociedades, essas elites exercem um vivaz papel renovador, ampliando as bases de participação da cidadania na vida nacional e dos trabalhadores no usufruto da prosperidade econômica. Em outras, seu papel é feiamente negativo, porque consiste, essencialmente, em açambarcar todo o poder e se apropriar de toda a riqueza em que possa pôr as mãos. É o nosso caso, de elites empresariais e burocráticas socialmente irresponsáveis.

Para bem avaliar nossas elites é bom compará-las com outras. A elite norte-americana exemplifica bem o papel altamente positivo que um patronado e um patriciado podem exercer dentro de uma sociedade capitalista.

A nossa, ao contrário, tem sido o principal fator causal do desempenho medíocre do Brasil, expresso na incapacidade de criar uma economia de prosperidade generalizada. As elites norte-americanas, por exemplo, abriram todo o seu Oeste, imensíssimo, aos pioneiros que quisessem ir para lá plantar uma roça e fazer uma casa, garantindo-lhes o direito a uma propriedade de 30 hectares. Criaram, assim, uma infraestrutura de milhões de granjeiros que constituíram a base da economia norte-americana e o fundamento de sua prosperidade. Nossa elite consagrou o latifúndio, obrigando cada trabalhador, ao sair de uma fazenda, a cair em outra igual. Disso resultou uma economia estreita, desprovida de mercado interno, fundada na grande propriedade improdutiva, que monopoliza a terra, não planta e não deixa plantar.

O lavrador que vai para os vazios de Mato Grosso, de Goiás ou da Amazônia encontra a terra já apropriada cartorialmente por donos que nunca foram lá. Em consequência, expulsam dezenas de milhões de lavradores para engrossarem a massa de favelados da cidade.

A economia produtiva nos EUA respondia primacialmente às necessidades do próprio consumo. A nossa, ao contrário, se estrutura para servir ao mercado externo. Por esse caminho, os EUA, a partir de uma economia colonial de grande pobreza, prosperaram extraordinariamente como uma sociedade que existe para si mesma. O Brasil, que era rico, ficou paupérrimo, na sua condição secular de proletariado externo do mercado internacional, em que desgastamos milhões de índios, de negros e de colonos, produzindo o que não consumiam e mandando também para fora o excedente econômico gerado, que foi enriquecer outras nações.

Essa velha história é espantosamente atual. O que nossas elites de hoje recomendam é perseverar no papel de vassalos da economia mundial, a ela entregando, pela privatização, o parco patrimônio que juntamos. Eles creem que nada há de melhor para a construção de uma próspera nação brasileira do que entregá-la aos tecnocratas e a seus amos, que são os gerentes das multinacionais. Juntos, eles promoveriam o progresso. Algum cínico podia achar que é uma piada atribuir qualquer capacidade redistributiva à elite que mais monopoliza a riqueza nacional. Ou o Brasil não é o campeão mundial negativo da distribuição de renda?

Nós, como os norte-americanos, tivemos nossos pais fundadores cuja dignidade, em muitas instâncias, pode servir de exemplo e de orgulho. Tivemos e temos, também, uma bela nominata de políticos conservadores, mas probos, armados de alto espírito público, com grandeza de estadistas. Ocorre, porém, que lá se consolidou uma postura crítica, eticamente exigente diante dos seus homens públicos, armada dos instrumentos legais e jurídicos para julgar e punir toda prevaricação. Aqui, os antigos padrões morais e cívicos se deterioraram e cresceu o número de politicões corruptos e indiferentes aos interesses nacionais e populares, propensos a desencadear golpes, a implantar ditaduras, a subornar e a deixar-se subornar.

A eles somou-se, nos últimos anos, todo um bando de políticos ladrões dos bens públicos que opera em conluio com as grandes empreiteiras para sangrar a economia nacional. Essa modalidade de ladroagem patricial floresceu muito com a ditadura militar, discricionária e corrupta, que entregou a condução da economia brasileira a esse tipo de tecnocrata, que acha legítimo lucrar no exercício de funções públicas. A situação se agravou com a democratização, pela tendência de muitos empresários, que antes financiavam campanhas políticas de deputados e senadores, a comprar mandatos para si próprios, levando ao Congresso seu furor privatista, revestido de um neoliberalismo que é, de fato, um neoconservadorismo.

Essa dupla elite de patrões e de patrícios constitui uma trama despótica, poderosíssima e muito antiga. Ela é a responsável pelo reacionarismo intrínseco da sociedade brasileira. Foi ela que fez de nós a última nação do mundo a abolir a escravidão. É ela que, ainda hoje, impede o Brasil de democratizar o acesso à terra, para acabar com a fome.

Para bem avaliar o caráter de nossas elites é bom compará-la com suas similares. Os legisladores norte-americanos, já em 1860, abriram todo o Oeste imenso daquele país aos pioneiros que quisessem cultivá-lo. E essa foi a base institucional de sua prosperidade, fundada numa economia agrícola de milhões de granjeiros. Nossa Lei de Terras, que é de 1850, bem como seus desdobramentos, instituiu, ao contrário, o monopólio da terra, o direito de ter e manter a terra improdutiva por força do direito de propriedade. Esse é o componente principal de nossa estrutura fundiária, consagradora do latifúndio.

Ela é a causa primeira do êxodo rural, que fez do Brasil o país em que as cidades mais crescem e crescem mais caoticamente, condenando milhões de trabalhadores, por gerações e gerações, a uma vida miserável. Seja no campo, enquanto lá conseguem manter-se. Seja na periferia das cidades, como massa de marginalizados. E ninguém parece ver o vínculo causal que ata essa miséria à institucionalidade fundiária. Ainda hoje, nada comove mais a muitíssimos parlamentares que o sagrado direito de indenização aos açambarcadores da terra. Impossível é comovê-los com o drama das ondas e ondas de brasileiros lançados na penúria.

O produto final desse processo hediondo de exclusão social é a situação de desemprego estrutural que se implantou em nosso país. Nossa economia, que sempre viveu faminta de mão de obra, gastando no trabalho milhões e milhões de índios, de negros e de imigrantes, hoje se defronta com o problema de que nossa população tornou-se descartável, porque excede as necessidades de mão de obra no sistema empresarial. Se alguém quisesse importar 50 milhões de brasileiros não teríamos dificuldade de provê-los. Não havendo, porém, quem os queira, estamos condenados a uma opção radical. Seja a de perpetuar essa ordem social desumana, até que a nação se extinga pelo desgaste do seu povo no genocídio. Seja a de reordenar a economia, para garantir o pleno emprego, pondo fim à sua sequela de violência, de prostituição de menores e de assassinato de crianças, que dão ao mundo uma imagem sinistra de nosso país.

A modernização dessa velha elite consistiu principalmente em a ela se incorporar ultimamente a malta formada pelos principais detentores dos meios de comunicação, essencialmente da televisão. Eles exercem o ambíguo papel estratégico de empresariado fiel a seus interesses comuns; e de um patriciado, enquanto concessionário de um serviço público, que vem a ser o principal instrumento formador de opinião. É verdade que a Lei coacta seu poder total, regulamentando os programas eleitorais pela televisão. Mas lhes dá tão ampla margem de ingerência que ele se sobrepõe aos partidos políticos para manipular as eleições. Constitui um escândalo internacional o poderio alcançado no Brasil pela Rede Globo de Televisão, que nomeia governantes e manipula a opinião pública com total irresponsabilidade ética, educativa e cultural.

A essa altura da nossa história, frente à situação dramática em que o povo brasileiro foi lançado, urge definir e defender aqueles valores essenciais da vida de uma nação civilizada. Tais são a autonomia e a pureza da Justiça como a garantia maior do cidadão contra a ilegalidade, o arbítrio e a espoliação. A dignidade do Parlamento, como a casa ordenadora da vida nacional, que não pode deixar de contar todo o tempo com o apoio da cidadania. O patriotismo e a seriedade do governo, enquanto gestor da vontade nacional na busca do nosso destino.

A onda de escândalos que espanta a cidadania brasileira, e faz o mundo pôr os olhos sobre nós como a mais extravagante das nações, deve servir para alguma coisa. Servir, ao menos, para a tomada de consciência que nos permita assumir na sua inteireza os problemas da nação. É nossa pátria brasileira que está em risco, esperando de nós o remédio capaz de pôr fim a essas vergonhas institucionais, a esse descalabro econômico e a esse genocídio do povo brasileiro.

# O Brasil como problema

Ao longo dos séculos, viemos atribuindo o atraso do Brasil e a penúria dos brasileiros a falsas causas naturais e históricas, umas e outras imutáveis. Entre elas, fala-se dos inconvenientes do clima tropical, ignorando-se suas evidentes vantagens.

Acusa-se, também, a mestiçagem, desconhecendo que somos um povo feito do caldeamento de índios com negros e brancos, e que nos mestiços constituímos o cerne melhor de nosso povo.

Também se fala da religião católica como um defeito, sem olhos para ver a França e a Itália, magnificamente realizadas dentro dessa fé.

Há quem se refira à colonização lusitana, com nostalgia por uma mirífica colonização holandesa. É tolice de gente que, visivelmente, nunca foi ao Suriname.

Existe até quem queira atribuir nosso atraso a uma suposta juvenilidade do povo brasileiro, que ainda estaria na minoridade. Esses idiotas ignoram que somos cento e tantos anos mais velhos que os Estados Unidos.

Dizem, também, que nosso território é pobre – uma balela. Repetem, incansáveis, que nossa sociedade tradicional era muito atrasada – outra balela. Produzimos, no período colonial, muito mais riqueza de exportação que a América do Norte e edificamos cidades majestosas, como o Rio, a Bahia, o Recife, Olinda, Ouro Preto, que eles jamais conheceram.

Trata-se, obviamente, do discurso ideológico de nossas elites. Muita gente boa, porém, em sua inocência, o interioriza e repete. De fato, o único fator causal inegável de nosso atraso é o caráter das classes dominantes brasileiras, que se escondem atrás desse discurso. Não há como negar que a culpa do atraso nos cabe é a nós, os ricos, os brancos, os educados, que impusemos, desde sempre, ao Brasil, a hegemonia de uma elite retrógrada, que só atua em seu próprio benefício.

O que temos sido, historicamente, é um proletariado externo do mercado internacional. O Brasil jamais existiu para si mesmo, no sentido de produzir o que atenda aos requisitos de sobrevivência e prosperidade de seu povo. Existimos é para servir a reclamos alheios. Por isso mesmo, o Brasil sempre foi, ainda é, um moinho de gastar gentes. Construímo-nos queimando milhões de índios. Depois, queimamos milhões de negros. Atualmente, estamos queimando, desgastando milhões de mestiços brasileiros, na produção não do que eles consomem, mas do que dá lucro às classes empresariais.

Não nos esqueçamos de que o Brasil foi formado e feito para produzir pau-de-tinta para o luxo europeu. Depois, açúcar para adoçar as bocas dos brancos e ouro para enriquecê-los. Após a independência, nos estruturamos para produzir algodão e café. Hoje, produzimos soja e minério de exportação. Para isso é que existimos como nação e como governo, sempre infiéis ao povo engajado no trabalho, sofrendo fome crônica, sempre servis às exigências alheias do mercado internacional.

O mercado internacional, que nos viabiliza no plano econômico, é a peia que nos ata ao cativeiro e à pobreza. É necessário que seja assim? Por que outros povos que, no passado, foram mais pobres e menos ilustrados, como é o caso dos Estados Unidos, nos passaram à frente?

Qual é a causa real de nosso atraso e pobreza? Quem implantou esse sistema perverso e pervertido de gastar gente para produzir lucros e riquezas de uns poucos e pobreza de quase todos?

Como uma das principais nações pobres do mundo, estamos desafiados, até internacionalmente, a buscar e encontrar caminhos de superação do subdesenvolvimento autoperpetuante em que fomos todos metidos pela política econômica das potências vitoriosas no após-guerra. Tanto mais porque não há, em nenhum lugar da Terra, um modelo comprovadamente eficaz de ação contra a crise político-econômica em que estamos afundados.

O mundo subdesenvolvido tem os olhos postos em nós. Espera do Brasil alguma solução para nossos problemas comuns. Todos já suspeitam que, persistindo no papel de proletariados externos dos povos ricos, nos perpetuaremos na pobreza. Todos perguntam: como romper com essa perversão econômica e com a tragédia social que dela decorre para duas terças partes da humanidade?

É impossível nos isolarmos do mercado mundial, que nos viabiliza economicamente. Mas se é impossível o isolamento, é pelo menos suicida a postura dos que querem continuar regidos tão rigidamente pelo mercado internacional, que torna inalcançável uma prosperidade generalizável a todos os brasileiros.

O desafio que enfrentamos é, pois, o de conquistar uma nova forma de intercâmbio internacional, que não seja tão onerosa para nós. Isso importa em reordenar as forças produtivas para que elas atendam primacialmente às necessidades nacionais de prover nutrição, assistência, moradia, educação a toda a população, e à necessidade, também imperativa, de produzir divisas para atuarmos dentro do mercado mundial, comprando tecnologias.

Queremos, do capitalismo, o que ele deu à América do Norte ou à Austrália, por exemplo, como economias situadas no mercado mas sabendo tirar dele proveitos próprios. Nenhuma outra nação conseguiu tanto quanto eles e, provavelmente, só o Brasil tem condições de repetir a façanha, graças à nossa disponibilidade de recursos naturais, de terras agriculturáveis e de mão de obra qualificada. A tarefa deles foi bem mais simples que a nossa, porque são meros transplantes sensaborões da Europa, que limparam o seu território dos nativos e lá reconstituíram a paisagem de onde vieram. No nosso caso, trata-se de criar um povo novo pela fusão de matrizes muito diferenciadas, que dará lugar a um novo gênero de sociedade.

Nossas potencialidades vêm sendo coactadas, de um lado, pela armadilha em que caímos ao aceitar formas de intercâmbio internacional que nos empobrecem. Isso era inevitável, porque partimos da condição de um proletariado externo, cuja mão de obra não existia para si mas para produzir gêneros exportáveis. Nossas classes dominantes só sabiam mesmo fazer isso, porque eram, de fato, representantes locais do mercado internacional. De outro lado, vêm sendo coactadas pelo monopólio da terra e sua consequência principal, que foi a urbanização caótica, devida ao translado de 100 milhões de brasileiros para a vida famélica das cidades. Essa massa humana, que é a parte substancial de nosso povo, jamais terá acesso aos bens da civilização enquanto nossa economia estiver enquadrada nas diretrizes que as elites nos impõem.

## Causas e culpas

Vivemos, nós brasileiros, uma conjuntura trágica. O próprio destino nacional está em causa e é objeto de preocupação da cidadania mais lúcida e responsável. O aspecto mais grave e inquietante da crise que atravessamos é de natureza política.

Frente a ela, as diretrizes econômicas, postas em prática por sucessivos governos, se caracterizam por uma incrível teimosia na manutenção de uma institucionalidade fundiária que condena o povo ao desemprego e à fome, pela mais crua insensibilidade social, por um servilismo vexatório diante de interesses alheios e pela mais irresponsável predisposição a alienar as principais peças constitutivas do patrimônio nacional.

Outra característica é sua animosidade frente ao Estado, visto como a fonte de todos os males. Será assim? Onde, neste mundo, uma economia nacional floresceu sem um Estado que a conduzisse a metas prescritas? Onde estão esses empreendedores privados cuja sanha de lucrar promoveria o progresso nacional? Crerão esses fanáticos do neoliberalismo que o estado gerencial das multinacionais – que são entre nós o setor predominante das classes empresariais – se comove pelo destino nacional?

O que cumpre fazer em nosso país não é nenhuma modernização reflexa, dessas que atualizam um sistema produtivo apenas para fazê-lo mais eficaz no papel de provedor de bens para o mercado mundial. É, isto sim, um salto evolutivo à condição de economia autônoma que exista e viva para si mesma, isto é, para seu povo. Para tanto, temos é que nos associar aos outros povos explorados, para denunciar e pôr um termo à ordem econômica vigente que faz os povos pobres custearem a prosperidade dos povos ricos através de um intercâmbio internacional gritantemente desigual.

Sobre essas bases é que se tem, necessariamente, de formular nosso projeto próprio de integração do Brasil na civilização pós-industrial, sempre atentos aos interesses nacionais, priorizando sempre o desenvolvimento social, ou seja, os interesses populares. A via da modernização reflexa pelo desenvolvimento dependente só nos faria fracassar na civilização emergente, tal como fracassamos ao nos integrarmos, por esse mesmo caminho, à civilização industrial.

Nós, e só nós, brasileiros, podemos definir esse projeto do Brasil que querermos ser. Não será, obviamente, o Brasil desejado pela minoria próspera que está contentíssima com o Brasil tal qual é, e que só quer mais do que já tem. Mas o Brasil dos explorados e oprimidos que o modelo econômico vigente já levou a níveis incomprimíveis de miséria e desespero.

## Somos todos culpados

Nunca faltaram vozes de denúncia desse caráter cruel de nossa sociedade. Inclusive vozes de reconhecimento de que é à nossa elite que temos de debitar o desempenho medíocre do Brasil na civilização vigente. Cabe, agora, à nossa geração perguntar que culpa temos, enquanto classe dominante, no sacrifício e no sofrimento do povo brasileiro. Somos inocentes? Quem, letrado, não tem culpa neste país dos analfabetos? Quem, rico, está isento de responsabilidades neste país da miséria? Quem, saciado e farto, é inocente neste nosso país da fome? Somos todos culpados.

Nossos maiores culpados, primeiro, somos nós próprios, depois, urdimos a teia inconsútil que é a rede em que nosso povo cresce constrangido e deformado. A característica mais nítida da sociedade brasileira é a desigualdade social que se expressa no altíssimo grau de irresponsabilidade social das elites e na distância que separa os ricos dos pobres, com imensa barreira de indiferença dos poderosos e de pavor dos oprimidos.

Nada do que interessa vitalmente ao povo preocupa de fato à elite brasileira. A quantidade e a qualidade da alimentação popular não podia ser mais escassa, nem pior. A qualidade de nossas escolas, a que o povo tem acesso, é tão ruim, que elas produzem de fato mais analfabetos que alfabetizados.

Os serviços de saúde de que a população dispõe são tão precários que epidemias e doenças já vencidas no passado voltam a grassar, como ocorre com a tuberculose, a lepra, a malária e inumeráveis outras.

A solução brasileira para a moradia popular, na realidade das coisas, é a favela ou o mocambo. Não conseguimos multiplicar nem mesmo essas precaríssimas casinhas de marimbondo dos bancos da habitação e das caixas econômicas.

Nossa elite, bem nutrida, olha e dorme tranquila. Não é com ela. Desafortunadamente, não é só a elite que revela essa indiferença fria ou disfarçada. Ela se espraia por toda a opinião pública, como uma hedionda herança comum de séculos de escravismo, enormemente agravada pela perpetuação da mesma postura ao longo de toda a República.

A triste verdade é que vivemos em estado de calamidade, indiferentes a ele porque a fome, o desemprego e a enfermidade não atingem os grupos privilegiados. O sequestro de um rapaz rico mobiliza mais os meios de comunicação e o Parlamento do que o assassinato de mil crianças, o saqueio da Amazônia ou o suicídio dos índios. E ninguém se escandaliza, nem sequer se comove com esses dramas.

A imprensa só protesta mornamente e o faz quando ecoa o que se divulga lá fora. Parece haver-se rompido o próprio nervo ético da nossa imprensa, que nos deu, no passado, tantos jornalistas cheios de indignação em campanhas memoráveis de denúncia de toda sorte de iniquidade. Hoje, quem determina o que se divulga, e com que calor se divulga qualquer coisa, não são os jornalistas, é o caixa, é a gerência dos órgãos de comunicação. E esta só está atenta às razões do lucro.

O que foi feito para pôr cobro a essa situação de calamidade? Na realidade dos fatos, nada foi feito. As vozes e o poderio dos que defendem os interesses do privatismo e as razões do lucro sobrepujam o clamor pelo atendimento das necessidades mais elementares do povo brasileiro.

Nada é mais espantoso em nossos dias do que o fato de que quase ninguém se rebele contra o horror da paisagem humana do Brasil. Estamos matando, martirizando, sangrando, degradando, destruindo nosso povo! O conjunto das instituições públicas e das empresas privadas dessa nossa ingrata pátria brasileira dos anos 1990, o que faz, efetiva e eficazmente, é gastar o único bem que resultou de nossos séculos de triste história: o povo brasileiro.

Somos, hoje, uma parcela ponderável da humanidade. Somamos mais de 160 milhões de brasileiros. Seríamos uma latinidade nova e louçã se alcançássemos coisas tão elementares, como todo brasileiro comer todo dia, toda pessoa ter acesso a um emprego e toda criança progredir na escola. Mas não há nada disso. Nem há qualquer perspectiva de que isso se alcance em tempos previsíveis, pelos caminhos que vimos trilhando.

O lamentável é que temos tudo de que se necessita para que floresça no Brasil uma civilização bela e solidária. Herdamos uma das províncias maiores, mais belas e ricas do planeta. Somos um povo movido por uma incansável vontade de viver e de trabalhar, ativado pelo desejo mais intenso de felicidade, animado por uma alegria inverossímil para quem enfrenta tanta miséria. Contamos, ainda, com um corpo de empresários e de técnicos motivados e qualificados para a empresa de autossuperação que o Brasil tem que realizar.

Seremos impotentes para realizar as potencialidades de nossa terra e de nosso povo? É mesmo inevitável que continuemos enriquecendo os ricos e empobrecendo os pobres? Existe, por aí, algum projeto nacional alternativo, já formulado, que nos dê garantia de redenção?

Reiterar na rota política e no modelo de ação econômica que praticamos só nos dá segurança de perpetuação do atraso e até mesmo de genocídio, ou seja, de matança intencional do povo brasileiro, que é o que está em curso.

A ordem econômica vigente nada mais tem a dar ao Brasil senão miséria e mais miséria. O modelo de capitalismo que se viabilizou entre nós – aliás, muito lucrativo – é impotente para criar uma prosperidade generalizável a todos os brasileiros.

## Genocídio – estamos matando nosso povo

A situação do Brasil é tão grave que só se pode caracterizar a política econômica vigente como genocida. Estão matando nosso povo. Estão minando, carunchando a vida de milhões de brasileiros. Desnutrida, desfibrada, nossa gente acabará se tornando mentalmente deficiente para compreender seu próprio drama e fisicamente incapacitada para o trabalho no esforço de superação do atraso.

Vivemos um processo genocida. O digo com dor, mas com o senso de responsabilidade de um brasileiro sensível ao drama do nosso povo. O digo, também, como antropólogo habituado a examinar os dramas humanos.

Vivemos, com efeito, um processo genocida que faz vítimas preferenciais entre as crianças, os velhos e as mulheres; entre os negros, os índios e os caboclos.

Quantas crianças brasileiras morrem anualmente de fome, de inanição ou vitimadas por enfermidades baratas, facilmente curáveis? Estatísticas estrangeiras, cautelosas, falam de meio milhão. Estatísticas nacionais, menos cautas, contam mais de 800 mil. Quantas serão essas crianças que poderiam viver, e morreram? Cada uma delas nasceu de uma mulher, foi amada, acariciada numa família, deu lugar a sonhos e planos, nos dias, nas horas, nas semanas, nos meses, nos breves anos de sua vida parca. Seguindo a tradição, muita mãe chorou resignada, achando que melhor fora que Deus levasse sua cria do que a deixar aqui nesse vale de lágrimas.

Sobre esse drama tão brasileiro, se alça outro ainda maior. Impensável há uns poucos anos. Indizível. Refiro-me ao assassinato de crianças por aparatos parapoliciais. Uma vez, quando chegava do exílio, vendo a miséria que se estendeu sobre o país, multiplicando trombadinhas, previ, horrorizado, que acabaríamos por ter uma guerra das Forças Armadas contra os pivetes.

Essa guerra atroz está em curso. Não é ainda uma operação militar das Forças Armadas. Mas é já uma guerra cruenta contra a infância e a juventude pobres, travada por organizações paramilitares clandestinas. Consentidas pelo governo. Ignoradas pela Justiça. Apoiadas por pequenos empresários assustados e por pessoas que se sentem inseguras, essas organizações crescem, aliciando combatentes, vale dizer, criminosos, para a triste tarefa de estancar a vida de milhares de crianças e jovens vistos como perigosos.

Quantos jovens estamos matando a tiros cada ano? Ignoramos! Os números internacionalmente difundidos e que nossa imprensa repete falam de um pouco mais de quinhentos nas principais cidades. Mas todos sabemos que seu número é muitíssimo maior.

Outras vítimas desse genocídio são as mulheres brasileiras, mortas em abortos malconduzidos. Também não sabemos contar os números espantosos dessas brasileiras, morrendo ou se inutilizando no esforço de não ter mais filhos. Quem assume a culpa de suas mortes e do sofrimento de tantíssimas delas que, malcuidadas, levam, vida afora, suas genitálias rotas e estropiadas? Não há aqui um feio crime de conivência de quantos condenam o aborto à clandestinidade?

Pior ainda que esse genocídio, mil vezes pior para o destino de nosso povo, é o caso daquelas mulheres, milhões delas, induzidas a esterilizar-se em programas sinistros de contenção da natalidade. Está em curso, em nossa pátria, todo um enorme e ricamente financiado programa internacional clandestino de controle familiar pela esterilização das mulheres pobres, sobretudo das pretas e mestiças. Seu êxito é tamanho que se avalia já, oficialmente, com números do IBGE, em 44% as mulheres brasileiras em idade fecunda já esterilizadas. Castradas.

Esse número espantoso faz temer que já não sejamos capazes nem mesmo de repor a população que temos. Acaso a população brasileira excede aos recursos de nosso território? Não! Decisivamente não. Nosso território fértil é maior que o dos Estados Unidos e a população deles é o dobro da nossa. Temos, portanto, ampla possibilidade de aumentar a nossa participação no gênero humano. O que excede no Brasil é a população marginalizada e excluída da força de trabalho pelo desemprego generalizado, provocado pelo sistema econômico vigente, fundado na precedência do lucro sobre a necessidade.

Mas há quem saiba muito bem quantos brasileiros, a seu juízo, devem existir no ano 2050. Não só sabe, como atua para que esse medonho número desejável deles se cumpra sobre nós. Organizações estrangeiras e internacionais, atuando criminosamente em nosso país, já esterilizaram mais de 7 milhões de brasileiras.

Fazem-no através de médicos subornados que induzem suas clientes a permitir que lhes seccionem as trompas no curso de partos, realizados através de cesarianas. O Brasil, para escândalo mundial e vergonha nossa, é o país em que mais se realizam esses partos cirúrgicos. É, também, aquele em que mais vezes se utiliza desse procedimento para esterilizar mulheres.

São nacionais os tristes dinheiros desse suborno? Quem aprovou, neste país, tal política demográfica? Que instituição suficientemente autorizada e responsável decidiu quantos brasileiros existirão no futuro? Alguém, clandestinamente, decidiu e está aliciando os capadores de mulheres Brasil adentro.

Quem ponderou sobre os convenientes ou os inconvenientes de deixarmos de ser uma população majoritariamente juvenil, para sermos uma população majoritariamente senil? O que se está fazendo ao esterilizar tão grande parcela de nossa população feminina é forçar a optação por uma maioria de idosos.

Nosso povo preservará, depois dessa drástica cirurgia, a vitalidade indispensável para sair do atraso ou estará condenado a afundar cada vez mais no subdesenvolvimento? Quem está interessado em que o Brasil seja capado e esterilizado? Serão brasileiros?

# O Brasil em causa

## Introdução

Dois temas da atualidade, a dívida externa e a política das privatizações, se impõem como um desafio ao próprio destino da nação brasileira. Alcançar claridade a respeito deles é, hoje, o repto maior que a história nos impõe. Cada brasileiro intelectualmente armado e politizado enfrenta esse desafio de fazer o máximo esforço para atingir toda a lucidez que se exige de nós para equacioná-los. Tanto mais porque articula-se um pensamento de direita, instrumentado por toda a mídia mundial, infundido em todo o mundo acadêmico, que não deixa lugar para um pensamento alternativo. As esquerdas socialistas perderam seu discurso, soterradas pelo fracasso do comunismo, abrindo caminhos para que as novas gerações tenham a cabeça feita pelas doutrinas dos que querem perpetuar a ordem econômica atual, que não dá ao Brasil nenhum espaço para realizar suas potencialidades.

Para bem compreender esta armadilha em que estamos presos, convém dar uma visão panorâmica de como as nações evoluem no curso da história. Ao contrário do que geralmente se imagina, as sociedades humanas não evoluem, passo a passo, como se ascendessem por uma mesma escada progressiva. Em consequência, não há nações avançadas configurando o que seja o futuro das retrógradas. Nem nações atrasadas repetindo passos passados das adiantadas. Umas e outras formam configurações contemporâneas de povos interdependentes dentro da civilização a que pertencem.

Assim é porque, no curso dos processos civilizatórios, umas poucas sociedades se avantajam sobre as outras, graças ao domínio autônomo e criativo do saber e da tecnologia do seu tempo, e impõem sua suserania sobre outras, formando impérios. As demais sociedades ou se isolam, paralisadas num mundo arcaico, ou são submetidas à dominação colonial e à dependência dos novos polos imperiais.

Há, pois, duas vias de evolução. Uma real e altamente vantajosa. A outra, subalterna e altamente espoliativa. Designamos a primeira via como aceleração evolutiva, correspondente ao movimento de povos que se incorporam ao processo civilizatório que os atinge, com o comando de seu próprio destino, através do domínio autônomo da nova tecnologia em que sua civilização se assenta.

A outra via é a da atualização histórica, ou modernização reflexa, correspondente aos povos meramente atrelados a polos metropolitanos como sociedades contemporâneas, na condição de povos dependentes e economias subalternas. Seu papel é contribuir, com seu próprio sacrifício, para a prosperidade e o poderio dos povos vanguardeiros.

Assim compreendidos, os mundos do passado e do presente se configuram como constelações de povos postos sob a hegemonia de nações dominadoras, na qualidade de seus proletariados externos.

Exemplifica essas duas vias de evolução o caminho tomado pelos EUA e pelo Japão frente à Revolução Industrial, apropriando-se de suas sementes, para se fazerem polos autônomos da nova civilização. O Brasil, ao contrário, só absorveu seus frutos e, em consequência, foi avassalado e recolonizado sob o domínio dos novos senhores do mundo.

Como meros consumidores dos frutos da civilização industrial, começamos comprando caldeiras e locomotivas a vapor, depois vieram os motores elétricos, os caminhões e automóveis movidos a petróleo e, mais tarde, todos os produtos industriais que a eles se seguiram, para nos fazermos mais eficazes no papel antigo de produtores de insumos não industriais para o mercado mundial. Em consequência, nos endividamos e caímos numa situação de dependência semelhante à dos índios de 1500, quando eles se habituaram aos instrumentos de metal, espelhinhos e miçangas que não podiam produzir.

Uma nação, como a brasileira, herdeira de uma das mais amplas, mais belas e mais ricas províncias da Terra, integrada por um povo homogêneo na língua e na cultura, pacífico – porque não tem disputas fronteiriças – e coeso – porque aqui não existem barreiras étnicas, nem quistos nacionais, aspirantes à autonomia –, tem não só a possibilidade concreta mas, também, a missão histórica de fazer-se uma sociedade vanguardeira. Vale dizer, uma sociedade que domine o saber e a tecnologia, essenciais ao controle do seu próprio destino, como nação livre, autônoma, avançada, progressista e próspera, cujo povo exista para si mesmo e não seja um mero proletariado externo, destinado a servir ao mercado mundial.

A integração nesse mercado é imperativa, porque isolar-se dele importaria num retrocesso. Uma nação-continente, como o Brasil, com condições próprias singulares (40% dos trópicos úmidos do planeta), tem o dever e a necessidade de dominar as equações tecnológicas, fundamentais e adequadas ao seu programa de desenvolvimento autônomo. O Brasil não pode ser simples peça, e peça subalterna, do mercado internacional, produtor dos insumos por ele requeridos, dentro de práticas comerciais correntes de um intercâmbio desigual. Nele, as nações dependentes são as sacrificadas: quanto mais ampliam sua produção, mais se aprofundam sua dependência econômica e a pobreza de sua própria população trabalhadora.

Integrar-se subalternamente ao mercado externo, ou abandonar-se, ingenuamente, nas mãos do estamento gerencial das empresas estrangeiras, seria abdicar de nossa própria soberania, anulando as potencialidades de nosso povo para se dar um futuro próprio, por nós mesmos escolhido. Esse pode ser o caso de nações pobres demais para se abrirem melhores caminhos, compelidas a incorporar-se à economia global como nação dependente. Não é nosso caso, ou não deve sê-lo. Compelidos a incorporar-se na economia global como nações dependentes, o desafio que a história nos propõe é o de conquistar a condição de sociedade e economia autônomas, com relações de interdependência com o mercado mundial.

Entretanto, defende-se hoje, no Brasil, da forma mais insensata, uma postura imediatista, fatalista, corrupta e interesseira, predisposta a apontar, como único caminho aberto a nosso povo para o progresso, o do espontaneísmo, da perpetuação dos descaminhos da dependência em que vivemos e nos perdemos nas últimas décadas.

Sustenta-se, por outro lado, a falácia de que somos uma economia fechada e desconectada do cenário mundial, como se não tivéssemos nosso parque industrial suficientemente invadido pelos grandes oligopólios mundiais; como se nossa saúde financeira não estivesse hipotecada junto aos banqueiros internacionais; como se nossa força produtiva não estivesse trabalhando para gerar saldos externos para pagamento de uma dívida de legitimidade duvidosa. Chega-se ao absurdo de apresentar como modernidade para o Brasil de hoje o aprofundamento de nossa dependência externa, na qualidade de associados de empresas estrangeiras. Para isso é que aponta a política econômica do lucrismo e da privatização.

Os mecanismos do mercado e do lucro, sendo os mais singelos da economia, apresentam vantagens atrativas para os imediatistas, que só querem mais do que já têm para alargar as vantagens que já alcançam. Temos que nos condicionar a eles, em larga medida, dado o caráter da economia internacional moderna. Mas não podemos a eles nos submeter, submissos, esquecidos de que o mercado e o lucro selvagem e abusivo, além de socialmente irresponsáveis, têm a propensão inelutável de promover maior riqueza dos ricos e, consequentemente, o empobrecimento dos pobres.

Nossa economia funcionou, desde sempre, nessas bases, deixando os ricos lucrarem fartamente nas quadras de prosperidade e fazendo pesar sobre o povo o preço das crises quando elas eclodiam. Nisso consiste a chamada socialização dos prejuízos, única forma de socialismo que se pratica entre nós. De fato, ela é que corresponde ao capitalismo dependente que viceja no Brasil, só capaz de gerar uma prosperidade tacanha, não generalizável à massa trabalhadora, ontem escrava, hoje assalariada.

Perpetuar-nos nessa condição pode ser o ideal de um patronato empresarial atrasado e de um patriciado político medíocre. Como projeto de governo, seria condenar o povo brasileiro à mediocridade e à pobreza, num mundo cão, competitivo e audaz, em que nossa própria soberania estaria sob grave risco.

O modelo econômico hoje dominante, fundado no privatismo exacerbado, no cosmopolitismo e na irresponsabilidade social e ecológica, é a causa principal do empobrecimento de todos os países dependentes. Mais desse modelo só nos pode dar mais pobreza geral e riqueza de poucos, por sua incapacidade intrínseca de gerar uma prosperidade generalizada.

Foram os líderes e entusiastas desse modelo que, desde 1964, ditaram a Constituição e as leis, colocando todo o poder do Estado Militar a serviço do privatismo, especialmente das empresas multinacionais. Nos anos posteriores, em razão da crise econômica, se agravaram a dependência e a pauperização de nosso povo.

Há um amplíssimo lugar em nossa economia para a expansão das empresas privadas, inclusive das multinacionais. Mas temos que exigir delas, através da vigilância do Estado, que atuem solidariamente com os interesses nacionais, não contribuindo para degradar nossa moeda, não se entregando às práticas usuais do roubo de divisas, não se dedicando a buscar, por todos os meios, a liquidação de concorrentes ou fornecedores nacionais, não desgastando em vão nossos recursos naturais não renováveis, nem prosseguindo na devastação que já deteriorou vastas áreas de elevado potencial de recursos renováveis de nosso país.

Essa diretriz de cautela não importa em qualquer restrição à colaboração de empresa estrangeira que aqui esteja ou para cá venha trazendo capital novo e nova tecnologia. Frente ao capital estrangeiro, só nos deve preocupar uma vigilância contábil, que indique se ele nos deixa ou nos deixará, em prazos previsíveis, algum saldo, ou se só opera sugando nossos recursos. Outra preocupação deve ser uma política de distribuição regional dos investimentos multinacionais, que não aumente a concentração que já está ameaçando fazer do Brasil rico, centrado em São Paulo, um polo de colonização interna sobre os brasis pobres.

Cada nação hoje desenvolvida alcançou êxito através de alguma estratégia defensiva em relação ao mundo exterior e de algum projeto autoconstrutivo do mercado interno, de mobilização de sua força de trabalho e de seus recursos, dentro da tecnologia mais vantajosa, em opção inteligentemente autossustentada que lhe fosse acessível. Essas diretrizes se aplicam também a nós, que dispomos de uma vastíssima força de trabalho subutilizada e de um patrimônio portentoso de terras, águas, florestas e minérios. A formulação e execução de um projeto nacional de mobilização desses recursos é a tarefa básica de nossa geração. Ela não pode é ser encetada com a alienação do que já temos em bens patrimoniais, em mão de obra especializada, em tecnologia e em recursos naturais.

## A dívida imputada

Na atual conjuntura, duas questões cruciais desafiam o Brasil, ambas decisivas para nosso presente e para nosso futuro: a negociação da dívida externa, principalmente com o governo norte-americano, e o aventureirismo das privatizações programadas pelo governo por inspiração do FMI. Na primeira, nos defrontamos, basicamente, com os banqueiros, que são nossos credores. Mas, atrás deles, o que opera, de fato, é o poderio do consórcio das sete nações ricas, impondo regras extorsivas às nações pobres.

Com efeito, a dívida externa se converteu no mais odioso instrumento de chantagem e de pressão do mundo dos ricos. No plano global, é um mecanismo pernicioso, de longo prazo, competentemente criado para controlar as nações pobres que produzem a maior parte dos insumos com que funciona o capitalismo. Funciona, frequentemente, forjando a inadimplência, para que os credores se arroguem o direito de interferir para "arrumar a casa" dos devedores, a fim de que estes não interrompam seus pagamentos. É uma imposição colonial, que se apresenta, cruamente, na forma de cobrança de um credor indignado frente a um devedor incumprido.

É todo um programa imperial de alcance mundial, mas quer apresentar-se como progressista e até dadivoso, através das escassas ações caritativas do Banco Mundial. A característica mais espantosa desse programa é que ele não nos oferece nada de novo. Só nos propõe que continuemos trilhando os velhos caminhos da dependência. Caminhos que nos levaram à economia suicida dos últimos governos, em que todo o excedente econômico produzido pelo povo brasileiro saiu daqui para pagar os juros da dívida externa que nos imputam. Com esse objetivo, passamos a produzir e exportar, cada vez mais, para alcançar divisas, cada vez mais escassas, retidas todas lá fora, na voragem dos custos da dívida externa.

Viabilizamos esse intercâmbio aloucado, muito mais espoliativo que o colonial, implantando um processo inflacionário que desestabilizou a economia brasileira e empobreceu drasticamente nosso povo. Isso foi alcançado da forma mais irresponsável, acatando as exigências de nossos credores através de duas práticas sinistras. A das emissões astronômicas de papel-moeda, cada vez mais desvalorizado, para pagar os produtores internos do mercado externo. E a conversão do governo no maior especulador financeiro do país, com a tomada de empréstimos. A maior parte da massa de recursos do país é retirada do processo produtivo, que paga por ela custos financeiros impensáveis.

O Governo Collor tentou enfrentar essa situação calamitosa opondo maior resistência aos banqueiros internacionais do que a que lhes foi oposta desde Getúlio Vargas. Simultaneamente, tomou as medidas mais ousadas de controle da especulação financeira de que se tem notícia. Alcançou, desse modo, um elevado grau de controle sobre a inflação, afastando os riscos iminentes da hiperinflação. O preço dessa política foi a recessão econômica, que quase paralisou a economia, já muito debilitada; agravou o desemprego, que era nosso principal problema; e impôs uma severa compressão de salários. Os efeitos positivos dessa virada econômica poderiam, talvez, ser alcançados de forma menos onerosa para o povo se fosse maior o sentido de responsabilidade social dos gestores da economia.

O mais grave, porém, é que ao fim desse processo penoso, em lugar de reverter a política econômica que, nas duas décadas passadas, gerou toda essa crise, o Governo Itamar aprofundou seus fatores mais negativos e espoliativos. Isso se fez com a afirmação de que não há alternativa para a modernização econômica que não seja nos abrindo, ainda mais, ao mercado internacional. Caímos, assim, num neoliberalismo irresponsável, que nos quer convencer de que é aprofundando a causa real de nossas frustrações que iremos superar a decadência econômica e a pobreza.

## Histórico da dívida

Vale a pena reconstituir aqui, em poucas palavras, a história do endividamento brasileiro. As duas primeiras operações de crédito externo, efetuadas pelo Brasil independente, foram feitas em 1825, dentro de um tratado secreto negociado pela família imperial. A primeira destinava-se a pagar dívidas de Portugal para com a banca inglesa, no montante de 600 mil libras esterlinas, de despesas autorizadas por D. João VI para pagar o translado da Corte portuguesa para o Brasil, em 1808. Importamos esse preço à classe dirigente que regeria, desde então, nosso destino em seu próprio benefício.

A segunda dívida, por nós assumida, de 1,4 milhão de libras esterlinas, é relativa à dívida feita por Portugal em Londres, precisamente para combater a independência do Brasil. A partir daí, o endividamento se tornou um vício. Já em 1823, o imperador tomou um empréstimo de 3,6 milhões de libras para financiar déficits orçamentários. Para isso, sem crédito, deu como garantia aos ingleses a única renda segura que havia: a alfândega. Desde então, o Brasil jamais deixou de ser devedor da banca internacional.

O melhor juízo crítico sobre nossa dívida foi dado no Senado do Império, pelo velho Martim Francisco, irmão do Patriarca da Independência. Disse ele: "Estou e sempre estive convencido de que a teoria dos empréstimos era um abismo [...]. O empréstimo contraído por qualquer Estado é sempre um sintoma de prodigalidade de seu governo, ou a morte desse espírito de ordem e de economia, primeiras bases de toda boa organização financeira [...]. Os empréstimos concorrem a excitar a cobiça dos cidadãos e amortecem em seus corações o sentimento desinteressado de amor à pátria. As chamadas despesas extraordinárias são pérolas douradas, engolidas por povos boçais". Assim foi com Felisberto Caldeira Brant, primeiro negociador de nossa dívida, que com ela enriqueceu. Assim foi com o último, Tony Gebauer, que acabou preso, como ladrão, numa cadeia norte-americana.

À exceção do governo de Getúlio Vargas, todos os outros se endividaram e penaram na mão dos banqueiros e de seus agentes nativos. Seu ministro da Fazenda, Artur de Souza Costa, afirmava: "Não se pode compreender que uma nação trabalhe para transferir, sistematicamente, seus recursos às mãos dos credores, sem possibilidades de reservar desses recursos a parcela suficiente ao custeio de suas necessidades. Os encargos da dívida externa não podem anular o direito de subsistência dos povos, da mesma maneira que normas contratuais que se tornaram extorsivas em face das possibilidades econômicas não podem subsistir." Precisamente por sua orientação cautelosa é que Vargas teve recursos para lançar as bases do desenvolvimento autônomo do Brasil. Foi Getúlio Vargas quem modernizou o Estado brasileiro e fez dele protagonista, quem implantou a nossa infraestrutura econômica. São obras daquele período a Companhia Siderúrgica Nacional, a Vale do Rio Doce, a Companhia Nacional de Álcalis, a Hidroelétrica do São Francisco, a Petrobras, a Eletrobras, além do Banco do Nordeste, do Banco de Crédito Cooperativo e de outros, inclusive esse vilipendiado BNDES.

Também o presidente Ernesto Geisel formulou e executou um amplo programa de metas com financiamento estrangeiro. Embora setorial, ele fortaleceu substancialmente nossa infraestrutura econômica, especialmente no campo decisivo da indústria petroquímica, esta mesma que alguns irresponsáveis querem agora alienar.

É de assinalar, aqui, que raramente o Brasil se endividou para custear programas concretos de implantação de estruturas produtivas. Os empréstimos quase sempre foram tomados, principalmente, para pagar dívidas atrasadas ou, no máximo, para custear projetos esparsos, sobretudo durante e depois do alucinado "milagre econômico". Mais espantoso, ainda, é que jamais soubemos, e ainda hoje não sabemos ao certo – apesar de todas as facilidades oferecidas pela informática –, qual é a situação real do nosso endividamento externo. Não se sabe qual o destino das operações financeiras iniciais e quais seus desdobramentos. O Banco Central não é capaz de informar se as operações financeiras foram utilizadas com as razões que levaram à sua efetivação. Ainda em 1994, com as negociações aprovadas pelo Senado, o governo reconhecia desconhecer os dados da dívida externa, através da Mensagem nº 133 de 1991.

Foi na última década, porém, que nossa dívida externa eclodiu, tornando-se a causa fundamental da crise econômica. Em 1964, a dívida externa brasileira era de 3 bilhões de dólares; elevou-se, em 1978, a 43 bilhões e, em 1982, a 70 bilhões. No fim da década, havíamos ultrapassado os 100 bilhões. Para resgatar só os juros dessa imensa dívida acumulada, o governo vinha pagando mais de 12 bilhões de dólares ao ano.[2]

## Balanço da dívida

Estudos do professor Luiz Fernando Victor, da Universidade de Brasília, mostram que, de 1956 a 1988, a preços de 1988, o Brasil assumiu empréstimos e financiamentos da ordem de 267 bilhões de dólares, enquanto pagávamos 287 bilhões de dólares a título de serviço da dívida. Nesse mesmo período, ingressaram no país 33,5 bilhões, a título de capitais de risco, mas nós remetemos para fora, a título de lucros e dividendos, 24,5 bilhões e repatriamos 4,5 bilhões mais. Isso mostra que, no balanço de divisas, nos restou de positivo algo em torno de 4,5 bilhões, juntamente com uma dívida superior a 100 bilhões de dólares que, desde então, só aumentou.

Como não ver, em face desse número, que o Brasil é, de fato, exportador de capital, tal o descompasso entre o que recebemos e o que remetemos para o mundo dos ricos? Anualmente, nos descapitalizamos em cerca de

2 Em setembro de 2014, o Fundo Monetário Internacional (FMI) avaliou a dívida externa em 750 bilhões de dólares. (N. E.)

8 bilhões de dólares, para atender a uma dívida sempre em aumento. Só não é exato dizer que somos exportadores de capital porque o que exportamos não é renda que nos propicia juros, mas tributo colonial, que deixa de ser investido aqui, forçando o atraso.

Para o conjunto da América Latina, que é o universo de destino comum no qual nos inserimos, o intercâmbio internacional resultou num prejuízo de 200 bilhões de dólares, de 1982 a 1988, cifra que provavelmente se elevou, desde então, a 300 bilhões. Tal é a diferença entre o que remetemos para fora e o que de lá recebemos, numa transferência líquida de capital da região para os países credores, vale dizer, do sul para o norte do planeta, ou, na realidade das coisas, de povos de pobreza imposta para povos ricos.

Enquanto os povos do mundo subdesenvolvido ficaram mais dependentes, na década de 1980, os ricos viveram, à nossa custa, a sua quadra de maior prosperidade. As divisas que remetemos para o exterior somam valores maiores que qualquer reparação de guerra paga alguma vez. Essa é a causa essencial de nossa pobreza. Segundo dados da Cepal, de 1980 a 1987 a taxa anual de investimentos do Brasil sofreu uma queda de 25% para 16% – números que refletem uma progressiva e dolorosa obsolescência de nossa infraestrutura econômica e uma ainda mais gigantesca depauperação de nosso povo.

Essa situação desafortunada se implanta exatamente quando saímos de duas décadas desastrosas, em que diversos fatores se conjugaram para nos impor um retrocesso econômico crescente, que ameaça tornar insolvente a nossa economia. Dentre eles sobressaem as duas crises sucessivas do petróleo. Só na primeira delas, de 1973 a 1974, o preço se elevou de 3 a 12 dólares o barril; na segunda, a partir de 1979, vai de 12 a 39 dólares por barril. Outro fator de retrocesso foi a alta dos juros bancários de nossa dívida, que de 11,8%, em 1978, passou a 24,5% em 1980. Trata-se, como é sabido, de um mero mecanismo anti-inflacionário da economia norte-americana, que nos foi abusivamente debitado.

Essa espoliação se efetua exatamente quando se realiza no mundo dos ricos uma imensa reconcentração de capitais, acompanhada de uma exacerbação terrível no desgaste e na deterioração dos recursos naturais do planeta. Ela já é tão grande que se raciocina nas sociedades ricas que a civilização moderna não é generalizável nem mesmo a países bem providos de recursos naturais, como o Brasil, porque os recursos de toda a Terra mal dão para manter por umas décadas mais o seu carro de vida.

O projeto, disso resultante, deveria ser o ressarcimento da humanidade pela degradação ambiental global que eles já realizaram sobre terras e mares de todo o mundo. Com efeito, o mundo atual, com duas terças partes de gente miserabilizada, é a grande obra do homem branco. Em sua expansão ele destruiu milhares de culturas originais, escravizou centenas de milhões de homens e liquidou a prosperidade que as antigas economias locais proporcionavam a toda a população. Em lugar disso, só planejam espoliar nossos recursos e nos mantêm no atraso, aumentando a carga que pesa sobre nós.

Trata-se, como se vê, de um conluio de banqueiros estrangeiros e de órgãos internacionais de defesa dos interesses das nações prósperas e da diplomacia corsária dessas mesmas nações, mancomunadas para perpetuar nosso atraso e dependência. O mais doloroso é que isso se faz com apoio expresso de muitos maus brasileiros, verdadeiros inimigos da nacionalidade, mesmo quando somos objeto de humilhações desconcertantes e das pressões mais abusivas.

A humilhação começa pelo trato que nos dão serviçais do FMI que aqui vêm, insolentes, examinar as contas nacionais, impor, ríspidos, pedidos de perdão e desrespeitar nossa soberania; exigir, arrogantes, novas leis e até a reforma da Constituição. Um despautério! Pior ainda, pela desfaçatez, é o abuso de nos apresentar falsamente no cenário mundial como devedores incumpridos, quando, de fato, somos vítima da espoliação e agiotagem bancária, associadas à ferocidade da política econômica do chamado Primeiro Mundo, conforme demonstramos com números incontestáveis.

Mais importante, ainda, como providência urgente para esclarecer a opinião pública mundial, é contratar uma auditoria idônea que nos dê um balanço criterioso do modo, do quando e do quanto de cada dívida que nos imputam, de como ela cresceu até o montante que agora nos cobram. Isso é o que nos ordena a Constituição em uma disposição transitória incumprida.

## O golpe das privatizações

A segunda questão crucial que desafia o Brasil – a política de privatização das empresas estatais – só é aparentemente de caráter interno. Na realidade das coisas, trata-se de uma exigência externa, dos países ricos, que nos querem impor imperativamente, como política econômica de salvação nacional, uma orientação dos interesses deles, que só agravará nossa precaríssima situação.

O espantoso é que essa política externa vem se tornando uma força interna pela manipulação da opinião pública pela mídia, que difunde as mentiras mais deslavadas como se fossem verdades incontestáveis.

Não é verdade que as privatizações programadas permitem realizar novos investimentos estrangeiros. Se se quer trocar bens palpáveis e vultosos pelos papéis da dívida agrária, ou, pior ainda, por parcelas artificialmente valorizadas da dívida externa, o que se processa não é o fortalecimento de nossa economia. É, isto sim, uma operação de recolonização e de avassalamento pela entrega do comando de setores fundamentais a mãos estrangeiras ou nativas, só preocupadas em otimizar seus lucros.

Não é verdade que por aí existem, perseguidos e discriminados, empresários schumpeterianos nativos, em cujas mãos as empresas públicas floresceriam. Menos verdade, ainda, é a ilusão de que o corpo de gerentes das empresas estrangeiras seria mais capaz de atender aos interesses do povo brasileiro. Essa afirmação falsa seria uma ingenuidade palmar, se não fosse, ao contrário, descaradamente sagaz e treteira.

Não é verdade que pelo caminho das privatizações reduziríamos a nossa dívida externa, porque se isso se der será em proporção insignificante e através da negociata de receber, com o valor de 100%, títulos negociáveis em Wall Street por 25%. Uma roubalheira que não nos traria um só dólar novo, não criaria um só emprego novo, mas nos empobreceria substancialmente, subtraindo enorme patrimônio estratégico construído nos últimos 50 anos.

Não é verdade, também, que, por essa via, alcancemos o domínio da tecnologia industrial moderna. As empresas nacionais, que se quer alienar, são das mais eficazes em seu campo de ação. Em todo o mundo, as grandes empresas tratam a tecnologia que dominam como seu bem mais precioso e tudo fazem para monopolizá-la. Seu segundo bem operativo é a mão de obra especializada que movimenta as suas empresas, cuja preparação e atualização é por vezes seu principal investimento. Também para nós a tecnologia de ponta, dominada pelas empresas públicas, bem como a força de trabalho especializada com que contam, são bens preciosos, cuja alienação só se compreenderia se pagassem por eles seu valor de reposição.

Não é verdade que o Estado deve retirar-se da atividade econômica para dedicar-se às suas funções básicas – educação, saneamento, construção de estradas, etc. Todos sabem que, antes do advento das estatais, o Estado brasileiro não era mais eficiente do que é hoje no desempenho dessas funções. A infraestrutura industrial brasileira foi reforçada pela intervenção estatal justamente para que se criassem excedentes que permitissem a melhoria das condições sociais. E os excedentes estão aí, na forma do lucro gerado pela Vale, pela Petrobras, pela Eletrobras e pela Telebras. Perdem-se por incompetência dos governantes.

Não é verdade que essa entrega elevaria a eficácia produtiva das empresas, mercê de uma gerência mais criativa e competente. Não é assim. A Petrobras é uma das empresas mais eficazes do mundo e seu desempenho no Brasil é infinitamente melhor para nós que o das empresas petroleiras, nacionais e estrangeiras, que aí existem.

O mesmo se pode dizer da Companhia Vale do Rio Doce, que é também das principais do mundo, em seu campo. Incomparavelmente melhor que a Hanna Corporation, por exemplo. Esta última teve avaliado o seu desempenho de forma irretorquível, ao receber da ditadura, como dádiva de reconhecimento de seus méritos de financiadora do golpe militar de 1964, nada menos do que a Rede Ferroviária Federal – que lhe custaria 4 bilhões de dólares se tivesse que ser construída. Ela, e seu disfarce nacional, a utilizam, desde então, para o transporte de minério com custos subsidiados pelo Brasil. De sua próspera ação econômica só nos ficarão os buracos dos lugares de suas jazidas e o sucateamento da rede.

É de recordar que os privilégios dados à Hanna pela ditadura representaram uma reviravolta na política econômica do Governo João Goulart. Fundada no Plano Eliezer, ela destinava todos os recursos provenientes da exportação de minério de ferro à construção de novas siderúrgicas. Nossa meta era fazer do Brasil um grande exportador de aço.

## O furor privatista

Nada houve de mais escandaloso na história econômica do Brasil que a privatização da Companhia Siderúrgica Nacional. Ela foi entregue, num leilão eivado de irregularidades, a um bando de banqueiros por um preço menor que o aço que tinha em estoque e as dívidas por receber. Criada juntamente com a Companhia Vale do Rio Doce, elas nos custaram uma guerra, pois a sua construção foi a condição imposta por Getúlio Vargas para o apoio do Brasil aos Aliados na Segunda Guerra Mundial.

Roosevelt cumpriu sua parte, fazendo construir a siderúrgica nos anos de guerra para que fosse inaugurada em 1945. Volta Redonda representou para o Brasil o papel de matriz da industrialização nacional. Assim o foi, apesar da espoliação que sofreu pelo espírito privatista dos que a regeram nos anos da ditadura militar, fazendo-a operar com preços negativos para servir à corrupção de revendedores de seus produtos e para subsidiar a indústria automobilística e a indústria naval.

A Vale, que devolveu ao Brasil o domínio do minério de ferro de Minas Gerais, controlado até então pelos ingleses, cresceu como a maior das empresas mundiais de seu ramo, com um patrimônio superior a 30 bilhões de dólares. Possui, hoje, dois sistemas completos e integrados de mineração-ferroviária-porto, o das jazidas do quadrilátero ferrífero de Minas Gerais e o do complexo de Carajás-Itaqui, que explora a maior jazida de minério de ferro do mundo. Tem, ainda, um sistema próprio de navegação, atua no setor de celulose, conta com uma empresa própria exclusivamente dedicada à pesquisa mineralógica. Participa, também, com outros grupos empresariais nacionais e estrangeiros, em diversas atividades minerais e industriais, destacando-se o manganês, o titânio, o ouro, a bauxita, a alumina e o alumínio. O valor de suas reservas minerais, que já estão sendo exploradas, é superior a 500 bilhões de dólares, seu volume total alcançará o dobro.

Os tecnocratas que ditam a política econômica estão assanhadíssimos, agora, para levar a cabo outra espoliação. Querem privatizar a Companhia

Vale do Rio Doce, cujo capital já sofreu uma sangria através de uma manobra de conversão de debêntures em ações votantes que entregou ao setor privado 47% de seu capital. Com a venda de uns 10% mais, o aventureirismo privado dominaria a Vale, apropriando-se da empresa e de suas jazidas de minérios metálicos, cujo valor acerca-se a 1 trilhão de dólares.

O escândalo dessas dações pode ser medido por um simples balanço da renda que se auferiu das privatizações já realizadas. As operações de privatização da Companhia Siderúrgica Nacional, da Usiminas, da Mafersa, da Usipa e de outras empresas renderam nominalmente 5,2 bilhões de dólares, que custaram efetivamente aos arrematadores a insignificância de 62,4 milhões de dólares, ou 1,2%, porque as pagaram em moedas podres.

Outra empresa cobiçadíssima é a Petrobras. Ela custou ao Tesouro Nacional 10 bilhões de dólares, dos quais 4 bilhões a ele reverteram. O volume reconhecido, hoje, do seu patrimônio é de 50 bilhões de dólares e o valor de suas reservas de petróleo e de gás é superior a 180 bilhões de dólares. Seu funcionamento como empresa monopolista rendeu ao país uma economia de outros 180 bilhões de dólares, que teríamos pago a mais pelo petróleo que consumimos nessas décadas.

A Eletrobras, criada em 1954 para libertar o Brasil da infecundidade das empresas privadas, incapazes de gerar a energia requerida para o desenvolvimento do país, tem hoje o patrimônio reconhecido no valor de 100 bilhões de dólares e atende a 75% da população brasileira, com tarifas mais baixas do que a taxa mundial. Seu potencial energético cresceu mais de 10 vezes desde que foi criada. Propala-se que os *chicago boys* querem arrematá-la por 20% do seu valor, advertindo, eles próprios, que os arrematadores não assumirão nenhum compromisso de construir as novas hidrelétricas de que o país necessita. O Tesouro assumiria o encargo de construí-las, certamente para as entregar, depois, aos buscadores de lucros fáceis.

A Embratel, criada em 1962, foi reestruturada em 1972 para reger o monopólio nacional das telecomunicações. Seu patrimônio, compreendendo os órgãos centrais e as telefônicas dos estados, é da ordem de 80 bilhões de dólares. O imenso valor de seu monopólio comercial é incalculável. Esse futuro da empresa, muito mais que suas instalações, é o que se quer desapropriar porque ele é tido como um dos maiores negócios que hoje se oferecem em todo o mundo.

O valor patrimonial das empresas citadas é superior a 250 bilhões de dólares e o valor de suas reservas minerais supera 1 trilhão de dólares. Esses números correspondem a dezenas de vezes mais que todas as inversões de capital estrangeiro no Brasil. Esses fatos demonstram numericamente o tamanho da espoliação que a política da privatização nos propõe. Se chegarem a realizá-la, terão cometido um crime de lesa-pátria, tanto ou mais grave que os dois outros crimes históricos de nossas elites infiéis. O crime de prorrogar a escravidão por meio século mais, depois dela se tornar obsoleta em todo o mundo. E o crime de condenar milhões de lavradores brasileiros a viverem vidas miseráveis e famélicas, por não se consentir nunca que se realizasse aqui a reforma agrária.

## A doutrina privatista

A privatização pode, eventualmente, ser recomendável. É o caso das empresas deficitárias, das falidas, das inoperantes ou daquelas que a ditadura militar incorporou ao patrimônio nacional, através de negociatas. Poderia, também, ser o caso dentro de um programa nacional de democratização do capital das empresas públicas, pela venda de suas ações a seus servidores e a todos os brasileiros que nelas queiram aplicar suas poupanças. Mas não é nada disso que se está fazendo. Ao contrário, o que se processa é a alienação de um patrimônio nacional, indispensável à gestão autônoma de nossa economia, o qual será irrecuperável se for privatizado.

Que governo é esse, que rege a república brasileira nos impondo uma política suicida, surdo às razões e ao clamor dos mineiros, quanto à Usiminas e à Acesita; dos fluminenses, quanto à Companhia Siderúrgica Nacional; dos paulistas, quanto à Embraer; dos capixabas, quanto à Siderúrgica Tubarão; dos gaúchos, quanto à Aços Finos Piratini; e de todos os brasileiros, quanto à Petrobras e a tantas outras empresas públicas? Por que o faz? Essa conduta só se explica pela influência nefasta de uma assessoria econômica desassisada.

De fato, o que pretendem os economistas oficiais é nada menos que alienar empresas públicas, precisamente porque são eficazes e lucrativas em sua atuação dentro do mercado. Essa diretriz econômica, se efetivada, além de representar imensos prejuízos para a economia nacional, importaria, também, na perda do controle brasileiro sobre nosso próprio destino, pelo abandono a mãos irresponsáveis, nativas ou alheias, da condução da política de desenvolvimento do Brasil.

Não estou exagerando, é o próprio presidente desse desnaturado e cartorializado BNDES que o assevera com estas palavras: "É uma usina integrada, líder no mercado brasileiro. É competitiva no mercado internacional. Não dá prejuízo. Tem um nível de atividade excelente, é moderna e atualizada, tecnologicamente." Precisamente por essas razões é que o energúmeno leiloou a Usiminas por uma décima parte do seu valor de reposição. O desvario dessas razões alucinadas só tem uma explicação plausível: trata-se, obviamente, de uma imposição.

O presidente da ABI, eminente estudioso da economia brasileira, Barbosa Lima Sobrinho, homem público que honra este país, perguntava, há pouco tempo, se a entrega pelos "valores tão irrisórios dos preços mínimos fixados para a venda a capitais privados de nossas mais rentáveis empresas estatais não seria uma exigência dos banqueiros, portadores dos títulos da dívida externa brasileira, ou uma imposição do Fundo Monetário Internacional". Seguramente que sim.

O receituário da privatização genérica, que aqui, cega e intolerante, se quer aplicar de forma tão afoita como a panaceia curadora de todos os males, não é nenhuma tese apoiada mundialmente com unanimidade. Muitas nações prósperas como a Alemanha e a Itália têm percentuais mais altos que o nosso de suas economias concentrados em empresas públicas. Quando decidem desestatizá-las o fazem não por razões doutrinárias, mas por razões contábeis específicas e em nenhum lugar do mundo se doam bens públicos.

O processo da privatização realizada na Inglaterra, por exemplo, consistiu numa democratização do capital de doze de suas grandes empresas e rendeu ao Tesouro 40 bilhões de dólares para novas inversões, vendendo suas ações a 5 milhões de investidores. Lá, como em outros países, cada privatização é feita sempre com duas cautelas. A de pulverizar as ações postas à venda e a de restringir, e até proibir, o acesso de capitais estrangeiros a setores vitais da economia. Nisso sempre foram e continuam sendo especialmente zelosos os japoneses e os coreanos. Só aqui se vê essa pregação interesseira do devassamento de toda a economia, sem nenhum critério de economicidade e de nacionalidade.

Calam nossos propagandistas do neoliberalismo sobre os resultados da privatização levada a efeito na Inglaterra, até há pouco tempo decantada como modelo brilhante para o mundo. O fato é que, com ela, a Inglaterra caiu na escala das potências da segunda linha para a terceira e a quarta, agravando-se dramaticamente seus problemas sociais. A primeira-ministra Margareth Thatcher, que era a diva da direita mundial, foi apeada do poder por seus próprios seguidores.

Essas doutrinas econômicas esdrúxulas, que não só ignoram o papel do Estado, mas o negam – quando não seja para espoliá-lo –, só podem conduzir o Brasil ao desastre. Em que lugar no mundo uma economia floresceu sem um Estado que normatizasse as relações econômicas e sociais, fomentando as atividades produtivas essenciais, alargando a oferta de empregos, disciplinando a distribuição da renda nacional?

Nenhum país o fez, neste século, pelo caminho do entreguismo e do liberalismo, que são doutrinas oportunistas das nações colonizadoras, que gostam de ser chamadas, eufemisticamente, de povos do norte ou de nações do Primeiro Mundo. Os povos que alcançaram êxito na civilização contemporânea, o fizeram mediante políticas estatais muito lúcidas de edificação de economias nacionais autônomas.

É bem sabido que toda grande concentração de poder econômico resulta necessariamente em poderio político. Em consequência, só enfraquecerá a nação brasileira um crescimento do vulto, já ponderável, das multinacionais em nosso país. Tanto mais, quando ele se daria sem custos para elas e sem a vantagem para nós de novos investimentos ou do domínio de tecnologias avançadas.

Já hoje, as empresas multinacionais, controlando a massa de recursos da publicidade, são o tom cantante na grande imprensa e em toda a mídia. Livre-empresariais e regidas pelo lucro, elas são cada vez menos guiadas por um nervo ético ou patriótico. Tudo tratam como negócio e são notoriamente mais propensas a se identificar com os interesses estrangeiros que com os nacionais e, menos ainda, com os interesses públicos. Se o círculo se fecha, quem defenderá, amanhã, os interesses do povo e da nação? Com todo o poderio concentrado em mãos estrangeiras indiferentes a nossos valores, fiéis a outros interesses, que voz brasileira poderá bradar, protestar? É cada vez mais escandalosa a incapacidade da nossa imprensa para identificar-se com o povo brasileiro, para tomar como seus sejam os problemas da nação, sejam as nossas multidões de pobres.

Concluindo, podemos asseverar que o leilão das privatizações significa um risco enorme de provocar efeitos desastrosos. Como negar que esse é um programa entreguista, que troca bens por miragens e acentua essa dependência externa? Quem, realmente, defende essa política? Os homens probos desse país condenam todo esse vandalismo, levado a cabo por gestores bisonhos, meros banqueiros amadores, que nunca fizeram nada de assinalável na vida. Seu furor privatista, que grassa por aí, é medíocre e suicida a respeito do Brasil, porque já é ditado por interesses alheios e só por isso deve ser repelido com a indignação mais veemente.

Os fanáticos da privatização se olvidam de que esta nossa nação brasileira está fadada a altos destinos no quadro da humanidade. Isso em razão dos séculos de luta e de dor de que resultaram nossas heranças maiores: um território continental rico e cobiçado e um povo de grande população, etnicamente integrado. É nosso dever reter este patrimônio, a fim de realizar as potencialidades do povo brasileiro, hoje afundado na mais feia miséria, por culpa da estreiteza de visão das classes que, agora, se predispõem a compactuar com a recolonização.

Os economistas que defendem a política das privatizações são porta-vozes de uma facção doutrinária que entrou em moda ultimamente, apoiada por todo o sistema mundial de comunicações. Doutrina melhor que essa é a defendida no *Economic Impact*, editado pela Usis, sobre "Privatização nos países menos desenvolvidos". Ali se afirma que "uma melhoria no desempenho econômico das empresas públicas apresenta maiores probabilidades de fluir o aumento da competição no mercado, do que de uma mudança na propriedade das empresas".

O que se apresenta, hoje, no Brasil como a política econômica que corresponde à pós-modernidade não é mais do que a projeção sobre nós da chamada Doutrina Reagan, centrada na desregulamentação, privatização e competitividade. Doutrina, aliás, severamente criticada, atualmente, nos próprios EUA.

Os críticos dessa esdrúxula Doutrina Reagan afirmam que os graves problemas enfrentados hoje pela economia norte-americana, insanavelmente deficitária e incapaz de competir com os japoneses e os alemães, decorrem precisamente de sua aplicação. Particularmente de seu pendor a privilegiar a especulação financeira em relação ao estímulo à produtividade e da ausência de um Estado com política explícita na economia. Efetivamente, o poder público norte-americano não deixa de atuar sobre a economia, mas o faz através de intervenções anárquicas, que nela se dão episodicamente, atendendo a grupos de pressão que tumultuam todo o comércio internacional.

Essas são as conclusões a que chegaram os cientistas do Instituto Tecnológico de Massachusetts, o célebre MIT, que, durante três anos, ouviram mais de 500 técnicos, professores e empresários, líderes sindicais e políticos. Visitaram mais de 200 empresas japonesas, europeias e norte-americanas em oito setores da economia.

Suas conclusões demonstram os erros cometidos pelo governo e pela sociedade norte-americanos, ao fazer prevalecer sobre o processo produtivo a manipulação financeira; ao negar a presença necessária do Estado na economia e propor sua demissão; ao propugnar um falso liberalismo que, entretanto, perturba oportunisticamente o mercado cada vez que pode lucrar com isso; ao fugir da necessária responsabilidade do governo no setor social; ao só dar ouvidos aos reclamos de liberdade do setor privado, que só se rege pela busca do lucro.

A mesma equipe demonstrou, ainda, que negligenciando as responsabilidades públicas em setores básicos, como educação e saúde, se está minando as potencialidades do próprio povo norte-americano para competir com as outras economias avançadas do mundo.

A lição que se aplica a nós nesses estudos do MIT é a advertência de que a situação tecnológica mundial, com as transformações radicais e rapidíssimas que se operam nesse setor, não justifica que nenhum país se exponha, de forma ampla e sem controle, à competição internacional. Nesse momento em que os economistas mais lúcidos e responsáveis dos EUA chamam aquele país a uma revirada econômica para viabilizar-se, nossos eternos copiadores de modelos alheios estão pregando aqui a doutrina que, lá, vai ficando cada vez mais claramente obsoleta.

## O Brasil é viável?

Vivemos as angústias de uma conjuntura dramática. Generaliza-se no país uma atitude pessimista de descrença em nossa capacidade de realizar as potencialidades do Brasil. Recitam-se os números relativos às nossas riquezas, apenas para dizer que somos incapazes de utilizá-las. Essa ideologia do pessimismo funciona já como fundamento da política econômica de alienação de nossos bens, de avassalamento de nossa sociedade, impedindo que se vejam as verdadeiras causas da crise e se mobilizem forças para vencê-las.

Em lugar de culpar por nossos fracassos os gestores da economia brasileira nas últimas décadas – aqueles que, sentados no poderio da ditadura militar, reverteram a política econômica até então vigente e afogaram o Brasil na crise –, querem é reimpor suas diretrizes desastrosas.

As exaustivas análises numéricas do professor Angus Maddison mostram que, de 1870 a 1987, o Brasil teve um dos mais altos crescimentos econômicos que se registrou, medido pelo crescimento do PIB que se manteve secularmente numa média de 4,4% ao ano. O mesmo estudo demonstrou que o desempenho da nossa economia foi particularmente positivo de 1913 a 1950, enfrentando a grande crise de 1929-30 e as duas grandes guerras mundiais, sem declinar-se. Depois de 1964 é que, ao salto milagreiro, seguiu-se a estagnação, que é fruto e produto da política econômica que se quer perpetuar.

A lição desses números é que vínhamos construindo a nação brasileira debaixo das diretrizes de uma política econômica capitaneada pelo Estado, através da proposição e realização de metas setoriais e planos nacionais de desenvolvimento. Quase tudo que temos de valioso, como o patrimônio nacional, que dá consistência à nossa economia, resulta de planos governamentais de intervenção no campo econômico para alcançar objetivos claramente expressos. Essa foi a diretriz tanto de Getúlio Vargas e de

João Goulart, quanto de Juscelino Kubitschek, os principais edificadores do Brasil moderno.

Abandonando aquela orientação para enveredarem pela política privatista de mais privilegiar os ricos e de endividar o país, o que se alcançou foi a ruptura do ritmo de desenvolvimento que o Brasil vinha experimentando secularmente. Suas vítimas não foram somente as classes trabalhadoras. Foram, de fato, todos os assalariados do país.

Nos 30 anos dessa economia neoliberal todas as categorias profissionais se proletarizaram – os médicos, os militares, os professores são exemplo de queda do poder de compra de seus salários de três para um. Deteriorou-se toda a máquina administrativa do Estado. Isso é o que se vê em nossa medicina pública que não socorre nem cura; em nosso sistema escolar que não ensina; em nossa rede viária atravancada e inviável; em nossa prodigiosa agricultura de exportação, incapaz de proporcionar fartura alimentar; na previdência social corrompida que não funciona.

Países há de economia tão débil e precária, que não podem senão entregar-se à dependência frente aos capitais transnacionais, tomando os tecnocratas neoliberais como seus mentores. Esse não é o caso do Brasil. Somos herdeiros de uma província vasta e privilegiada, onde se multiplicou um povo ativo, sedento de progresso e de prosperidade. Temos tudo o que se pode pedir para nos fazermos uma das mais prósperas nações da Terra. Jamais o alcançaremos, porém, pela entrega do comando superior da nossa economia a gestores social e nacionalmente irresponsáveis.

O que nos tem impedido de realizar as potencialidades do Brasil não é a falta de recursos naturais, nem são deficiências do povo brasileiro. O que é ruim em nós, e o tem sido secularmente, são nossas elites infecundas e infiéis.

# O índio e o brasileiro

Vamos tratar de um tema importante, não só por sua atualidade – nesses dias de novas matanças de índios –, mas também porque é uma questão relevante para as Ciências Humanas: a etnia.

Costuma-se dizer, e é até verossímil, que a célula elementar do gênero humano é a família. Não é verdade. A família é a célula da reprodução, célula biológica. A unidade essencial do fenômeno humano é a comunidade étnica, que é o lugar em que o homem se produz. Ela surge na primeira das grandes alienações que nos plasmaram, aquela que nos desgarrou do reino da natureza para nos situar no reino da cultura.

## Língua e cultura

Não há homem sem comunidade étnica. Os homens nascem com a potencialidade de desenvolver personalidade e condição humana. Mas isso é uma mera virtualidade, que só se realiza, se concretiza, se o homem cresce numa comunidade portadora da condição humana, ou seja, portadora de uma cultura que o humanize. É pelo convívio dentro dessa comunidade que cada ser humano se apropria da língua do seu povo e, já no corpo da língua, de uma massa imensa de conhecimentos que catalogam e denominam as coisas, mostrando de que modo elas se transformam no tempo e variam no espaço.

O passo essencial para alcançar a condição humana é o domínio desse instrumento que é a comunicação através da fala. Com ela pode reportar-se ao passado, configurar realidades ausentes, supor como será o futuro, acumular toda uma massa de saber verbalizado. Além da fala, é naquela comunidade étnica que cada ser humano aprende os elementos indispensáveis para se desempenhar como homem, à base de conhecimentos e de sentimentos coparticipados.

Cada comunidade étnica domina e transmite um corpo de saberes e técnicas, através dos quais ela se relaciona com a natureza circundante para tirar dela o que necessita para se nutrir e viver. Essa forma de adaptação de base cultural contrasta, cruamente, a condição humana da condição animal, cuja adaptação é biológica e inata. Perde-se muito quando se sai do nível animal, instintivo, para o nível cultural, aprendido. Perde-se toda a sabedoria inscrita no corpo e que habilita qualquer bicho a viver, crescer, reproduzir-se, abrigar-se, defender-se. A vantagem da adaptação cultural é que ela pode variar muito de comunidade a comunidade e, numa mesma comunidade, variar extensamente no tempo pelo domínio de novos saberes.

O que caracteriza uma comunidade étnica e constitui a base de seu ser e de sua existência é, fundamentalmente, a sua língua e seus saberes verbalizados, bem como o espírito de comunidade, o sentimento de participação num grupo humano exclusivo e exclusivista, a respeito do qual desenvolvem as mais altas lealdades e, a partir delas, criam um sentimento de rejeição a todos os demais grupos. Outra característica fundamental da etnia é seu sistema adaptativo, através do qual se relaciona com a natureza e o meio ambiente, garantindo sua sobrevivência.

Além desses saberes adaptativos de base ecológica, há um segundo corpo de saberes que constitui o sistema associativo, integrado por um conjunto de normas, através das quais os seres humanos se relacionam uns com outros e se organizam em famílias ou classes, ou corporações. É esse sistema que regula a conduta recíproca, de forma que cada ser humano sabe o que esperar de outro. É ele, inclusive, que provê o cimento essencial da condição humana, que é o incesto.

Cada comunidade étnica tem as suas regras de incesto, segundo as quais se classificam as pessoas com quem se pode ter intercurso sexual e reproduzir, e com quem não se pode. É provável que a humanidade tenha surgido quando se estabeleceram as regras do incesto. São elas que, impedindo ou limitando o inter-relacionamento sexual dentro da família, obrigam os grupos familiares a se comunicarem uns com os outros. Obrigam, também, as próprias comunidades a se comunicarem umas com as outras.

Esse inter-relacionamento externo é que permite o intercâmbio de experiências que enriquece cada grupo, porque ele, além de suas próprias experiências vividas, pode contar com as experiências adaptativas e associativas de outros grupos. Por esse caminho é que se constrói a cultura humana, tal como a vemos e concebemos.

As comunidades étnicas têm um outro componente fundamental, que é um corpo de valores, de crenças, de ideias, configurado como seu sistema ideológico. Ele é que orienta a conduta religiosa, a conduta artística, a criatividade e a conduta ética de cada pessoa humana.

Esses três corpos de saber, e a língua a eles associada, transmitem a cada novo membro o sentimento de pertinência e a sabedoria de viver, incorporando-o àquela etnia como membro que com ela se identifica e é por ela plenamente reconhecido como tal. Assume assim, orgulhosamente, que é parte da mais perfeita das comunidades humanas, melhor do que qualquer outro povo do qual se tenha notícia. Isso quando se trata de uma cultura integrada. Em certas circunstâncias, essa integração pode romper-se, marginalizando parcelas da comunidade, que são levadas ao desengano e ao desespero.

A comunidade étnica dotada desses valores, servida por esses saberes, é extraordinariamente resistente. Para mim, a surpresa maior em meus estudos de antropologia foi descobrir o imenso poder dessas comunidades étnicas, sua capacidade de se manter e de permanecer. Sempre me perguntei o que é necessário para que uma comunidade étnica sobreviva. É quase incrível, mas ela resiste a qualquer condição imaginável de repressão e de perseguição, se não há uma destruição física das pessoas ou um desgarramento e total isolamento de seus membros.

## A força da etnia

Estudei os índios do Brasil a partir da perspectiva corrente de então, segundo a qual, em contato com agentes da civilização, eles seriam desculturados e aculturados, por absorção da língua e da cultura alheia, desaparecendo totalmente, assimilados no corpo da nova sociedade. Os fatos mostraram o contrário: uma comunidade, tendo as condições mínimas de manter o convívio entre seus membros, resiste e permanece.

Em nenhum lugar encontrei uma comunidade indígena convertida numa vila ou numa vizinhança "brasileira". Vi, ao contrário, situações em que índios submetidos por séculos ao contato e à pressão econômica, social e religiosa, em suas formas mais perversas, continuaram índios. Não se converteram, nem se incorporaram, apesar de compulsoriamente integrados na economia regional e cada vez mais parecidos com seus vizinhos civilizados.

Eles sabem que não são brasileiros, que são uma gente especial, que são índios tais, o povo tal, a etnia tal. É extraordinário. A única condição, o único requisito para que a comunidade persista é que os pais possam criar os filhos dentro da tradição daquela comunidade étnica. Impressiona que essa comunidade, mesmo transfigurada racialmente, através da violência e pela mestiçagem, perdendo sua figura biológica de índios para serem predominantemente mestiçados de brancos e negros, permaneça indígena, em suas mentes.

Impressionam, igualmente, os grupos indígenas que, mesmo perdendo sua língua quando submetidos ao convívio com outros grupos – como costumam fazer os missionários –, também permanecem índios. Esses casos são muito mais difíceis, é verdade, porque a perda da língua é tão violenta que dificulta a comunidade a manter sua própria unidade, seu sentimento de diferença face a um grupo externo que fala a nova língua.

Sem embargo, conheci, nas margens do rio São Francisco, grupos indígenas que permaneceram índios apesar de aparentemente aculturados até o extremo. São oriundos de povos reunidos e misturados em missões religiosas que tiveram de adotar o português como língua de comunicação entre eles, o que acabou predominando e fazendo desaparecer sua própria língua. Encontrei esses grupos espoliados de suas terras, perambulando pelo sertão, guardando muito pouco de seu patrimônio cultural originário, mas persistindo em se verem como um outro povo, como povo original de que são descendentes.

A continuidade histórica pela sucessão de gerações criadas dentro de uma mesma tradição, o orgulho de serem eles próprios e a experiência da hostilidade que lhes têm os não índios é o quanto necessita a etnia para permanecer.

A configuração original de uma comunidade étnica é a de um grupo singelo, com um número de pessoas limitado pelos recursos que pode tirar do seu hábitat. Esse pequeno grupo, ao crescer em população além dos limites das possibilidades ambientais, é compelido a bipartir-se, fracionando-se sucessivamente, saindo cada qual à procura de seu destino. Com o passar do tempo, vão se diferenciando. Em razão de viverem experiências culturalmente diferentes, acabam por se verem, uns aos outros, como gente estranha. Assim se plasmam as tribos como microetnias.

Os Tupi-Guarani, que ocupavam toda a costa atlântica, alguns rios que correm para a Amazônia e outros, como o Paraguai, que correm para o sul, talvez alcançassem um milhão de pessoas. Constituem, aparentemente, o povo Tupinambá ou o povo Tupi-Guarani. Mas isso não ocorre, porque esses grupos não se reconhecem como uma mesma gente. Cada microunidade tem sua identidade própria, à qual devota toda sua lealdade, mas tem, com igual vigor, uma atitude hostil para com todas as outras, vistas como inimigas. Não eram capazes, por isso, de desenvolver qualquer atuação conjugada. Nas suas relações recíprocas, havia muito mais predisposição para a guerra e hostilidade do que para a solidariedade. Cada grupo local era uma entidade étnica única e irredutível, inconfundível com quaisquer outros e a todos os outros oposto.

É explicativo dessas situações o caso dos próprios Tupinambá com a prática do canibalismo. Praticavam não o canibalismo alimentar, mas uma antropofagia ritual. Tomavam prisioneiros de guerra em número relativamente pequeno e os sacrificavam num cerimonial muito elaborado, e depois os consumiam. Quinhentas a oitocentas pessoas comendo uma só pessoa não é propriamente um banquete. É, melhor, uma comunhão, que só se podia realizar idealmente dentro do próprio grupo.

É bizarro o caso de um arcabuzeiro alemão, Hans Staden, preso no litoral de Santos, numa vila de portugueses, e levado às suas aldeias pelos Tupinambá, que tentaram várias vezes realizar com ele o cerimonial e consumi-lo. Nunca o comeram, porque o alemão se punha a chorar e se sujava todo. Um Tupinambá não iria comer um alemão frouxo como aquele. Na realidade, um Tupinambá só podia comer bem outro Tupinambá, ou alguém que falasse a mesma língua e portasse a mesma cultura, estando, por isso, capacitado a comportar-se da forma prescrita no cerimonial.

## Macroetnias

A comunidade étnica singular se rompe, passando da condição de microetnia para a condição de macroetnia, quando ocorrem transformações sociais e econômicas que permitam esse salto evolutivo. Vale dizer, quando há a acumulação de elementos novos da cultura e o desenvolvimento de sistemas mais eficazes de produção, através da agricultura e do pastoreio, que permitam uma fartura maior, suficiente para uma população ampliada. Ocorre então, necessariamente, a estruturação em classes, a bipartição da condição rural e da condição urbana e o domínio territorial. Assim é que surge, simultaneamente, o citadino e o camponês. O primeiro, numa estrutura nova, urbana, desobrigada de produzir alimentos e dependente para seu sustento do contexto camponês, que por sua vez recebe, em compensação, sagração religiosa, proteção militar e um retorno comercial.

A própria cultura se biparte e se especializa num componente citadino, pendente a construir um saber erudito de transmissão especializada, e num componente camponês, que permanece arcaico. Enquanto a cultura urbana se diversifica a ritmo acelerado, obrigando sua população a sucessivas transfigurações, o contexto camponês mantém uma grande estabilidade. Nessa sociedade já não predomina, como critério ordenativo da vida social, o parentesco tribal. Surgem nessas macroetnias novos critérios classificatórios como o cívico-territorial e a divisão em classes.

Há dois mecanismos de quebra da etnia: a separação de pais e filhos e a escravidão. Onde surge a escravidão pessoal, o indivíduo que é desgarrado do seu povo, para ser usado como mera força de produção e reprodução, perde rapidamente a sua identidade étnica. A unidade societária onde se dá a escravidão já é uma macroetnia organizada como Estado, cuja vinculação é de ordem cívico-territorial. Nela, a qualidade de membro se faz pelo critério de residência no território que ela domina, podendo abranger camponeses ou citadinos, escravos ou senhores, e até mesmo gentes oriundas de diferentes culturas.

É fundamental esclarecer, aqui, que a passagem da micro para a macroetnia importa na transição de uma sociedade internamente solidária para uma sociedade internamente conflitiva. É certo que as sociedades tribais vivem em permanente tensão guerreira, mas é nas macroetnias estatizadas que surge a dinâmica do antagonismo interno pela posição de classes.

Aqui, as oposições mais antagônicas são as que se registram entre senhores e servos, senhores e escravos. No primeiro caso, trata-se de um avassalamento que permite ao povo dominado manter sua própria identidade étnica. É o caso dos judeus no Egito, que, depois de servirem ao faraó por um certo período, puderam voltar e reorganizar sua vida autônoma. O segundo caso, o da escravidão, dá-se pelo desgarramento de uma pessoa de sua etnia, sua conversão em coisa despersonalizada, que não tem controle sobre seu próprio destino e tende, por isso, a perder a identidade étnica.

Outra ordem de oposição se dá entre o citadino e o camponês. O primeiro, que exerce a dominação política, religiosa e militar, é suscetível de constantes e radicais transformações culturais que alteram profundamente o seu modo de ser e de viver. Já o camponês, dotado de grande estabilidade, tende a permanecer ele mesmo, conservando suas características culturais originais. Pode-se dizer, por isso, que aqueles que se urbanizam perdem de certa forma a cara, a raiz, o ser.

Os camponeses, ao contrário, mantêm sua própria identidade e singularidade através de larguíssimo período de tempo. Eles sofrem, porém, uma permanente sangria, pela transladação para a cidade de pessoas que vão exercer funções serviçais ou guerreiras, e que engrossam o contingente urbano. Essa sociedade bipartida, a macroetnia, cria também, ainda que com menor grau de integração, uma identidade étnica capaz de despertar forte lealdade patriótica de seus membros.

Mesmo em sociedades muito complexas, uma lealdade de tipo patriótica chega a superar as lealdades classistas, fazendo prevalecer antiquíssimas formas de antagonismo sobre as lealdades relativamente recentes, geradas pela estratificação social. Assim se vê que as lutas interétnicas, embora anteriores às lutas interclassistas, tendem a sobrepujá-las.

## A conquista

Os conceitos de etnia e macroetnia ajudam a compreender a situação dos índios do Brasil e das Américas no passado e no presente. Tínhamos, originalmente – como no caso dos Tupinambá –, milhares de outras etnias com suas línguas e culturas próprias, as quais, enquanto microetnias, cresciam e se subdividiam, sem nunca aglutinar-se umas com as outras através da "citadização" ou da estratificação, que os habilitaria à unidade política.

Embora, nas primeiras décadas, o contraste entre seu montante populacional e o dos invasores europeus fosse enorme, não serviu de vantagem o enfrentamento. Isso porque o europeu vinha estruturado em bases macroétnicas, que o tornavam capaz de atuar planejada e unificadamente.

O contrário ocorreu no México, na Guatemala e no Altiplano Andino, onde o europeu se defrontou com índios de alta civilização. Logo depois da conquista, que ali ocorreu efetivamente, as populações indígenas foram subordinadas ao dominador espanhol, que simplesmente substituiu a antiga classe dominante, de ordem sacerdotal, liquidando-a e ocupando seu lugar de mando. A partir de então, as populações indígenas, convertidas em campesinato ou em servos urbanos, se esforçam dramaticamente para conservar seu ser, seus saberes e seus valores.

É certo que, paradoxalmente, só o alcançam transformando-se continuamente, de forma a viabilizar-se frente às imposições do novo dominador, disposto a usar todas as armas para desindianizá-los, através do mais cru genocídio e do mais perverso etnocídio.

No Brasil nunca houve uma conquista. Cada grupo indígena teve que ser conquistado por si. Os Yanomami estão sofrendo agora o que sofreram outros índios 500 anos atrás, porque ninguém pode fazer a paz em nome deles, ninguém pode decidir nada por eles. Ao longo dos séculos, eles conservaram sua própria individualidade e a genuinidade de sua cultura.

Isso só foi possível, milagrosamente, porque as fronteiras da civilização, que corriam nas vias do Atlântico em 1500, levaram todo esse tempo para chegar ao fundo da Amazônia, onde eles sobreviviam isolados. Os índios que estavam nesse vasto território, que vem sendo ocupado secularmente pelos neobrasileiros, viveram o drama do enfrentamento com a civilização, que lançou sobre eles todas as suas pestes. Enfermidades desconhecidas, que dizimavam suas populações indenes assim que algum contato era mantido. Guerras de extermínio e de captura de índios como cativos. Evangelização etnocida, que só protegia seus corpos, roubando suas almas. E a própria proteção oficial e leiga, frequentemente inepta. Perfeitamente capaz de pacificar os índios hostis para entregar suas terras ao invasor, mas incapaz de lhes dar proteção eficaz para o drama do enfrentamento com a civilização.

Paradoxalmente, a incapacidade cultural e política dos índios para se unificarem frente à invasão europeia contribuiu positivamente para a sua sobrevivência. Não houve aqui nada semelhante à subordinação alcançada pelo europeu sobre as sociedades indígenas com nível de civilização. A ausência de uma instituição política capaz de decisões, a indisciplina de chefaturas guerreiras, mas sobretudo a condição de microetnias fechadas em si mesmas conduziram os índios a enfrentamentos cada vez mais destrutivos, dos quais só podiam escapar fugindo sertão adentro, onde acabavam sendo encontrados. Assim é que 5 ou 6 milhões de índios se reduzem a 300 mil.

Cinco séculos se passaram desde o primeiro encontro das gentes americanas com o invasor europeu. Totalmente superadas estão as primeiras imagens recíprocas que o compuseram: de um lado, o europeu, cuja visão copiosamente registrada por seus cronistas revela o quanto estavam maravilhados e aterrorizados diante daquela gente índia, que tinham à sua frente. Os índios nus, alegres, as índias, bonitas – todos predispostos a um convívio cordial.

Essa visão idílica foi tão forte, que ocorreu tanto a Colombo como a Vespúcio a ideia de que a terra encontrada fosse, talvez, o paraíso perdido. Um clima de tal frescor, tanto verde, tantas flores, tantos pássaros e essa gente tão inocente, confiante e dadivosa, não seriam eles moradores do paraíso vivo? Esse encontro vai mudar, radicalmente, a concepção do europeu sobre seus próprios ancestrais. Pensados antes como anacoretas bíblicos, comendo raízes amargas no deserto, vestidos em camisolões rotos, passam a ser concebidos doravante como o bom selvagem, cândido, sábio e cordial. Já em 1516, os índios inspiram, em louvação, a *Utopia* de Thomas Morus. Em 1572, o ensaio "Dos canibais" de Montaigne. Em 1612, *A tempestade*, de Shakespeare, que é o elogio do mestiço americano – que foram os mestres maiores de Rousseau e Diderot.

A visão dos índios é oposta. Para eles, aqueles que desembarcavam, deuses ou demônios, eram seres inverossímeis. Vinham fétidos, do fedor natural do homem branco e de ter passado longo tempo navegando no mar grosso, sem banho. Todos com suas caras cobertas de barbas hirsutas e praguejadas de feridas de escorbuto, vestidos com restos de molambos e tendo os pés postos em cascos de couro.

O assinalável aqui, porém, é que aquele indígena, horrorizado com a cara do europeu que desembarcava das naus, encanta-se fantasticamente com as riquezas que ele trazia: uma faca, para quem não conhecia o metal, ou uma tesoura, são coisas ultrapreciosas; assim como o machado para derrubar árvores; uma miçanga; um espelho. Rapidamente esses bens alheios tornam-se indispensáveis a todos os índios. Os que estavam na costa podiam obtê-los, e obtinham o que quisessem, trocando-os com os povos do interior. Para todos os índios passa a constituir o desafio maior estabelecer alguma relação com a gente capaz de provê-los desses recursos.

Coisas que, para o europeu, não tinham valor algum, passam a ser, desde então, a moeda com que se conseguia aliciar e fazer trabalhar duramente multidões de índios.

## A miscigenação

Nas primeiras décadas após a invasão europeia, a situação étnica brasileira era muito clara. Existiam, de um lado, as populações americanas originais, chamadas indígenas por um equívoco. Por outro lado, os brancos, vindos da Europa em ondas sucessivas, nunca muito numerosas mas com extraordinária capacidade de se inserir no mundo indígena, convertendo em condição de sua própria prosperidade, pela destruição, os africanos que chegaram mais tarde, reconhecíveis de imediato por sua figura racial.

Com a miscigenação que se inicia desde o primeiro dia, a situação se complica. A mulher indígena, prenhada por um branco, pare um filho. Esse filho quem é? Não é europeu, não é branco. É um fruto da terra, que não se identifica com o gentio materno e não é reconhecido como igual pelo pai europeu, que o trata com desprezo. Etnicamente, é um ninguém. Um ser solto no mundo, sem ter um corpo étnico com o qual se identifique. Torna-se prontamente um celerado, um ser solto na História, dotado de extrema capacidade destrutiva. É um mameluco que funcionará como exterminador de todos os grupos indígenas com que se defrontar para convertê-los em cativos.

É curioso recordar que os jesuítas deram esse nome "mameluco" aos velhos paulistas, que às vezes se orgulhavam dessa designação, num ato de repulsa. *Mamaluk* é a denominação dada pelos árabes a uma das categorias de gentes que eles criavam. Assim como criavam cavalos, extraindo de cada um deles a capacidade que tinha, seja para carregar peso, seja para servir na guerra, assim também tratavam crianças tomadas aos dois anos, capturadas em suas áreas de dominação. Essas crianças, levadas para casas-criatórios, eram também observadas para descobrir seus talentos. Se era bom para correr, carregar peso e muito torpe, castravam-no, para servir como *eunuco.* Se fosse um cavaleiro audaz, seria preparado como um guerreiro, um *jenízero.* Se fosse habilidoso, ardiloso, talvez pudesse servir como um espião ou um *chipaio.* Entretanto, se fosse alguém que pudesse voltar ao seu povo com a cara daquele povo, mas com a alma mudada, porque fora reumanizado na casa-criatório, este iria servir como *mamaluk.*

Tais eram os componentes das bandeiras que devassaram o interior do Brasil. Falavam todos, como língua materna, a língua tupi, que permaneceu viva em São Paulo até meados do século XVIII. Dominavam, como ninguém, a cultura indígena. Aprenderam deles a viver nos trópicos, herdando sua sabedoria milenar. Pareciam feitos a propósito, pela história, para exercerem a função de atores maiores da sucessão ecológica que extermina as populações indígenas e as substitui por milhões de mestiços. Em 1500 os índios eram 5 milhões, os europeus nem 1. Três séculos depois, os mestiços neobrasileiros superavam 10 milhões, os índios, menos de 1 milhão.

## O cunhadismo

O mecanismo usado para a relação de tantos índios com os poucos europeus que chegavam à costa foi uma instituição indígena, o *cunhadismo,* ou seja, a prática tribal para tratar com pessoas estranhas. Essa consistia em dar ao estranho uma moça como esposa. No momento em que ele a assumisse, estabelecia, de imediato, relações as mais extensas com todo o povo de onde ele viera. O branco passava a ter dezenas de cunhados, de sogros, genros e de parentes outros, postos a seu serviço e dele pedindo bugigangas.

Assim se aliciou a força de trabalho que carregava as naus com milhares de toras de pau-brasil e tudo o mais que o europeu tinha como mercadoria preciosa. Os próprios índios se transfiguram a seus olhos. Vistos como gente inútil, porque não produzia mercadoria, passa a ser mão de obra indispensável para construir suas casas, para fazer suas roças, para remar seus barcos, para fazer suas guerras e para produzir as mercadorias com que eles enriqueceriam.

O grave é que os índios não se incorporavam a uma economia mercantil. O que ocorria era uma incrustração do mundo microétnico, da reciprocidade solidária, fundada nas obrigações do parentesco, no sistema europeu de mercado. Ali se intercruzavam duas esferas evolutivas, contemporâneas mas não coetâneas, entre as quais o intercâmbio econômico era sempre o mais desigual em prejuízo dos índios.

Pelo cunhadismo alguns europeus chegaram a ter 50 e até 80 mulheres, através das quais se relacionavam com outras tantas comunidades indígenas, postas a seu serviço.

Paralelamente ao processo econômico se realiza um processo biológico mais profundo, mediante o qual, simultaneamente com a redução das populações indígenas, nasce e cresce uma população nativa mestiça pela multiplicação prodigiosa de uns poucos varões europeus sobre os ventres de milhares de mulheres indígenas.

Simultaneamente, a mulher negra, capturada por um branco, gera um mulato, que já não era africano. Era daqui, embora levasse as marcas raciais do negro. Também esse mulato queria identificar-se com o pai, ou com sua vertente branca, mas era, ele também, um ninguém, no plano étnico, alforriado mas discriminado, ou escravo do próprio pai, que não o reconhecia como filho. Vivia o drama de ser dois, sem saber bem quem era, tido como negro, com alma de branco.

## O brasileiro

Esses ninguéns, os mamelucos e os mulatos, à procura do próprio ser dentro de uma identidade étnica, é que inventam o brasileiro. Foram-no, por séculos, sem sabê-lo, tendo apenas uma vaga noção de sua condição humana. Como filhos da terra, porém, se encontram a si mesmos ao ousarem ver-se como melhores que os reinóis e que os crioulos, filhos dos brancos, criados aqui.

O momento crucial da autoidentificação desses mestiços como brasileiros se dá na Insurreição Mineira. Ali se fala, pela primeira vez, de brasileiro como gentílico. A palavra deixa de designar quem explorava o pau-brasil para ser o nome de um povo, de uma nacionalidade.

O brasileiro surge tardiamente. Surge no momento em que o Brasil se incorpora para ser ele mesmo, libertado do jugo colonial. Surge como a identificação étnica, ou macroétnica, de um povo que levou séculos para construir-se a si mesmo, biológica e culturalmente, através de uma história dramaticamente conflitiva. Surge, afinal, como o povo-nação que somos, desafiado pela história a realizar plenamente todas as potencialidades de uma das principais nações do mundo.

É de se recordar aqui que Simón Bolívar, o libertador da América hispânica, tentando identificar o que eram seus povos, se pergunta: "Quem somos nós? Somos um pequeno gênero humano, que já não é o europeu, indígena também não é. Quem somos nós?"

Essa procura da própria identidade é a mesma dos heróis mineiros. É a angústia de gente gerada no processo histórico-colonial, diferente do colonizador e do nativo, começando a se ver e a se afirmar como um novo povo.

Foi por esse caminho que o povo brasileiro se construiu como população racialmente mestiça, historicamente partida em três hordas originárias: os reinóis e seus filhos crioulos, em cima, como corte dominadora; os índios remanescentes do extermínio, metidos nas matas; e os negros trazidos da África. Em oposição a esses contingentes, estava a nova gente neobrasileira composta da massa de mestiços, mamelucos e mulatos, em busca de sua própria identidade, construindo na insciência o seu destino.

O fenótipo predominante do brasileiro é o de um moreno cobreado, porque foram raríssimas as mulheres vindas da Europa e também em número relativamente pequeno as vindas da África. A população brasileira na sua maioria é geneticamente indígena.

Também no plano cultural, o brasileiro é meio índio. Nossa característica distintiva, aquela que nos diferencia do europeu e do africano, reside essencialmente na herança indígena, que nos deu desde os nomes com que designamos a natureza brasileira, até as formas de atuar e sobreviver dentro dela. A herança negra, que também nos distingue, é menor no plano racial, porque foi pequeno o contingente de mulheres negras trazidas para o Brasil, ainda que muito maior que o de mulheres brancas. Assim é que nossa figura é de uma gente cobreada, tisnada de sangue negro.

Estranhamente, uma das maiores contribuições negras à cultura brasileira foi a difusão e a consolidação da língua portuguesa como língua materna e geral do país, hoje falada em todos os estratos sociais, sem nenhuma diferenciação dialetal. Isso porque o negro tirado de diferentes microetnias africanas, convivendo no engenho ou na mina, para recuperar sua humanidade, oprimida debaixo da condição de coisa escrava, teve que aprender, ouvida dos berros do capataz, a língua portuguesa, que por ele se difundiu. Onde houve grandes contingentes negros, como no nordeste açucareiro e nas minas, o português se estabeleceu prontamente. Diferente nas áreas onde ele foi escasso, como em São Paulo, onde a língua indígena permaneceu como língua vernácula por muito tempo.

## Alternativas étnicas

De um caldeirão de povos se caldeando, que foi o Brasil dos primeiros séculos, surgiram também contingentes etnicamente diferenciados, que foram trucidados no processo histórico. Um deles, o dos negros quilombolas, que eram já brasileiros, falando o português, mas guardando dentro do peito muitos valores ancestrais. Sua posição antagônica ao sistema dominante fez dele um adversário étnico que tinha de ser desalojado e destruído, como ocorria com os índios.

Outro contingente diferenciado foi o dos índios desindianizados pelas missões religiosas, cujos descendentes já não eram índios. Falavam, como língua comum, o tupi-guarani dos jesuítas, que de fato era a língua da civilização. Também eles, opondo-se tanto ao indígena, que permanecia tribal e autônomo, como à sociedade colonial nascente, entraram numa guerra sem fim. A maior chacina de que se tem notícia na história brasileira é, precisamente, a do enfrentamento desses caboclos missioneiros com a sociedade colonial que se desenvolvia na Amazônia. É a Cabanagem, em que foram mortos mais de 100 mil caboclos. Provavelmente, essa é a luta mais cruenta que se registra na história americana.

Tanto o quilombola como o caboclo missioneiro, enquanto alternativas étnicas, se viam irremediavelmente opostos ao projeto colonial. Sua situação é paradoxal. Uns e outros foram suficientemente numerosos para, lutando sempre, sobreviver por largo tempo. Porém viviam a situação extrema de que podiam ganhar mil batalhas, mas não podiam perder nenhuma. Cada vez que eram vencidos, se viam dizimados. Com efeito, os cabanos tomaram várias vezes a cidade de Belém do Pará e outras cidades da Amazônia, mas as tomavam e as perdiam, pela incapacidade de exercer sobre elas o domínio de um comando macroétnico, articulado como povo-nação em si e para si. Também não eram capazes de se fundir no povo brasileiro que estava sendo plasmado, pois não eram protobrasileiros. Essa gente perdida na história, socialmente inviável, constitui o que poderia ter sido uma outra macroetnia alternativa brasileira, que não chegou a ser.

Como se vê, na gestação do Brasil, o fenômeno étnico interfere de forma substancial como a forma de fundir humanidades para ir criando humanidades novas, até que de todo esse drama surgisse o "pequeno gênero humano" que somos nós, os brasileiros.

Contrastam com essas configurações histórico-culturais dos caboclos e dos quilombolas as centenas de povos indígenas que, vivendo para além das fronteiras da civilização ou ilhados nas áreas já dominadas, lutam para manter sua própria cara e identidade, sob as condições mais adversas. Alguns deles tão transformados racialmente, tão transfigurados culturalmente, que são quase indistinguíveis da gente brasileira e do seu contexto. Apesar disso, continuam mantendo uma noção profunda e já arraigada de que são, eles próprios, diferentes de todos os outros povos.

## Integração sem assimilação

Quando voltei do exílio, anos atrás, a primeira batalha que tive no Brasil, na minha velha luta em defesa das populações indígenas, foi tão estranha que custei a situar-me e entender o que se passava. O presidente Geisel, descendente de pais alemães, se considerava um bom brasileiro, tão bom que chegara à presidência da república, mas estranhava muito que os índios teimassem em permanecer índios. Desencadeou, assim, um movimento chamado "emancipação dos índios", uma das coisas mais brutais de que tive notícia.

Geisel dizia: "Por que esses índios se mantêm nessa mania de serem índios? Meu pai e minha mãe são alemães. Eu falei só alemão até os 12 anos de idade e hoje sou um brasileiro. Esses índios teimam em ser índios, provavelmente porque são induzidos a isso pelos missionários e pelos funcionários do serviço de proteção." Concluía disso que lhe cumpria decretar imperialmente que as tribos indígenas aculturadas deixassem de ser indígenas para passarem a ser comunidades brasileiras comuns. Essa "emancipação" compulsória importaria para os índios na perda de suas terras, na perda de qualquer direito ao amparo compensatório e, portanto, em sua dizimação.

Diante de povos indígenas que sobreviveram a séculos da opressão mais terrível, cuja simples existência pareceria inverossímil se eles não estivessem aí a nos mostrar que sobreviveram, nos cumpre uma atitude mínima de respeito. A falsa emancipação geiseliana seria uma nova onda de perseguição. Embora já não contando com as armas maiores da guerra, da escravidão e da contaminação propositada, contava com todo o poder opressivo de um Estado moderno, deliberado a destruí-los.

A maioria dos povos indígenas se acha integrada na sociedade nacional que os envolve e submetida ao seu sistema de dominação política, que não os incorpora à brasilidade, nem os assimila à cultura e à etnia brasileiras. Mas mantém com eles uma interação ativa, seja no plano comercial, que os obriga a produzir mercadorias que lhes permitam comer e comprar o que necessitam; seja no plano social, que os submete à autoridade de um prefeito, de um delegado de polícia; seja no plano jurídico, que cai sobre suas comunidades como uma camisa de força; seja no plano burocrático, que os submete a um órgão de proteção com o poder total de ampará-los ou de aniquilá-los.

A grande novidade do estudo que fiz na década de 1950 para a Unesco foi mostrar que não há nenhuma assimilação indígena. Esperava-se de mim que mostrasse que as relações dos índios com os não índios no Brasil constituíam um padrão de democracia racial. Tal se supunha que ocorresse, também, com os negros. Nossa pesquisa mostrou que, em nenhum lugar, nenhuma comunidade indígena se converteu, jamais, numa comunidade brasileira. Cada grupo indígena permaneceu com sua identificação étnica, por mais aculturado que chegasse a ser.

O índio vive a situação desesperada de quem não quer identificar-se com a sociedade nacional, de quem se nega a dissolver-se nela, mas que precisa, igualmente, do seu amparo compensatório. E é um amparo que só o Estado pode dar e deve dar, mesmo porque o problema indígena somos nós, que invadimos suas terras e destruímos suas vidas. Fomos nós que criamos o problema indígena. Somos nós os agressores. Nós, em consequência, é que lhes devemos esse amparo oficial e legal – o único que pode garantir condições de sobrevivência.

Como sobreviveram e aí estão, nos cabe a nós atentar para eles, saber o que reivindicam primariamente, ouvir suas vozes a nos dizer: "Estamos aqui. Somos os primeiros. Somos habitantes originais dessas terras. O que necessitamos é que não nos persigam tanto, que nos reconheçam a posse das terras em que estamos assentados. É o direito de viver, segundo nossos costumes." Esse é o seu drama. Essa é a questão indígena do Brasil, hoje, aqui, agora.

## A legalidade

Como essa questão se coloca legalmente? Muito se discutiu esse tema ao longo dos anos. Só quero assinalar aqui algumas instâncias cruciais. O europeu parece ter uma necessidade clamante de sacralização de sua conduta. Embora ela assuma as formas mais vergonhosas e, às vezes, ferozes, ele quer envolvê-la num manto de legalidade.

O primeiro documento dessa necessidade de sacralização é a *Bula Romanus Pontifex*, de 1454, dada ao príncipe dom Henrique, que estava então invadindo a África. Naquele documento, o santo Papa garante ao príncipe e a seu rei a propriedade perene das terras africanas em que pisasse e o direito de escravizar os negros que apresasse para si e para seus descendentes, bem como sobre seus filhos, até o fim do mundo.

Uma segunda bula papal, *Et coetera*, é promulgada em 1493, justamente um ano depois de Colombo chegar à América, para assegurar aos reis espanhóis os mesmos sacros direitos. A legalidade única que valeu e vale, através dos séculos e hoje, no Brasil e nas Américas, é a dessas bulas. A legalidade da expropriação, a legalidade da escravização, que autorizam adonar-se das terras, apropriar-se das pessoas como ações perfeitas, legais e válidas. É claro que sempre houve exceções de assegurar a um que outro grupo indígena um pedaço de terra aqui e ali, atendendo a um missionário que reclamava com mais veemência contra a brutalidade dos colonos para com os índios que exploravam.

Vieira conseguiu de El-Rei, em 1680, um alvará dizendo que na concessão de terras se deveria respeitar os direitos de terceiros, acrescentando que, por terceiros, entendia e queria que se entendessem os originais habitantes delas. Como se vê, nada é mais claro e vetusto que a declaração do direito original dos índios às terras em que vivem. Direito que raramente foi reconhecido.

José Bonifácio, em 1821, no seu projeto de Constituição, tenta também garantir direitos aos índios. Rondon, em 1910, cria o Serviço de Proteção aos Índios, que foi uma inovação importantíssima no campo do Direito. Ali, então, se institui a proteção legal dos índios como dever do Estado, superando a violência extrema da proteção religiosa que cobrava dos índios, para serem protegidos, a sua conversão e – o que é pior –, em muitos casos, a apropriação de suas terras e sua sujeição ao trabalho que lhes indicassem os missionários.

Pouco depois, em 1916, surge o Código Civil, determinando que o índio não tinha competência para ser criminoso. Para isso declara-o relativamente incapaz, equiparado ao débil mental, ao menor de idade e à mulher casada. Aparentemente, se trata de uma legislação restritiva aos direitos humanos dos índios. Na realidade, é a forma que se encontra para, tornando suas terras uma propriedade inalienável por eles, as proteger do esbulho. Esbulho que sempre ocorreu onde quer que prevaleceu o liberalismo de assegurar aos índios uma igualdade ilusória.

Em 1973, surge o Estatuto do Índio como o corpo de regras legais mais completo que aqui se instituiu para proteger os índios. Ultimamente, com a Constituição de 1988, se proclama o mais alto documento legal de garantia dos direitos das populações indígenas. Eles são expressamente amplos e perfeitos. Meu grande temor é de que, numa reforma constitucional, não sejam mantidos, frente à onda de iniquidade que ultimamente se desencadeou sobre os índios.

Entre as garantias mais preciosas dadas pela nova Constituição está o direito ao amparo autônomo do Ministério Público. Em vez de deixar os índios condenados a serem defendidos ou não defendidos pelos burocratas da Funai, o Ministério Público pode interferir em qualquer instância para protegê-los. Pode, inclusive, tomar a iniciativa, autonomamente, de ampará-los contra qualquer injustiça.

## O indigenismo

Essas conquistas representam a mentalidade da cidade, independente das pressões das fronteiras da civilização, onde se dá o cruel enfrentamento do colono com o índio arredio. Desde cedo essas duas mentalidades se configuram e se chocam. É a luta de Anchieta contra Ramalho, de Vieira contra Beckman, do Patriarca contra o chacinamento dos Botocudos, de Rondon contra von Ihering e os bugreiros alemães.

Recentemente, a causa indígena passou a ser a luta de novos batalhadores, como meus companheiros antropólogos, indigenistas como Noel Nutels e os irmãos Villas-Bôas, políticos como os senadores Severo Gomes e Jarbas Passarinho, jornalistas como Memélia Moreira e Washington Novaes, juristas como Dalmo Dallari, magistrados como Francisco Rezek e Aristides Junqueira. Estes são a vanguarda da luta contra a violência assassina, sempre pronta a lançar-se sobre os índios alcançados em nossa expansão.

Para compreender essa situação, quero recordar aqui que, em 1952, junto com os irmãos Villas-Bôas, comecei a luta para criar o Parque Indígena do Xingu. Os índios xinguanos eram menos de 2 mil, mas conseguimos de Getúlio Vargas que lhes fossem dados 4 milhões de hectares. O argumento que usamos com o presidente foi o de que, ano após ano, os fazendeiros estavam queimando todo o interior do Brasil. Essas queimadas não só liquidam a mata, como liquidam a própria natureza, matando a terra, pelo fogo que pode chegar a mil graus, extirpando os microrganismos que fazem com que a terra viva. Disse, então, ao presidente, que era preciso reservar em algum lugar uma amostra prodigiosa da terra brasileira, preservá-la para que os netos dos netos de nossos netos, no ano 3000, no ano 5000, vissem o que é a natureza brasileira.

A única forma de garantir isso era entregar essas terras aos índios, porque eles sabem conviver com a mata, mantendo-a viva. Getúlio concordou e o Parque do Xingu foi feito. Graças a isso, os xinguanos sobreviveram. Se fosse dado um território a cada subgrupo xinguano, como ilhas, eles estariam destruídos, como ocorreu por toda a parte. Graças ao Parque, eles aumentaram de número e tiveram uma perspectiva de vida melhor que a dos outros índios.

## O futuro dos índios

A grande novidade a respeito dos índios da Amazônia e do Brasil é que eles vão sobreviver. Ao contrário do que temíamos todos, estabilizaram-se suas populações e alguns povos indígenas estão crescendo em número. Jamais alcançarão o montante que tinham nos primeiros tempos da invasão europeia, perto de 6 milhões. Metade deles na Amazônia, cujos rios colossais abrigavam concentrações indígenas que pasmaram os primeiros navegantes. Foi realmente espantosa, até agora, a queda abrupta e contínua de cada população indígena que se deparava com a civilização. Mas veio a reversão, os índios brasileiros já superaram muito os 150 mil a que chegaram nos piores dias. Hoje, ultrapassam os 300 mil e esse número vai crescer substancialmente.

Arrefeceu-se, como se vê, o ímpeto destruidor da expansão europeia e as populações indígenas, que decresciam visivelmente, parecendo tendentes ao extermínio, entram agora num processo discreto de crescimento demográfico. De fato, ninguém esperava por esta mudança afortunada. Toda a antropologia brasileira e mundial repetia dados inequívocos que demonstravam como, a cada ano, diminuía o número de membros de cada tribo conhecida.

A morte parecia ser o destino fatal dos índios brasileiros e, de resto, dos demais povos chamados primitivos. De repente, começou a se ver a reversão desse quadro. Os Nambiquara passaram a crescer altivos e determinados a permanecer em suas terras a qualquer custo. Os Urubu-Kaapor, que chegaram a 400 em 1980, hoje são 700. Os Mundurucu já alcançam a casa dos 5 mil. Os Xavante, que eram 2.500 em 1946, somam 8 mil hoje.

Alguns povos indígenas alcançaram montantes suficientes para se expandir e reorganizar suas instituições culturais. Os Ticuna, do Alto Solimões, no Brasil e no Peru, já ultrapassam os 20 mil; os Macuxi, dos campos de Roraima, alcançam os 18 mil; os Guajajara, que vivem nas franjas orientais da Amazônia, são hoje 9 mil; os Kayapó, recém-atraídos à civilização, são 6 mil. Os Sateré-Mawé, que vivem nos lagos e ilhas das margens do Amazonas, somam hoje perto de 15 mil.

É certo que alguns povos indígenas estão diminuindo e suas chances de sobrevivência são minúsculas. Os últimos 13 índios da tribo Jabuti estão buscando noivas entre outros índios de fala tupi-kawahib, para seus filhos se casarem. Disso, esperamos, ressurgirá um novo povo indígena. Os Avá-Canoeiros, que eram milhares de índios e dominavam o alto rio Tocantins, não chegam a 30 pessoas. Vivendo em pequenos bandos, sem contato uns com os outros, se especializaram em fugir da invasão branca. Dois índios foram encontrados recentemente falando um dialeto ininteligível da língua tupi. Ninguém sabe quem são, nem saberá jamais.

Os Yanomami, que constituem hoje o maior povo prístino da face da terra, começam a extinguir-se, vitimados pelas doenças levadas pelos brancos, sob os olhos pasmados da opinião pública mundial. São 16 mil no Brasil e na Venezuela. Falam quatro variantes de uma língua própria, sem qualquer parentesco com outras línguas, vivendo dispersos em centenas de aldeias na mata, ameaçados por garimpeiros que, tendo descoberto ouro e outros metais em suas terras, reclamam dos governos dos dois países o direito de continuarem minerando através de processos primitivos, baseados no mercúrio que polui as terras e envenena as águas dos Yanomami.

## A resistência indígena

A sobrevivência dos povos indígenas se explica, em grande parte, por uma adaptação biótica às pestes do homem branco – a varíola, o sarampo, as doenças pulmonares, as doenças venéreas e outras. Cada uma delas liquidava metade das populações logo ao primeiro contato com as fronteiras da civilização. A varíola desapareceu, mas várias outras enfermidades continuam fazendo danos, ainda que muito menores que no passado, mesmo porque a própria medicina progrediu bastante.

Explica-se também por mudanças ocorridas nas frentes de expansão da sociedade nacional que se lançam sobre os povos indígenas. Apesar de muito agressivas e destrutivas, elas já não podem exterminar, impunemente, tribos inteiras, como sucedeu no passado. Ainda recentemente, o trucidamento de uma aldeia Yanomami converteu-se, de repente, num escândalo mundial que paralisou a onda assassina.

As formas de contato e de coexistência sofreram, também, importantes alterações. A evangelização, cruamente cristianizadora e imperialmente europeizadora, perdeu o furor etnocida. Já não há tantas missões religiosas roubando crianças indígenas de diferentes tribos para juntá-las em suas escolas, que eram os mais terríveis instrumentos de desculturação e de despersonalização. Muitos dos poucos sobreviventes dessas escolas evangélicas, não tendo lugar na sociedade tribal nem na sociedade nacional, caíam na marginalidade e na prostituição. O paternalismo da proteção oficial do Estado, brutalmente assimilacionista, por doutrina ou por ignorância deu lugar a uma atitude mais respeitosa diante dos índios.

A mudança de maior espanto ocorreu com os próprios índios, cuja atitude geral de submissão e humildade, que se seguia ao estabelecimento de relações pacíficas, está dando lugar, muitas vezes, a uma postura orgulhosa e afirmativa. Antigamente, quando os índios recém-contatados se apercebiam da magnitude da sociedade nacional, com sua população inumerável dominando áreas imensas, percebendo sua própria insignificância quantitativa, caíam em depressão, às vezes fatal. Hoje, veem os brancos como gente que pode ser enfrentada.

Nessas condições é que começa a surgir um novo tipo de liderança indígena, sem nenhuma submissão diante dos missionários, de seus protetores oficiais ou de quaisquer agentes da civilização. Sabem que a imensa maioria da sociedade nacional é composta de gente miserável que vive em condições piores que a deles próprios. Percebem ou suspeitam que seu lugar na sociedade nacional, se nela quisessem incorporar-se, seria mais miserável ainda. Tudo isso aprofunda seu pendor natural a permanecerem índios.

A transfiguração mais profunda, porém, está ocorrendo no interior das próprias sociedades nacionais, aparentemente movidas pelas forças de uma civilização emergente. O fato é que, em todo o mundo, os Estados nacionais começam a admitir melhor, em seu seio, a existência e a expressão de minorias étnicas. Elas encontram mais espaço que nunca para serem e se expressarem aspirando à autodeterminação. Por exemplo, os bascos nunca estiveram tão livres para serem bascos dentro da Espanha, mas nunca o reivindicaram tão fanaticamente. O mesmo ocorre na longa guerra étnica da Guatemala, a mais cruenta e sanguinária do mundo moderno. Em toda parte, os povos oprimidos estão encontrando espaço que não havia antes para sua existência autônoma. As sociedades nacionais que os englobam perderam seu antigo poder de opressão e avassalamento.

Um fator mais importante ainda para fixar a nova postura altiva e reivindicativa dos índios frente aos estranhos é o apoio e a simpatia que eles têm da população das cidades brasileiras, francamente favoráveis a que tenham garantido o direito a suas terras e a que sejam deixados viver segundo suas tradições. Esse apoio fortalece os índios para enfrentar a situação oposta, que é a das populações de fronteira, com que eles estão em contato direto e que lhes são declaradamente hostis. Isso ocorre em razão da disputa pela propriedade da terra, da atitude esquiva dos índios que já não se deixam explorar demais, mas também por força do preconceito arraigado que, para sustentar sua suposta superioridade de cristãos e civilizados, necessita conceber os índios como animais selvagens.

Em certas circunstâncias, o contraste entre os índios e o contexto nacional com que eles convivem chega a ser tão agressivo que se torna assassino. É ele que leva jovens índios ao suicídio, como ocorre com os Guarani, por não suportarem o tratamento hostil que lhes dão os invasores de suas terras. Além de transformarem todo o meio ambiente, derrubando as matas, poluindo os rios, inviabilizando a caça e a pesca, esses vizinhos civilizados lançam sobre os índios toda a brutalidade de um consenso unânime sobre sua inferioridade insanável, que acaba sendo interiorizada por eles, dando lugar às ondas de suicídios. Nessas condições, as próprias tradições indígenas se redefinem, às vezes, já não para lhes dar sustentação moral e confiança em si mesmos, mas para induzi-los ao desengano. Esse é o caso dos mitos heroicos dos Guarani referentes à criação do mundo, que se converteram em mitos macabros, em que a própria terra apela ao criador que ponha um fim à vida porque está cansada demais de comer cadáveres.

Na última década fortaleceu-se, entretanto, uma nova força que hoje é altamente relevante na defesa do direito dos índios a serem e permanecerem índios. Falo da opinião pública nacional e internacional, apoiada afortunadamente por uma imprensa que vem assumindo atitude cada vez mais afirmativa de defesa dos valores humanos, inclusive da preservação dos poucos povos do planeta que sobreviveram à avassaladora expansão europeia, guardando sua própria identidade. No caso dos Yanomami, por exemplo, este tem sido um fator decisivo para que o governo brasileiro opte pelos direitos dos índios, em lugar de atender ao clamor dos garimpeiros e outros invasores que ambicionam suas terras.

Uma outra mudança assinalável ocorreu com a própria antropologia. Ela deixou de ser uma barbarologia, só interessada nos índios enquanto amostra de uma humanidade prístina, e na sua cultura enquanto fósseis de formas arcaicas do espírito humano. Assumiu uma atitude mais ampla de interesse geral pelo fenômeno humano que lhe permitiu tomar como objeto privilegiado de seus estudos o destino e as condições existentes dos povos sobreviventes à expansão europeia. Essa nova antropologia alcançou assim sua deseuropeização, dando lugar à ousadia de olhar e avaliar os terríveis danos do etnocídio e do genocídio, que foram o preço pago pelos milhares de povos não europeus pela expansão ocidental.

## Os Yanomami

Nesse momento, toda a humanidade, toda a opinião pública nacional e mundial está de olho em nós, querendo que o Brasil seja capaz de encarnar, frente aos Yanomami, a face melhor da civilização, não a forma brutal que tem assumido tantas vezes. Aqueles índios são o último grande povo prístino do mundo. A Europa, em sua expansão, destruiu dezenas de milhares de povos, apagando outras tantas caras do fenômeno humano, com suas línguas, suas visões de mundo, suas culturas próprias, num empobrecimento irreparável das tradições de toda a humanidade.

Hoje, em sua expansão encarnada por brasileiros, ela se defronta com uns poucos povos que sobrevivem, porque estão para além de suas frentes de expansão. Entre eles se destacam os Yanomami, um povo de 12 mil almas, talvez mais, vivendo em cento e tantas aldeias, onde conservam uma velha tradição expressa na sua língua própria, na sua cultura, também muito peculiar nas formas de suas casas, que ninguém tem igual, na cordialidade extrema do convívio, que ali se dá entre homens e mulheres e entre adultos e crianças.

Afortunadamente, foram reconhecidos os seus direitos constitucionais à posse das terras em que vivem e que são indispensáveis à sua sobrevivência. Lamentavelmente, sinistras vozes se levantam querendo revogar a demarcação dessas terras. O ardil de que lançam mão é propor que se dê, a cada uma das centenas de aldeias, pequenas ilhas, deixando os garimpeiros e fazendeiros entrarem entre elas. Isso seria destruir todos os liames da unidade tribal, seria levá-los ao extermínio.

O mundo se horroriza ante a perspectiva desse genocídio. Pude ver na Europa como a opinião pública saudou como uma coisa bela o reconhecimento do direito daqueles índios pelo governo brasileiro. Há quem diga que uma desnacionalização seria garantir um grande território indígena em nossas fronteiras. Não é verdade, porque a Constituição atual reconhece o direito dos Yanomami às suas terras, mas não as aliena para que sejam apropriadas como propriedades privadas.

Ao contrário, isso ocorreria se fossem dadas aos fazendeiros ou, pior ainda, aos garimpeiros, que rapidamente destruiriam as terras, as águas, a flora, a fauna com o mercúrio e os índios com a truculência assassina. Isso tudo para que aquela bela província da Amazônia se torne igual à mata amazônica inteira, despovoada de índios, despovoada até de caboclos, por um sistema econômico que já concentra na cidade a imensa maioria da população vivendo uma vida de miséria.

Pessoas que não se preocupam com o fato de que particulares tenham propriedades de até 1 milhão de hectares, que as mantêm inexploradas numa operação puramente especulativa, não estão dispostas a dar aos índios aquilo que é a condição de sua sobrevivência: terras que a nossa Constituição reconhece que são deles. Para isso estão dispostos a levá-los ao extermínio.

Essa postura corresponde à pior tradição brasileira. Temos, felizmente, contra essa tradição da brutalidade, da dureza, uma tradição de trato justo e correto para com os descendentes de nossos ancestrais indígenas. Nossa Constituição oferece à humanidade a cristalização legal do maior empenho de se tratar respeitosamente aos índios, como brasileiros originais.

Romper com esse compromisso, quebrando para isso a própria Constituição, como querem tantas vozes políticas dos assassinos de índios, para atender a uma expansão garimpeira, meramente mercantil, ecologicamente destrutiva, seria um passo atrás, um retrocesso, uma vergonha indelével para o Brasil.

Recorde-se que, suceda o que suceder aos índios, isso já não afeta o destino nacional, como afetaria há dois ou três séculos. Hoje, aconteça aos Yanomami e aos outros índios o que acontecer, não afeta o destino da nação brasileira, mas afeta a honra do Brasil. Esse país nosso, esse povo que somos nós, ou tem honra e respeita esses direitos, orgulhando-se de sua melhor tradição, ou se converte mesmo num covil de assassinos amparados por uma lei truculenta.

# ENSAIOS

# O povo latino-americano

A celebração do Quinto Centenário assumiu, por vezes, um tom detestável de festividade e glorificação das façanhas da Conquista. Mais aceitável, porque bem-intencionado, é o engodo dos que, em lugar de conquista, invasão ou choque, falam de um encontro de civilizações para se referirem ao que foi o mais terrível desencontro da história humana. Um *encontronaço*, como disse um intelectual índio.

Não gosto também da demagogia de quem afirma que na invasão das Américas não houve vencedores nem vencidos. Claro que os houve e ainda há. Aí estão os índios há cinco séculos vencidos, humilhados e oprimidos. O mínimo de respeito a seu drama devia calar essas vozes irresponsáveis.

Se há algo a celebrar neste centenário é, de um lado, a resistência secular dos índios que, lutando contra tudo e contra todos, sobrevivem e permanecem índios, mantendo sua identidade étnica. O outro motivo de comemoração é o produto desse processo medonho de genocídio e etnocídio que somos nós, os 500 milhões de latino-americanos mestiços.

O espantoso do encontro ou desencontro colombiano que topou com o Novo Mundo, e só nisso reside o descobrimento, foi ficar sabendo, de repente, que ele existia. Lá estava, havia existido desde sempre para si mesmo, todo aquele mundo que o mundo ocidental desconhecia.

Suspeitava-se, é verdade, de sua existência, imaginando tratar-se de mais um ocultamente mágico, de anti-ilhas, ou de brasis miraculosos registrados em velhos mapas. Em sua autossuficiência, porém, o mal chamado Velho Mundo tornara-se cego ao inconcebível, que seria a existência autônoma de qualquer entidade relevante que ele desconhecesse. Quando a notícia se difundiu, caíram, primeiro, na maior perplexidade. Mas, logo depois, se deram à arrogância de achar que haviam não só descoberto mas que, descobrindo, inventaram ou até criaram um Novo Mundo.

De fato, para o europeu, ainda que ele existisse, era como se não houvesse, até que, afinal, cumprindo um destino fatal, se desocultou. Isso foi o que sucedeu graças ao olho de Colombo, para tanto expressamente mandado.

Ainda sem saber o que via, nem avaliar seu vulto, supôs que aquelas parcas ilhas que achou fossem as verdadeiras Índias do Oriente, se não fossem o próprio Paraíso Perdido, tal a beleza das terras e a inocência das índias peladas.

## A Conquista

Desde então outra questão se coloca, questão essencialmente prática: que prestância teria aquele mundão de terras intermináveis e tantíssimas gentes exóticas que se foram desvendando? Não prestância para si mesmas, porque isso não contava. Consistiria no mero exercício de sua existência, tal qual eram, o que aos olhos do invasor não se justificava e até ofendia como uma inutilidade. Mas prestância para a Europa, que se concebia como dona do universo, que no todo e em cada uma de suas partes só podia existir para servi-la, estendendo seus domínios, submetendo-se à sua fé e, sobretudo, trabalhando para sua prosperidade.

Começa assim e ali o desmonte daquela mole imensíssima de povos, civilizações e culturas, enquanto formas próprias autônomas de ser da humanidade, para sobre seus escombros se reconstruírem eles próprios, como o oposto de si mesmos, sob a regência do dominador estrangeiro e hostil.

Numa segunda instância, desgastados os povos que encontrou aqui, o europeu foi buscar milhões de outras gentes estranhas nos povos negros africanos para manter funcionando seu moinho de gastar gentes, para produzir riquezas exportáveis. Mais tarde, quando o proletariado europeu, excedendo às necessidades de mão de obra do seu sistema produtivo, se converte, ele também, em mercadoria exportável, uma onda de branquitude gringa vem ter também às Américas.

Nesse passo é que o mundo de fato se unifica ao se dar existência e destino através da ação europeia que reúne, sob seu mando, o Velho Mundo Oriental, objeto de saqueio, ao vizinho e consabido Mundo Afro, até então inútil, atando todos eles com o que era, ou seria, o Novo Mundo americano.

A Terra e seus inumeráveis povos, enquanto Humanidade, foi convertida assim em possessão colonial e empresa lucrativa, ganhando um novo destino. Já não o de existirem e se exercerem desdobrando as potencialidades da conduta humana, mas o de se refazerem segundo as determinações europeias, pautadas pelo espírito de lucro. Passo a passo, a Europa impõe sua hegemonia e, onde pode, o seu próprio ser às duas províncias arcaicas e à nova, cada qual com sua civilização original e existindo desde sempre para si mesmas. Interrompe assim o fluxo de suas histórias, para fazê-las esboroar do ser ao não ser, ou o ser para outro, que seria a existência regida por cálculos mercantis articulados nas metrópoles europeias em seu próprio benefício.

O poderoso motor dessa empresa prodigiosa – o lucro –, que comanda a ação expansiva, jamais se propõe expressamente no discurso. Disfarça tão bem suas motivações que acaba convencendo os próprios protagonistas da Conquista de que eram movidos por altas inspirações espirituais e de que cumpriam sagradas destinações salvacionistas de novos cruzados da Cristandade. Sempre havia, é verdade, gente mais prática que cuidou desde a primeira hora de revestir a apropriação dos novos mundos da requerida legalidade. Assim é que, um ano depois da chegada de Colombo, o Santo Padre já estendia às terras americanas as regalias de assenhoramento das terras e escravização das gentes, autorizada com respeito à África e aos africanos já nos idos de 1454.

Espanhóis e portugueses perpetraram suas façanhas em nome da Cristandade, querendo crer que cumpriam a santa destinação de livrar os índios de idolatrias e heresias para salvar ao menos suas almas para a vida eterna. Aos corpos, os gastaram com eficácia incomparável. Já no fim do primeiro século, reduziu-se a população original americana de cerca de 90 milhões a menos de 10, vitimados nas guerras e pelas pestes brancas, mas sobretudo na escravidão.

Com igual furor possesso e sacrossanto, desmontaram templos mais majestosos que os europeus de então, queimaram como diabólicos os mil livros da sabedoria maia, de que nos restam uns poucos códices preciosos pela beleza, pelo fervor e pela sabedoria que relevam. O mesmo destino tiveram os inumeráveis quipos incaicos. Suas obras de arte, acusadas de serem pecados de idolatria, foram destruídas ou fundidas em ricos lingotes, quando feitas de ouro, prata ou platina.

A perseguição prossegue nos séculos seguintes, em novo compasso, é verdade, mas no mesmo rumo de civilizar cristianizando e europeizando. Já sem o esplendor do saqueio milionário de outrora, porque despojados de todos os seus bens, os índios remanescentes se converteram em párias. São mera força de trabalho superexplorada que mal consegue sobreviver nas terras em que um dia edificaram civilizações. Ou são tribos especializadíssimas na fuga, deslocando-se incansavelmente para além da fronteira da civilização para escapar dela.

O milagre espantoso de sua resistência indígena está a nos demonstrar que a etnia é uma das forças mais prodigiosas da história. Tão capaz de resistir, brigando através dos séculos, como disfarçada para não ser vista nem percebida, mas guardando no peito seu próprio ser, sua cara e seu orgulho de ser aquela gente única e imiscível que são. Uma etnia é, de fato, indelével e sobreviverá enquanto os pais possam criar seus filhos na tradição em que foram criados.

Frente a essa resistência às vezes espantosa, a questão que primeiro se coloca é saber ao certo quem são os algozes da sanha assassina. É medir até que ponto somos nós latino-americanos de ontem e de hoje os reais opressores que, sucedendo a nossos avós ibéricos, continuamos perseguindo e massacrando os índios. A verdade é que as lutas da Pós-Conquista já não tiveram espanhóis e portugueses, mas a nós, como seus principais atores. Fomos e somos nós, neoamericanos, os algozes dos índios. Tanto dos exterminados como dos que sobreviveram, mas continuam tratados como estrangeiros e exóticos em sua própria terra.

Até recentemente as grandes massas indígenas remanescentes das altas civilizações americanas eram vistas como um campesinato, que qualquer dia, com uma boa reforma agrária, deixariam da mania de ser índios, para se integrarem na sociedade crioula. As microetnias tribais eram vistas também como obsolescências condenadas a desaparecer. Hoje, se sabe que aqueles indigenatos são povos oprimidos, em luta pela autonomia no comando de seu destino, e que aquelas tribalidades, milagrosamente sobreviventes, não estão se extinguindo, mas, ao contrário, começam a aumentar seu montante populacional. Uns e outros empenhados em luta travada tanto contra seus opressores e exploradores diretos, como contra seus supostos protetores oficiais e sacerdotais que, com a boca cheia de palavras generosas, o que querem é desfazê-los.

Tarefa impossível, porque essa gente que sobreviveu a séculos de genocídio e de etnocídio intencionais, não sucumbirá, agora, quando são mais fracas as armas dos europeizadores. Mais impossível ainda, porque, acompanhando o pendor mundial que está alçando os povos oprimidos de toda a terra, também os índios americanos se levantam, expulsando seus supostos protetores, rejeitando os estatutos opressivos que os governos lhes impõem, para assumirem eles próprios a defesa de si mesmos.

Uma arma das mais poderosas na perseguição dos índios é a velha hipocrisia civilizadora das práticas nominalmente protecionistas, entre elas a legislação de amparo aos índios, sobretudo a que lhes garante a propriedade das terras onde vivem. A legislação brasileira é exemplar nessa matéria, porque tem estatuto constitucional e é imelhorável de tão perfeita; mas os índios continuam sendo espoliados de suas terras. Duas dezenas de seus líderes foram assassinados nos últimos anos, mas raramente se levou um assassino a julgamento e a nenhum deles se encarcerou. Missões religiosas continuam invadindo as aldeias para pregar discursos evangélicos, no seu empenho secular de alcançar a cristianização pela europeização dos povos indígenas. Seria concebível tamanho fervor, se não fosse consabido que, depois de séculos desse louco e fecundo afã de converter, nenhum índio foi jamais convertido.

Os jesuítas reconheceram, com menos de dez anos de evangelização, que ninguém converte ninguém. Nóbrega dizia: com um anzol os converto, mas com dois os desconverto. Depois de pôr o maior esforço na catequese, concluíram que a conversão, luz da fé, só se acende nos corações dos homens pela vontade de Deus. A seara do missionário, pensava ele, é a graça de sua própria santidade, se possível pelo aspirado martírio que ele cultiva junto aos próprios índios, muitas vezes na mais opressiva forma de etnocídio.

Os católicos, desde João XXIII, tornaram-se mais conscientes dessa insânia e a própria Igreja procura pôr freio na obsessão evangelizadora de seus missionários mais fanáticos. Os protestantes não, esses prosseguem na mesma bruta ingenuidade perversa de promover a europeização pela cristianização, sem nenhum respeito pela identidade indígena, que é, para eles, tão somente o campo em que se exerce seu fervor místico, cumprindo o que creem ser a vontade de Deus.

Nos 40 anos de vivência que tenho com os povos índios, nunca vi nenhuma tribo convertida e muitas delas sofreram décadas de ação missionária, como os Bororo por exemplo, e até séculos, como os Guarani. A conversão que ocorre não sucede nunca por obra dos missionários, mas como uma procura desesperada de uma nova espiritualidade por populações desindianizadas pelos azares da vida. É o caso de filhos de índias criados por estranhos que, tendo perdido o ser e a identidade própria, buscam construir outra consciência de si mesmos como seres humanos, entregando-se para isso, episodicamente, a cultos milenaristas – os Ticuna, por exemplo – ou a devoções salvacionistas – os Xokleng, por exemplo – ou a verdadeira incorporação no seio de alguma facção da cristandade em diáspora – os Terena e os Xavante, católicos e protestantes, por exemplo.

## A efeméride

As comemorações de 1992 podem servir, talvez, para que se aprofunde a tomada de consciência desse longuíssimo desencontro que prossegue. Em países como a Guatemala, onde remanesce, a civilização Maia luta para estruturar-se para si mesma contra a massa de mestiços nativos, tão cruéis em sua ira anti-indígena quanto os espanhóis quinhentistas. Ou nas fronteiras do Brasil com a Venezuela, onde o último povo silvícola da Amazônia, os Yanomami, veem suas aldeias invadidas por milhares de garimpeiros e registram a chegada da civilização em seus corpos apodrecidos por doenças desconhecidas.

A única força capaz de ajudar, sejam os Maias contemporâneos, sejam os prístinos Yanomami, é a opinião pública mundial. Sua mobilização consiste, por isso, na tarefa maior de quantos queiram celebrar ou comemorar a invasão quinhentista e os sucessos que ela desencadeou.

Outra face da questão é a que pode ser resumida na proposição: os 500 anos, de 1492 a 1992, são 500 milhões de latino-americanos, a mais ponderável presença nova no corpo da humanidade. Com efeito, o processo civilizatório que se desencadeou nesses cinco séculos teve como efeito essencial o nosso surgimento. Esse é o resultado real, palpável, do movimento iniciado com a expansão europeia que, para nos dar lugar, extinguiu e apagou milhares de povos, com suas línguas e culturas originais, e exterminou pelo menos três altas civilizações.

Somos os filhos da multiplicação prodigiosa de uns poucos europeus e contados africanos sobre milhões de ventres de mulheres indígenas, sequestradas e sucessivamente estupradas. Filhos infiéis que, embora rechaçados pelos pais como mestiços impuros, jamais se identificaram com o gentio materno. Ao contrário, se converteram em seus mais eficazes e odiosos opressores e castigadores. Tanto quanto com o drama da Conquista, devemos nos indignar contra o drama, não menor, da dominação posterior que se prolongou por séculos e séculos e que ainda se exerce ferozmente. Através dela é que surge e cresce a sociedade latino-americana, tirando sua vida, seu sustento, sua prosperidade dos desgastes dos povos indígenas.

Sobre esses mestiços, filhos de ninguém, culturalmente empobrecidos, é que fomos feitos, num continuado etnocídio regido pelo mais hediondo eurocentrismo. Moldados por mãos e vontades estranhas, remoldados por nós mesmos, com a consciência espúria e alienada dos colonizados, fomos feitos para não sermos, nem parecermos, nem nos reconhecermos jamais como quem realmente somos.

Nisso reside a busca sem fim de nossa própria identidade como gente ambígua que, já não sendo indígena, nem africana, nem europeia, tarda ainda em assumir-se orgulhosamente como o Povo Novo que somos. Povo, se não melhor, ao menos mais humano que os mais, porque feito de mais variadas humanidades. Povo que, tendo sofrido por séculos a miséria e a opressão mais brutais e continuadas, ainda muito sujo de europeidades, ainda muito chagado das marcas da escravidão e do colonialismo, ainda muito malservido por uma intelectualidade alienada e infiel, mas povo que se abre já para o futuro, que marcha já para criar sua própria civilização, movido por uma fome insaciável de fartura, de felicidade e de alegria.

Hecatombe maior ainda que a da Conquista, conforme vimos, foi a que se seguiu, nos séculos que vieram depois, para produzir duas novas categorias do gênero humano. Impressionantes, ambas, tanto pelo seu vulto populacional, como pela espantosa homogeneidade de suas culturas.

Uma delas, a neobritânica, não oferecia nada de novo ao mundo, era essencialmente o transplante e a expansão das formas de vida e das paisagens dos seus países de origem para as imensidades do Novo Mundo. A neolatina, ao contrário, foi toda uma novidade porque se fez pela mescla racial e cultural com os povos americanos originais, acrescendo a eles uma imensa massa negra.

Surgimos, assim, como Povos Novos, nascidos da desindianização, da deseuropeização e da desafricanização de nossas matrizes. Tudo isso dentro de um processo pautado pelo assimilacionismo, em lugar do *apartheid*. Aqui, jamais se viu a mestiçagem como pecado ou crime. Ao contrário, nosso preconceito reside exatamente na expectativa generalizada de que os negros, os índios e os brancos não se isolem, mas se fundam uns com os outros para compor, numa sociedade morena, uma civilização mestiça.

Comparados com os Povos Tansplantados, que são meros europeus de além-mar, frente aos Povos-Testemunho, que carregam duas heranças culturais imiscíveis, os Povos Novos são uma espécie de gentio tábua rasa, deserdados que foram de seu parco acervo original. Desapegados de passados sem glória nem grandeza, eles só têm futuro. Sua façanha não está no passado, mas no porvir. Seu feito único é, debaixo de todas as vicissitudes, terem construído a si mesmos como vastos povos, linguística, cultural e etnicamente homogêneos. Resumindo em si a genialidade e as taras de todas as raças e castas de homens, estão chamados a criar uma nova condição humana, quiçá mais solidária.

Por isso é que, frente à algazarra dos que comemoram o Quinto Centenário daquele evento inaugural, nossa postura é precisamente oposta à daqueles que só põem atenção no genocídio e no etnocídio da Conquista. Vendo-o, seja como façanhas, seja como horrores, propõem rememorações nostálgicas de grandezas pretéritas do invasor ou convocam comícios para dar voz aos remanescentes das populações indígenas originais. Não é ruim que se faça isso.

Compreende-se que a Espanha, vexada pela *leyenda negra*, queira exibir a façanha maior de sua história. Compreende-se, também, que a Itália queira exibir suas mãos limpas em homenagens a Colombo e a Vespúcio, repetindo sempre que deles não saiu nenhum Próspero.

Nós, latino-americanos, é que não podemos entrar nessa dança de glórias e de reminiscências macabras. Aqueles horrores foram as dores do parto de que nascemos. O que merece ser visto não é só o sangue derramado, mas a criatura que ali se gerou e ganhou vida. Sem nós, a romanidade estaria reduzida à pequenez numérica das nações neolatinas da Europa, demograficamente insignificantes, imponderáveis, num mundo demasiadamente cheio de neobritânicos, de eslavos, de chinos, de árabes etc.

A glória da Ibéria, é bom que se reitere aqui, reside em ter guardado por mais de um milênio as sementes da romanidade, debaixo da opressão goda e sarracena, para multiplicá-la aqui prodigiosamente. Somos o Povo Latino-Americano, parcela maior da latinidade, que se prepara para realizar suas potencialidades. Uma latinidade renovada e melhorada, porque revestida de carnes índias e negras e herdeira da sabedoria de viver dos povos da floresta e do páramo, das altitudes andinas e dos mares do sul.

## Configurações

Em minha classificação dos povos extraeuropeus modernos, distingo quatro categorias diferenciadas, de acordo com o seu processo de formação histórica e cultural. Para mim são Povos Transplantados, constituídos pela expansão de nações europeias sobre territórios de ultramar onde, sem se misturarem com a população local, reconstruíram sua paisagem e retomaram suas formas originais de vida.

A seguir, se desenvolveram culturalmente dentro de linhas paralelas e similares às da metrópole, como povos brancos de ultramar. É o caso dos Estados Unidos e do Canadá. É também o caso da Nova Zelândia e da Austrália. Cabem também nesta categoria a Argentina e o Uruguai, ainda que, no seu caso, de forma limitada, uma vez que ambos só se europeizaram depois de estruturados como povos mestiços que construíram seus países e fizeram a independência. Isso ocorreu por uma transfiguração cultural posterior, decorrente do enorme vulto da imigração europeia que caiu sobre eles.

Nessa configuração de Povos Transplantados se encontram, orgulhosos de si mesmos, os representantes e herdeiros da civilização europeia ocidental, beneficiários e vítimas de sua própria expansão. São os povos mais modernos e, como tal, os que mais radicalmente perderam a cara ou a singularidade. Em consequência, são hoje a gente humana mais letrada, mais estandardizada e mais uniforme, mas também a mais desinteressante e sensaborona.

Vêm, em segundo lugar, os Povos-Testemunho, formados pelos remanescentes atuais de altas civilizações originais, contra as quais se chocou a expansão europeia, sem conseguir, contudo, assimilá-los na condição de novos implantes seus. Nesta categoria estão os indianos, os muçulmanos, os chineses, os indochineses, os japoneses etc. Nas Américas eles são representados pelo México, pelo Peru e Bolívia e pela Guatemala.

Cada um desses Povos-Testemunho experimentou enormes vicissitudes e sofreu profunda europeização, insuficiente, porém, para fundir num ente etnicamente unificado toda a sua população. Vivem o drama da ambiguidade de povos situados entre dois mundos culturais contrapostos, sem poder optar por nenhum deles. Já não são índios, jamais serão europeus. A civilização emergente representará para eles, no plano cultural, um imenso desafio: o de se desfazerem de uma falsa imagem unitária, para que cada um de seus componentes étnicos assuma seu próprio perfil e o comando autônomo de seu destino para voltarem a florescer.

A terceira categoria, referente aos Povos Novos, concerne àquelas populações oriundas da mestiçagem e do entrecruzamento cultural de brancos com negros e com índios de nível tribal, sob a dominação dos primeiros. Tais são, entre outros, os brasileiros, os colombianos, os venezuelanos ou os cubanos. Sua característica diferencial é a de povos desculturados de sua indianidade, africanidade ou europeidade para serem um étnico novo.

Desapegados de passados sem glória nem grandeza, eles só têm futuro. Sua façanha não está no passado, mas no porvir. Seu feito único é, debaixo de todas as vicissitudes, terem construído a si mesmos como vastos povos, linguística, cultural e etnicamente unificados. Resumindo em si a genialidade e as taras de todas as raças e castas de homens, eles estão chamados a criar uma nova condição humana, quiçá mais solidária.

É certo que na configuração de cada Povo Novo predominou, por força da hegemonia colonial, o europeu, que lhe deu a língua e uma versão degradada da cultura ibérica. Mas foi tão recheada de valores que clandestinamente a impregnaram, oriundos das culturas indígenas e africanas, que ganharam um perfil próprio e inconfundível.

Por muito tempo, as elites dos Povos Novos se tiveram, nostalgicamente, por europeus desterrados. Seus intelectuais não se consolavam de viver nos trópicos sem o brilho da vida parisiense. Intoxicados pelo racismo europeu, se amarguravam de suas caras mestiças. Só em tempos recentes se generalizou a percepção de que eles são outra coisa, tão diferentes da Europa como da América indígena e da África negra. Mas ainda há muitos macaquinhos basbaques por aí, simulando ser o que não são: boquiabertos, papagueiam europeidades.

Dos índios, os Povos Novos receberam duas heranças substanciais. Primeiro, a fórmula ecológica de sobrevivência nos trópicos, fundada em milênios de esforços adaptativos realizados pelos indígenas, que lhes ensinaram como produzir as condições materiais de existência das suas sociedades. Segundo, uma imensa contribuição genética. O chamado "branco" na população dos Povos Novos é, essencialmente, um mestiço gerado por europeus nos ventres de mulheres indígenas. Como o número de homens sempre foi muito pequeno, essas populações são geneticamente muito mais indígenas que caucasoides.

Dos negros, os Povos Novos receberam também importante aporte genético, variável de país para país, conforme a magnitude da escravaria negra que tiveram, o que os fez, além de mestiços, mulatos. A contribuição cultural negra é representada fundamentalmente por aqueles traços que puderam persistir debaixo da opressão escravista. Estes vão desde técnicas e valores a sentimentos, ritmos, musicalidades, gostos e crenças que o negro escravo pôde guardar no fundo do peito e defender do avassalamento.

Essas qualidades, hoje, conferem características de vigor, de alegria e de criatividade como traços distintivos dos Povos Novos que incorporaram maiores massas negras. Tão profundo e completo foi o processo de aculturação dos negros, que sua presença se remarca menos pela africanidade que pela extraordinária criatividade que os faz cada vez mais influentes na vida cultural de seus povos.

A quarta configuração histórico-cultural da minha tipologia se refere aos Povos Emergentes. Vale dizer, aos grupos étnicos que hoje se alçam na

Europa, na África e na Ásia e também nas Américas, ocupando o espaço que ultimamente se abriu para a reconstrução com um perfil próprio e inconfundível. Essas discrepâncias, aliás, é que emprestam aos Povos Novos a singularidade que acaso tenham.

## Existe a América Latina?

Certa vez, respondendo a uma inglesa malcriada, que duvidava que existisse uma América Latina, argumentei largamente para demonstrar que, graças a Deus, existimos. Veementemente. Existimos como uma gente que até pode fazer o bem, porque não quer nem precisa tirar nada de ninguém, porque foi feita de homens e mulheres vindos de todas as latitudes e de todas as raças.

No plano geográfico é notória a unidade da América Latina, como fruto de sua continuidade continental. A essa base física, porém, não corresponde uma estrutura sociopolítica unificada e nem mesmo uma coexistência ativa e interatuante. Toda a vastidão continental se rompe em nacionalidades singulares, algumas delas bem pouco viáveis como quadro dentro do qual um povo possa realizar suas potencialidades.

Efetivamente, a unidade geográfica jamais funcionou aqui como fator de unificação, porque as distintas implantações coloniais das quais nasceram as sociedades latino-americanas coexistiram sem conviver, ao longo dos séculos. Cada uma delas se relacionava diretamente com a metrópole colonial. Ainda hoje, nós, latino-americanos, vivemos como se fôssemos um arquipélago de ilhas que se comunicam por mar e pelo ar e que, com mais frequência, voltam-se mais para fora, para os grandes centros econômicos mundiais, do que para dentro. As próprias fronteiras latino-americanas, correndo ao longo da cordilheira desértica ou da selva impenetrável, isolam mais do que comunicam e raramente possibilitam uma convivência intensa.

No plano linguístico-cultural, nós, latino-americanos, constituímos uma categoria tanto ou tão pouco homogênea como o mundo neobritânico dos povos que falam predominantemente o inglês. Isso pode parecer insuficiente para os que falam da América Latina como uma entidade concreta, uniforme e atuante, esquecendo-se de que dentro dessa categoria estão incluídos, entre outros, os brasileiros, os mexicanos, os haitianos e a intrusão francesa do Canadá, devido à uniformidade essencialmente linguística de outros, como os norte-americanos o são dos australianos e dos africâneres, por exemplo. A simples enumeração mostra a amplitude das duas categorias e sua escassa utilidade classificatória.

Reduzindo a escala de latinos para ibéricos, encontramos uma unidade um pouco mais uniforme. Na verdade, bem pouco mais homogênea, porque apenas excluiria os descendentes da colonização francesa. Continuariam, dentro dessa categoria, os brasileiros, os argentinos, os cubanos, os porto-riquenhos, os chilenos etc. Do ponto de vista de cada uma dessas nacionalidades, sua própria substância nacional tem muito mais singularidade e vigor do que o denominador comum que as faz ibero-americanas.

Se reduzirmos ainda mais a escala, poderemos distinguir duas categorias contrastantes. Um conteúdo luso-americano concentrado todo no Brasil e um conteúdo hispano-americano que congrega o restante. As diferenças entre uns e outros são pelo menos tão relevantes como as que distinguem Portugal da Espanha. Como se vê pouco significativa, porque é fundada numa pequena variação linguística que não chega a ser obstáculo para a comunicação, ainda que tendamos a exagerá-la com base numa longa história comum, interatuante, mas muitas vezes conflitante.

## Semelhanças e diferenças

Voltando a olhar o conjunto da América Latina, observam-se certas presenças e ausências que colorem e diversificam o quadro. Por exemplo, a presença indígena é notória na Guatemala e no Altiplano Andino, onde é majoritária, e no México onde os índios se contam aos milhões e predominam em certas regiões. Nesses casos, é tão grande a massa de sobreviventes da população indígena original, que se integrou às sociedades nacionais como um campesinato etnicamente diferenciado, que seu destino é se reconstituírem, amanhã, como povos autônomos. Isso significa que países como a Guatemala, a Bolívia, o Peru e o Equador e áreas extensas de outros, como o México e a Colômbia, estarão sujeitos, nos próximos anos, a profundas convulsões sociais de caráter étnico que redefinirão aqueles quadros nacionais ou os reestruturarão como federações de povos autônomos.

Totalmente distinta é a situação dos demais países, onde só se encontram microetnias tribais, mergulhadas em vastas sociedades nacionais etnicamente homogêneas. Nesses casos, uma presença indígena visível – seja na língua, como o guarani do Paraguai, seja, sobretudo, no fenótipo da maioria da população, como ocorre no Brasil, no Chile e na Venezuela – deve ser considerada numa categoria à parte, a de indo-americanos, como já se sugeriu. É improvável que por esta linha se chegue a alcançar uma tipologia explicativa.

Todos esses povos têm no aborígine uma de suas matrizes genéticas e culturais, mas sua contribuição foi de tal forma absorvida que qualquer que seja o destino das populações indígenas sobreviventes, não se alterará muito sua configuração étnica. Em outras palavras: a miscigenação, absorção e europeização dos antigos grupos indígenas no seio da população nacional estão completas ou em marcha e tendem a homogeneizar, embora não a fundir, todas as matrizes étnicas, convertendo-as em modos diferenciados de participação na mesma etnia nacional.

Isso não significa que os índios que sobreviveram como tribos nesses países venham a desaparecer. Ao contrário, apesar de cada vez mais aculturados, eles sobreviverão diferenciados e serão cada vez mais numerosos.

Outro componente que diferencia o quadro, emprestando-lhe aspectos particulares, é a presença do negro africano, que se concentra de forma maciça na costa brasileira de mais antiga colonização, nas áreas de mineração e também nas Antilhas, onde floresceu a plantação açucareira. Fora dessas regiões, encontram-se diversos bolsões negros na Venezuela, Colômbia, Guianas, Peru e em algumas áreas da América Central.

Nesse caso, a absorção e assimilação foram ainda mais longe. Chegaram a tal ponto que se americanizou esse contingente de forma mais completa que aos demais. Isso porque ao africano sobrevivente não se abria nenhum caminho de fuga ou retorno, como ocorria com o índio e com o europeu. Ele só podia é aprofundar mais sua latino-americanidade. É certo que reminiscências africanas no folclore, na música e na religião são palpáveis nas áreas onde a afluência negra foi maior. Mas sua persistência se explica, principalmente, pelas condições de marginalização dessas populações, que em nenhum caso constituem blocos étnicos inassimiláveis e aspirantes à autonomia ou ao retorno.

Outras intrusões não europeias, como a dos japoneses no Brasil, dos chineses no Peru, dos indianos nas Antilhas, igualmente diferenciam algumas áreas, emprestando um sabor especial à sua cozinha e afirmando-se em algumas outras esferas. O assinalável nesses casos, como ocorre também com os negros, é que estamos em presença de contingentes que trazem em si uma marca racial distintiva com relação ao resto da população.

Esse fato tem, obviamente, consequências. Principalmente a de não facilitar o reconhecimento de uma assimilação já completa ou que só não se completa devido à persistência de marcas raciais que permitem seguir tratando como afro, nissei, chinês ou indiano pessoas que só são tais em seu fenótipo, dadas sua aculturação plena e sua completa integração no quadro étnico nacional. Os antropólogos, particularmente interessados nas singularidades dessas populações, produziram uma vasta literatura que ressalta, talvez de forma excessiva, as diferenças. Realmente, é possível elaborar longas listas de sobrevivências culturais que permitem vincular esses núcleos às suas matrizes de origem.

O certo, porém, é que aqui também as semelhanças são mais significativas que as diferenças, já que todos esses contingentes estão plenamente "americanizados". Nos planos linguístico e cultural são gente de seu país e até "nossa gente", na identificação emocional corrente das populações com que convivem. Suas peculiaridades, tendentes talvez a esmaecer, apenas os fazem membros diferenciáveis da comunidade nacional em razão de sua remota origem.

O mesmo ocorre com os componentes de contingentes europeus não ibéricos chegados em época mais recente. Cada um deles representa uma forma especial de participação, nem superior nem inferior, no ser nacional, que permite defini-los, restritivamente, como, por exemplo, anglo-uruguaios, ítalo-argentinos, teuto-chilenos ou franco-brasileiros. É de assinalar, porém, que todos eles gozam de uma posição social mais alta, alcançada em razão de eventuais vantagens culturais e econômicas, mas principalmente de uma maior aceitação social que os privilegia em sociedades dominadas pelos brancos.

Muito embora, acima de todos os fatores de diversificação, sobressaiam os de uniformidade, certas diferenças visíveis alcançam, frequentemente, um sentido social discriminatório. É o caso, por exemplo, do paralelismo entre cor da pele e pobreza, que dá lugar a uma estratificação social de aparência racial. Assim, os contingentes negros e indígenas, que tiveram de enfrentar enormes obstáculos para ascender da condição de escravos à de proletários, concentraram-se principalmente nas camadas mais pobres da população.

Além da pobreza oriunda da superexploração de que foram e são vítimas, pesa sobre eles muita discriminação, inclusive a proveniente da expectativa generalizada de que continuem ocupando posições subalternas, que dificultam sua ascensão a postos mais altos da escala social.

Aparentemente, o fator causal encontra-se na origem racial e na presença de sua marca estigmatória, quando de fato só se explica pelas vicissitudes do processo histórico que os situou na posição de vítimas. Eles são a contraparte desprivilegiada dos euro-americanos. Embora constituindo o grosso da força de trabalho, ou, por isso mesmo, enquanto descendentes de escravos, eles são tratados com superioridade e descaso. Assim é que a cor da pele, ou certos traços raciais típicos do negro e do indígena, operando como indicadores de uma condição inferior, continuam sendo um ponto de referência para os preconceitos que pesam sobre eles.

Embora presente na América Latina e frequentemente de forma muito acentuada, o preconceito racial não assume aqui o caráter discriminatório e isolacionista que se observa, por exemplo, nos Estados Unidos. Ali, a discriminação recai sobre os descendentes de africanos ou indígenas, qualquer que seja a intensidade da marca racial que carreguem, tendendo a excluí-los do corpo social por se considerar indesejável a mescla com eles.

Na América Latina, o preconceito racial é predominantemente de marca e não de origem. Ou seja: recai sobre uma pessoa na proporção de seus traços racialmente diferenciadores e implicitamente incentiva a miscigenação, porque aspira a "branquear" toda a população. É a morenidade, contrapondo-se à branquitude e à negritude. Trata-se, sem dúvida, de um preconceito racial, porque a sociedade só admite os negros ou indígenas como futuros mestiços, rechaçando seu tipo racial como ideal do humano. Mas se trata de um preconceito especial que discrimina o fenótipo negro e o indígena por não estar ainda diluído na população majoritariamente mestiça, cujo ideal de relações inter-raciais é a fusão.

## Homogeneidade sem unidade

Por cima das linhas cruzadas de tantos fatores de diferenciação, a origem do colonizador, a presença ou ausência e o peso do contingente indígena e africano e de outros componentes, o que sobressai no mundo latino-americano é a unidade do produto resultante da expansão ibérica sobre a América e o seu bem-sucedido processo de homogeneização. Com todos esses contigentes, presentes em maior ou menor proporção em uma ou outra região, edificaram-se sociedades étnico-nacionais cujas populações são produtos do cruzamento e querem continuar fundindo-se. Excetuando os indigenatos originários de altas civilizações ou microetnias tribais que sobreviveram isoladas, em nenhum caso encontramos os índios originais; nem os europeus ou asiáticos ou africanos tal como eram quando se desprenderam de suas matrizes.

Seus descendentes são neoamericanos, cuja visão do mundo, modos de vida e aspirações, essencialmente idênticos, fazem deles um dos ramos mais floridos do gênero humano. Amalgamando gente procedente de todos os quadrantes da terra, criaram-se aqui povos mestiços que guardam em seus rostos étnico-culturais heranças tomadas de todas as matrizes da humanidade.

Essas heranças, difundindo-se, em vez de se concentrarem em quistos étnicos, se impuseram à matriz básica principalmente ibérica, em alguns países, principalmente indígena ou africana, em outros, matizando o painel latino-americano sem quebrá-lo em componentes opostos uns aos outros. O que se destaca como explicativo é, pois, uma vez mais, a uniformidade e o processo de homogeneização que engloba mais de 90% dos latino-americanos.

Essa mesma homogeneização em curso é notória em certos planos, como o linguístico e o cultural. Com efeito, as línguas faladas na América Latina e os respectivos complexos culturais são muito mais homogêneos que os existentes nas respectivas nações colonizadoras e talvez mais do que os de qualquer outra área do mundo, exceto a neobritânica.

De fato, o castelhano e o português falados nas Américas experimentaram menor número de variações regionais que nas nações de origem.

O castelhano, falado por centenas de milhões de pessoas na América Latina, apesar de cobrir uma extensíssima área, só varia regionalmente quanto ao sotaque, uma vez que sequer se derivou em algum dialeto; enquanto na Espanha continuam sendo faladas várias línguas mutuamente ininteligíveis. O mesmo ocorre em relação à língua portuguesa e à inglesa, ou seja: os espanhóis, portugueses e ingleses, que jamais conseguiram assimilar os bolsões linguístico-dialetais de seus reduzidos territórios, ao mudarem-se para as Américas, impuseram às suas colônias, imensamente maiores, uma uniformidade linguística quase absoluta e uma homogeneidade cultural igualmente notável.

Voltamos, assim, à uniformidade inicial. Pouco importa que ela não seja percebida com clareza em cada entidade nacional, inclusive porque cada nacionalidade é um esforço de ressaltar singularidades como mecanismos de autoglorificação e autoafirmação, que só têm sentido para aqueles que participam das mesmas lealdades étnicas. O certo é que nossa latino-americanidade, tão evidente para os que nos olham de fora e veem nossa identidade macroétnica essencial, só ainda não faz de nós um ente político autônomo, uma nação ou uma federação de estados nacionais latino-americanos. Mas não é impossível que a história venha a fazê-lo. A meta de Bolívar era opor aos Estados Unidos Setentrionais os Estados Unidos Meridionais. A Pátria Grande de Artigas, a Nuestra América de Martí apontam no mesmo rumo.

A que se deve esse poder unificador? O que explica a resistência à assimilação de ilhas linguístico-culturais, como o país basco, o galego e o catalão, ou ainda de regiões dialetais, como as portuguesas, em comparação com a flexibilidade de contigentes tão diferenciados como os que formaram os povos ibero-americanos?

A explicação está, talvez, nas características distintas do próprio processo de formação dos nossos povos, que são sua intencionalidade, sua prosperidade e sua violência. Aqui, a metrópole colonialista teve um projeto explícito e metas muito claras, atuando da forma mais despótica. Conseguiu, quase de imediato, subjugar a sociedade preexistente, paralisar a civilização original e converter a população em uma força de trabalho submissa.

Contribuiu também para a homogeneização a própria prosperidade do empreendimento colonial, seja na etapa do saque de riquezas secularmente acumuladas, seja nas variadas formas posteriores de apropriação da produção mercantil. Tanta riqueza permitiu montar uma vasta burocracia militar, governamental e eclesiástica, que passou a reger a vida social em cada detalhe. As empresas produtivas se implantaram segundo planos preciosos. As cidades surgiram plantadas por atos de vontade, com ruas traçadas segundo um padrão preestabelecido e com edificações também moduladas de acordo com traços prescritos.

As próprias categorias étnico-sociais que se vão formando têm também toda a sua vida regulamentada: estabelecem a que empregos poderiam aspirar, que roupas e até que tipo de joias poderiam exibir e com quem poderiam se casar. Toda essa ordenação artificial, intencional, teve em mira um objetivo supremo: defender e fazer prosperar a colônia para usufruto da metrópole. E um objetivo secundário, embora apresentado como o fundamental: criar um ilhote de ideologia católico-missionária.

As classes dominantes nativas, como gerentes daquele pacto colonial e desta reprodução cultural, jamais formaram o cume de uma sociedade autônoma. Eram apenas um estrato gerencial que custodiava e legitimava a colonização. Uma vez independentizadas suas sociedades, o caráter exógeno dessas classes dominantes, forjado no período colonial, e seus próprios interesses induziram-nas a continuar regendo suas nações como cônsules de outras metrópoles. Para isso instituíram uma ordenação socioeconômica e política adequada, com fundamento no latifúndio e no entreguismo, e apenas promoveram a criatividade cultural como uma representação local de tradições culturais alheias.

A intencionalidade do processo levou, por um lado, à busca de nacionalidade enquanto esforço por obter efeitos previstos através de ações eficazes. E por outro lado, à determinação de alcançar desígnios alheios às aspirações da massa da população conscrita como força de trabalho. Em nenhum momento, no curso do processo de colonização, esses contingentes envolvidos na produção constituem uma comunidade que exista para si, um povo com aspirações próprias que possa realizar como requisitos elementares de sua sobrevivência e prosperidade. Constituem, de fato, um combustível humano em forma de energia muscular, destinado a ser consumido para gerar lucros.

Pouco a pouco vai surgindo uma contradição irredutível entre o projeto do colonizador e seus sucessores e os interesses da comunidade humana resultante da colonização. Ou seja: entre os propósitos e os procedimentos da classe dominante-subordinada e a maioria da população, que ativava e ativa o empreendimento, primeiro colonial, depois nacional. Para essa população o desafio colocado ao longo dos séculos foi o de amadurecer como um povo para si, consciente de seus interesses, aspirante à coparticipação no comando de seu próprio destino. Dada a oposição classista, tratava-se de conquistar essas metas através da luta contra a classe dominante gerencial da velha ordenação social. Como acresce, aqui, às classes uma institucionalidade armada de poderes absolutos para perpetuar-se, a luta torna-se eminentemente política. Ainda hoje, esse é o desafio principal com que nos defrontamos todos nós latino-americanos.

Para afirmar nossa identidade e realizar nossas potencialidades só necessitamos nos livrar de nossas próprias classes dominantes, medíocres e infecundas, que fizeram de nós um proletariado externo do primeiro mundo, impiedosamente explorado. Quando sairmos da pobreza e da ignorância a que estivemos secularmente condenados, como produtores do que não consumimos para gerar prosperidades alheias, esplenderemos, afinal, como a civilização nova, criativa, solidária, alegre e feliz que havemos de ser.

# A Amazônia e seus povos

Uma das minhas maiores alegrias nos últimos anos foi ver generalizar-se a milhões de pessoas meu velho temor pelo destino da Amazônia. Felizmente, com o temor difundiu-se também um começo de esperança pela salvação do jardim da Terra. O fato é que a mídia, tão mercantilizada de nosso tempo, quase sempre incapaz de abraçar qualquer causa generosa, nesse caso se sensibilizou e mobilizou a opinião pública mundial para a defesa da floresta e dos povos da floresta.

A causa da Amazônia e a de seus índios e caboclos têm, para mim, um sabor biográfico. Vivi anos em aldeias indígenas na Amazônia e tenho o fundo da memória cheio de imagens do esplendor da floresta virgem, das singularidades da indianidade original e da tragédia dos povos da floresta.

A Amazônia é o maior ser vivente que jamais se viu. Uma enormidade de massa viva, nascendo e morrendo continuamente, nutrindo-se de ares, de águas e terra. Mas, sobretudo, de si mesma, numa autofagia em que se desfaz e refaz, enquanto se multiplica e se diversifica em miríades de vegetais e animais. De dia, aspira carbono e expira oxigênio. De noite, inverte o ciclo. Dia e noite, sua e exsuda, extrai da atmosfera o nitrogênio de que se nutre, numa interação contínua de seu folhame com o ar e com o sol.

Vista de cima, a mata é um arbóreo mar-oceano deitado no chão. Vista de dentro, é uma catedral, de milhões de colunas grossas e finas subindo da terra para o céu, fechando o horizonte. Olhando para o alto, ela é um pálio imenso de verdes frondes açoitadas pelo vento, tapando o céu. Sentida, lá de dentro, é um mundo sombrio, silente. Só de madrugada e ao anoitecer estruge, urra, canta, grita, chia, esturra, com as bocas e os bicos da bicharada, no pavor da noite que baixa, na alegria do dia que volta.

Onde a mata se deixa ver em grandes extensões, é um imensíssimo tapete de todos os tons de verde. Aqui e ali, salpicado de árvores amarelas, brancas, negras, azuis, rubras, escarlates, lilases, cinzentas. Um esplendor.

A Amazônia é, de fato, um mundo de águas plenas, variadíssimas. Há as transparentes, como espelho, são as de águas pretas. Há as turvas, pelo barro branco dissolvido. Há as acobreadas, as amareladas. Tamanho é seu agual, que a Amazônia contribui com um quinto das águas doces despejadas nos mares. Numa quadra do ano, a Amazônia é sobretudo chuva que chove semanas, dia e noite sem parar. Inunda toda a terra, engrossando igarapés que viram rios, exorbitam lagos e lagoas, num agual maior que muitos oceanos. Essa chuva imensa umedece tanto o ar que o mundo se converte numa espécie de aquário, por onde transitam gentes e bichos.

O mais extraordinário desse agual, quase sempre parado, em calmaria, é quando ele se eriça em águas revoltas com as ondas de maremoto das pororocas. Carrega, então, pedaços imensos da margem, formando ilhas flutuantes que navegam para o mar.

São as águas que regem a Amazônia. Descobri isso vivendo lá, dez anos, ao perceber que ela é, a um tempo, o Inferno Verde e o Paraíso Terrenal. Assim é, porque, depois da época das grandes chuvas, quando vem a cheia, o agual é tão imenso, que não se consegue pescar, nem caçar. Os índios com que eu convivia, dependem, nesse período, exclusivamente do parco produto de suas roças para comer. Emagrecem visivelmente. É o Inferno Verde. Ao contrário, na época das águas baixas, há peixe de se pegar com a mão. Frutas deliciosas, variadíssimas, em quantidade prodigiosa. Caça, também, há quanta se queira. É o Paraíso Terrenal. Tão prodigioso que chego a supor que, no futuro, uma das formas mais altas de turismo rico não será ir ver a Capela Sistina. Será tomar a namorada pela mão e entrar com ela na Floresta Amazônica, para viver um mês de vida de índio naquele jardim maravilhoso.

Mas a Amazônia não é uma, é mil. Sua característica maior talvez seja essa diversidade. Tanto a decorrente de sua adaptação ecológica a terras baixas e altas, frescas e secas, férteis e áridas, como a resultante da variedade infinita de espécies em que se desdobra. Supõe-se que somem mais de 2 milhões os artrópodes. Sessenta mil, só as plantas. Dois mil, as variedades de peixes conhecidos. Trezentos são os mamíferos. Ainda há os répteis, as aves e não sei quantos bichos mais.

## Os povos da floresta

Tal como a floresta, também variadíssima é a humanidade original da Amazônia. Seus povos indígenas se estruturavam em cerca de mil tribos, com população calculável de 2 a 3 milhões de pessoas, concentrada principalmente nas várzeas. Esses povos falavam mais de 500 línguas, classificadas em 20 troncos. Era uma Torre de Babel.

Ao longo de muitos milênios de ocupação da Amazônia, os povos indígenas acumularam um conhecimento minucioso da floresta e dos seres que ela abriga. Criaram diversas formas de adaptação humana, não destrutiva, através de formas avançadas de manejo que permitem enriquecer a floresta em lugar de degradá-la.

Com base nessa sabedoria indígena, combinada com alguma contribuição portuguesa e com um pouco do tempero africano, os caboclos gerados pela mestiçagem criaram um gênero de vida próprio, muito bem-adaptado à floresta. Moram em casas feitas de palha, dormem em redes, carregam suas cargas às costas em jamaxins trançados. Têm uma culinária genuína e primorosa, com uma variação de gostos extraordinária, que eles alcançam combinando e contrastando amargos, azedos, salgados e doces. Tenho, para mim, que será de festa o dia em que o mundo descobrir o gosto dos temperos amazônicos, como o tucupi e os seus 100 sorvetes feitos de frutas.

Ao contrário da indígena, a ocupação civilizada da Amazônia é essencialmente destrutiva. Principalmente quando derruba e queima extensões de centenas de milhares, até de 1 milhão de hectares, para converter a floresta em capinzais. Igualmente danosa é a queima de árvores da floresta para produzir o carvão, com fins energéticos, ou para a produção de ferro-gusa. Pior, talvez, é a poluição das águas pelo mercúrio usado nos garimpos de ouro; ele mata tudo.

A civilização europeia caiu sobre a Amazônia como uma peste a partir de 1600. Provocou, primeiro, imensa depopulação pela contaminação das doenças do homem branco, como a varíola, a caxumba, as doenças pulmonares, as cáries dentárias, antes desconhecidas. Hecatombe maior foi a provocada, depois, pela catequese, que aliciava índios, a ferro e fogo, concentrando-os nas missões, onde perdiam sua língua original e se destribalizavam, convertendo-se num povo de ninguéns.

Para os missionários, os índios eram uma massa de pagãos, que deviam ser salvos, destribalizando-os e reorganizando-os em sociedades pias. Para o colonizador, eles eram a mão de obra indispensável à sua própria prosperidade, porque lhes pareciam totalmente inúteis, enquanto não entrassem na produção de mercadorias.

A ação missionária de destribalização promovida principalmente pelos jesuítas, somada à mestiçagem, produziu um gênero humano novo: os caboclos. Eles falavam melhor o tupi – língua indígena adotada pelos missionários – que o português, e não tinham identidade própria, porque perderam a tribal, sem se inserirem em nenhuma comunidade humana que os aceitasse como membros.

Paralelamente ao drama dos povos indígenas atropelados e avassalados pela civilização, desenrolou-se e ainda prossegue uma tragédia humana de iguais dimensões. É a da população *cabocla* da Amazônia, gerada no mesmo processo civilizatório que dizimou os índios e os fez suceder ecologicamente no mesmo espaço pelos caboclos.

Ao longo de cinco séculos surgiu e se multiplicou uma vasta população de gentes destribalizadas, desculturadas e mestiçadas que é o fruto e a vítima principal da invasão europeia. Somam hoje mais de 3 milhões aqueles que conservam sua cultura adaptativa original de povos da floresta. Originaram-se principalmente das missões jesuíticas que, confinando índios tirados de diferentes tribos, inviabilizavam as suas culturas de origem e lhes impunham uma língua franca, o *tupi*, tomado dos primeiros grupos indígenas que eles catequizaram um século antes em regiões longínquas. Assim, uma língua indígena foi convertida pelos padres na língua da civilização, que passou a ser a fala da massa de catecúmenos. No curso de um processo de transfiguração étnica, eles se converteram em índios genéricos, sem língua nem cultura próprias, e sem identidade cultural específica. A eles se juntaram, mais tarde, grandes massas de mestiços, gestados por brancos em mulheres indígenas, que também não sendo índios nem chegando a serem europeus, e falando o tupi, se dissolveram na condição de caboclos.

A dupla função dessa massa cabocla foi a de mão de obra da exploração extrativista de drogas da mata exportadas para a Europa, que viabilizavam a pobre economia da região. Foi também instrumento de captura e de dizimação das populações indígenas autônomas, contra as quais desenvolveram uma agressividade igual ou pior que a dos europeus. Tão tremenda, porém, foi a opressão civilizatória que pesou sobre eles próprios, que acabaram por alçar-se numa guerra étnica, a Cabanagem (1835-40), a mais cruenta da história americana, que custou mais de 100 mil vidas dos caboclos nela envolvidos. Nessa luta, eles viveram a situação paradoxal de quem pode ganhar mil batalhas mas não pode perder nenhuma. Com efeito, venceram muitas vezes e tomaram as principais cidades da Amazônia, inclusive Belém e Manaus, mas acabaram dominados, sofrendo um terrível genocídio.

Sobre esses caboclos vencidos caíram depois duas ondas de violência. A primeira veio com a extraordinária valorização da borracha no mercado mundial que os recrutou e avassalou, lançando simultaneamente sobre eles gentes vindas de toda a parte para explorar a nova riqueza. Nessa instância, perderam sua língua própria, adotando o português, mas mantiveram a consciência de sua identidade diferenciada e o seu modo de vida de povo da floresta. A segunda onda ocorre em nossos dias com a nova invasão da Amazônia pela sociedade brasileira, em sua expansão sobre aquela fronteira florestal. Seu efeito maior tem sido o desalojamento dos caboclos das terras que ocupavam, expulsando mais da metade deles para a vida urbana famélica de Belém e Manaus. Os índios que sobreviveram já aprenderam a resistir ao avassalamento. Os caboclos, não.

## A devastação da Amazônia

Da segunda metade do século passado até 1913, o mundo rodou sobre pneus de borracha da Amazônia. O vale todo se dinamizou em progresso, as matas foram invadidas por uma massa enorme de gente, vinda principalmente do Nordeste árido. Pobre gente que se desgastou no aprendizado de uma forma brutal e infecunda de ocupação, ignorando toda a sabedoria indígena sobre o que a mata podia dar, só atenta para as árvores esparsas que davam látex, comendo conservas e enlatados, de fato morrendo de fome e de beribéri.

No curso da Segunda Guerra Mundial, quando os aliados perderam acesso aos seringais plantados do Oriente, os seringais nativos da Amazônia foram de novo postos em produção. Outras multidões de nordestinos foram lá lançadas para sofrer e morrer da mesma miséria. Mas também para exterminar as tribos indígenas que sobreviviam nos altos dos rios, agora alcançados pela civilização, que escravizava os homens, roubava mulheres e crianças e saqueava as roças. Nisso, como em tudo, a civilização para a Amazônia é sempre uma praga – quanto mais grassa, mais destrói e mata.

A Amazônia brasileira, cobrindo 40% do nosso território, tem mais de 3 milhões de quilômetros quadrados, mas só retém 8% da população brasileira, ou seja, uns 12 milhões de caboclos e novos imigrantes recém-chegados. Metade dessa população se encontra principalmente em Belém e Manaus. Os índios se reduziram a 5% do que eram e hoje mal alcançam 100 mil. Esses poucos índios e alguns contados caboclos que permanecem na mata guardam parte da copiosa sabedoria adaptativa dos povos da floresta amazônica. É com base nela que se poderá implantar, amanhã, formas ecologicamente equilibradas de ocupação humana que permitam, no futuro, àquelas populações viverem da floresta, deixando-a viver. A característica distintiva das formas indígenas de adaptação e a sua incompatibilidade com o modo de vida da civilização mercantil. A incompatibilidade essencial das formas empresariais de ocupação da Amazônia e sua incapacidade de conviver com a floresta sem matá-la.

São exemplos disso as explorações de minérios do Amapá, o grande projeto capitalista do rio Jari, e, ultimamente, o complexo de Carajás. Em cada um deles foram aplicados muitíssimos milhões de dólares, que deram lugar a comunidades misérrimas, que podiam estar em qualquer parte do planeta, desenraizadas que são da floresta e de suas formas ecologicamente sustentáveis de ocupação.

A ditadura militar, que dominou o Brasil por 20 anos a partir de 1964, com a obsessão de se opor à reforma agrária proposta pelo governo que derrubou, loteou a Amazônia em imensos fazendões de 100 mil, de 500 mil e de 1 milhão de hectares dados a grandes empresas subsidiadas para derrubar a mata e transformá-la em capinzais, ou no que quisessem. O outro assalto ditatorial foi cortar a Amazônia de leste a oeste em enormes e improvisadas estradas rodoviárias. Os fazendões resultaram num desastre porque a terra, desnuda e queimada, exposta ao sol e às chuvas, converteu-se num areal pedregoso, em desertificação. As estradas foram prontamente consumidas pela floresta.

Essa loucura ecológica teve o mérito inesperado de chamar a atenção do mundo, com as gigantescas queimadas que acenderam, para a destruição da Amazônia e para o impiedoso genocídio das populações indígenas dela decorrente. A opinião pública encontrou modos de manifestar seu horror àquela hecatombe, contribuindo decisivamente para que o governo brasileiro aplacasse o furor incendiário. Não é verdade que aquelas queimadas pusessem em risco a vida do planeta, porque elas contribuíam com menos de 5% do $CO^2$ lançado na atmosfera. Elas eram graves, porém, por estarem destruindo o mais belo e portentoso jardim do planeta Terra.

Mas que ninguém duvide dessa capacidade destrutiva. Nos primeiros séculos, o Brasil conseguiu liquidar com a Floresta Atlântica, que cobria mais de 8 mil quilômetros de extensão ao longo da costa. E nos primeiros 50 anos deste século, arrasou com a floresta mais pujante que se conheceu, a do Vale do Rio Doce. Essas destruições foram realizadas por pobre gente, que derrubava a mata com machados e queimava com fósforos, em troca do direito de plantar nelas milho e feijão por três anos, até que o fazendeiro-proprietário surgisse para semear capim. Hoje, com drogas desfolhantes, com serras mecânicas, com grandes tratores atados com correntes náuticas, as florestas podem ser tombadas com ferocidade 50 a 100 vezes maior. É, portanto, perfeitamente possível acabar com o mundo imenso de verdor que é a Floresta Amazônica.

Dentre as formas de desflorestamento e destruição que estão em marcha, se destacam as queimadas para produzir carvão vegetal, com que se possa fundir o ferro-gusa. Esse é um fato tanto mais lamentável, porque uma exploração sensata da Floresta Amazônica, inclusive para produzir biomassa energética, poderia coexistir com a floresta e ocupar muita gente. Isso se aprendêssemos a explorá-la, sem destruí-la, como fazem há séculos os escandinavos.

Outra catástrofe é o represamento de águas para hidrelétricas na Planície Amazônica. A mais desastrosa delas, Balbina, inundou 3 mil quilômetros quadrados de matas para produzir menos de 200 MW de energia, que se podia obter com 5% da madeira inundada e perdida, que somava 3 milhões de metros cúbicos.

Uma outra agressão à Amazônia é a garimpagem de ouro, que ocupa e miserabiliza, talvez, meio milhão de pessoas. O extrativismo começou em Serra Pelada, há duas décadas, e logo se fez a maior exploração manual a céu aberto que jamais se viu. Lá, mais de 100 mil garimpeiros produziam, anualmente, dez toneladas de ouro. Esgotado o mineral acessível, quando o buraco alcançou profundidade tal que se tornou impossível ir buscá-lo, lá, à mão, aquela multidão de garimpeiros se espalhou pelo Madeira, pelo Tapajós, indo até para Roraima, invadindo as terras dos Yanomami.

Esses índios constituem o último grupo silvícola que sobreviveu à brutalidade da expansão europeia. Eram, também, com seus 15 mil índios, o maior deles. Seu desgaste começou quando o presidente do próprio órgão de proteção aos índios do Brasil, a Funai, decidiu dar a cada um dos 14 subgrupos de Yanomami pequenas reservas, deixando toda a terra restante disponível para invasão por fazendeiros e garimpeiros. Estes entraram e rapidamente fizeram um arraso, tanto apodrecendo as águas com o mercúrio que utilizam no garimpo, como invadindo as aldeias, prostituindo as índias, roubando crianças e transmitindo as formas mais virulentas de malária e oncocercose.

O grave é que essas formas destrutivas de ação sobre a floresta são as que correspondem à economia da civilização. Ela não tem outra forma de lucrar com a mata, senão essa. Há, porém, formas outras, ecologicamente satisfatórias, de ocupação humana da Amazônia para os índios e para os caboclos. Essas nunca se puseram em prática, porque, no Brasil, índios e caboclos nunca tiveram e não têm direito a nada. Suas razões de fracos jamais foram ouvidas e há pouca esperança de que sejam.

Esse foi o caso do seringueiro Chico Mendes, assassinado porque queria enriquecer os seringais nativos com seringueiras plantadas para dar melhores condições de vida aos seringueiros. Outro era o plano dos seus assassinos, que ambicionavam aquelas terras dos velhos seringais do Acre tão só para usá-las na forma das empresas que o capitalismo amazonense e a civilização são capazes de criar, vale dizer, matando a mata para implantar grandes fazendas.

A maior ameaça que pesa sobre a Amazônia é que ela se oferece às crescentes populações brasileiras como uma fronteira aberta, sobre a qual tende a expandir-se. Isso significa que muitos milhões de pessoas, desalojadas pelo latifúndio e pelo minifúndio de suas regiões de origem, vão avançar

Amazônia adentro. Se lá entrarem, sem qualquer preparo prévio, sem qualquer plano cuidadosamente experimentado de vivificação da floresta, só terá futuro a obra destrutiva.

Ultimamente, viemos todos tomando consciência de que o mundo é um único ecossistema interativo. Nele, terras e mares, ilhas e continentes, florestas e desertos, com suas floras e faunas, se integram numa interdependência simbiótica em que todos e cada um dependem de todos e de cada um. Nesse complexo vital, a imensa Amazônia se destaca, assinaladamente, como pedaço grande e precioso de nosso nicho, o planeta Terra, berço de todos os homens.

Em consequência, gente de todas as latitudes passou a se interessar e a dar opiniões sobre a Amazônia. Primeiro, culpando o desflorestamento e as queimadas pelo efeito estufa, que está esquentando perigosamente a Terra. O que não é verdade. Alguns ousados chegam a propor tutela nos países amazônicos, como se alguma nação do mundo houvesse preservado a natureza original de suas províncias. Outros, mais sensatos, falam da necessidade de uma cooperação internacional para ajudar na preservação desse jardim da Terra.

Apesar de muito desgastada por cinco séculos de civilização, a Amazônia ainda detém cerca de 1,5 milhão de quilômetros quadrados de floresta original intocada, que constitui o maior núcleo planetário de biodiversidade. Nele se abriga a metade dos seres vivos, distribuídos em milhões de espécies, que representam uma terça parte do estoque genético com que conta a humanidade. Constitui, assim, um imenso banco de germoplasma, de que dependeremos, cada vez mais, daqui para o futuro, tanto para a produção de fármacos essenciais, como de alimentos, de madeiras e de muita coisa mais.

Não contamos com outra reserva de vida para refazer, amanhã, a vida, se ela sofrer qualquer ameaça fatal das que são previsíveis, como a atômica e o efeito estufa, ou das imprevisíveis, e até de muitas hoje impensáveis, que podem sobrevir. Instituições diversas estão medindo, há décadas, as dimensões da devastação da Amazônia. Uns falam de 8%, outros falam de 12% a faixa já destruída. Dentro das avaliações mais moderadas, porém, admitem que se esteja destruindo uma Itália de floresta por ano.

A capacidade destrutiva da tecnologia moderna, que cresce cada vez mais, pode e até tende a nos conduzir a esse desastre. A principal arma contra ele, a principal tábua de salvação com que contamos, é, nada mais nada menos, que a opinião pública mundial. Já desperta para o jardim da Terra, ela reclama, às vezes, com base em argumentos errôneos, mas suas reclamações tendem a repercutir no mundo dos ricos, indiferente às vozes do mundo dos pobres.

# A Suíça e a suicidade*

O primeiro europeu que penetrou nas selvas das nascentes do rio Xingu, no centro do Brasil, deparou-se ali, assombrado, com uma selvagem Liga das Nações. Selvagem, sem dúvida, porque era feita de povos indígenas, mas civilizadíssima. Isso se deu em 1884.[1]

Então e numa segunda expedição, aquele etnólogo conheceu dez povos indígenas que falavam línguas de troncos diferentes, absolutamente ininteligíveis umas às outras, guardando cada qual sua própria identidade tribal, orgulhosos dela, mas que viviam em paz uns com os outros.

Ao longo de séculos de convívio, haviam uniformizado largamente suas culturas. Moravam todos em grandes malocas, dispostas em círculo ao redor de um amplo pátio central de danças e lutas esportivas. Todos tinham sua águia cativa numa imensa gaiola de longas varas. Suas mulheres usavam, como roupa, minúsculos uluris de cinco centímetros quadrados cobrindo o sexo, que eram todavia uma vestimenta, porque se sentiriam desnudas sem ela e, sobretudo, porque nenhum homem pode sequer tocá-las sem o risco de que seque sua mão. Se alimentavam do produto de suas roças, principalmente mandioca, plantada na mata circunvizinha, e de peixes colhidos nos rios, em cujas margens viviam. Comiam também macacos e umas tantas aves, mas evitavam quase toda outra carne.

Cada grupo xinguano havia se especializado na produção de um artefato, que trocava com os outros. Assim é que todos usavam a mesma cerâmica, arcos e flechas iguais e também redes e colares idênticos, obtidos cada qual na tribo que melhor os fabricava. Realizavam, periodicamente, grandes encontros, em que gente de várias tribos se reunia na mesma aldeia

* A Suíça, comemorando seus 700 anos de vida, convidou, em 1992, dez intelectuais de diferentes continentes para dizerem aos suíços o que pensavam deles. Fui um dos convidados. Meu texto, ditado pelo coração, agradou aos suíços, que lhe deram destaque. Eu também gosto muito dele, pelo contraste gritante que faz entre aquela sociedade-problema e este problema de sociedade que somos nós.

1 STEINEN, Karl von den. Durch Zentral-Brasilien. Leipzig, 1886; e Unter den Naturvölkern Zentral-Brasiliens. Berlim, 1894.

para o culto de homenagem a um morto querido, mas principalmente para a troca de artefatos e para provas desportivas, em lutas corpo a corpo e de arremesso de lanças. Haviam de fato substituído a guerra pelo comércio e pela prática esportiva.

Visitando esses índios 70 anos depois, encontrei viva essa mesma inverossímil vida pacífica de povos que, apesar de todas as agressões que sofreram da civilização, mantêm atuante sua bela cultura coparticipada.

Esse conjunto admirável de povos é que me vem à mente quando penso na Suíça. Ela é também um conglomerado de gentes que, sem necessidade nenhuma de teorias do Estado, aprenderam a conviver uns com os outros, guardando suas próprias faces. Trata-se, nos dois casos, de *modus vivendi*. Um no nível tribal, outro avançadíssimo. Ambos mais pertencentes à civilização do futuro, que começa a emergir debaixo dos nossos olhos. Não correspondem visivelmente à nossa civilização, que só soube, até agora, lançar os povos uns contra os outros. Nesses conflitos, se desfizeram milhares de etnias e nacionalidades para compor, com o que restou delas, povos genéricos, que jamais souberam, eles também, viver em paz. Até agora.

A civilização emergente, apesar de invisível ainda aos nossos olhos, desenha já algumas das suas características distintivas. Uma delas, creio eu, é a capacidade de criar grandes quadros macronacionais, como a anunciada Confederação Europeia ou a Norte-Americana, unificando o destino de muitos povos anteriormente hostis uns aos outros.

Outra é o espaço que abre às microetnias e às nacionalidades oprimidas para assumirem sua própria identidade e lutarem pela autonomia no comando de si mesmas. Nunca tanta liberdade lhes foi dada. Nunca também eles foram tão radicalmente reivindicantes do seu ser e de sua independência.

Para essa nascente civilização nova tem importância crucial seja a experiência selvagem daquela pacífica coexistência tribal dos povos indígenas do Xingu, seja, principalmente, a prática suíça do convívio de seus povos, que falam quatro línguas e se exercem em três variantes da cultura ocidental num minúsculo território, cercado de poderosos vizinhos que afinal se aprestam para viver em paz.

Por toda a terra, o que se encontram são conglomerados de povos distintos, coexistindo debaixo de formas opressivas de convivência. Assim é que a humanidade se apresenta hoje, seja na Europa, seja na Rússia, seja no Magrebe, seja na África, seja na China, seja nas Índias, seja nas Américas.

Em toda parte, o panorama é quase sempre de Estados unitários dominando territórios pela imposição hegemônica de um componente diferenciado sobre todos os demais.

No após-guerra, especialmente nas últimas décadas, esses povos oprimidos, simultaneamente em todas as áreas, começaram a protestar por sua autonomia de forma mais veemente do que fizeram em qualquer tempo. O Estado burguês, que conseguiu ao longo dos séculos calar esses clamores de independência, vem se tornando cada vez mais impotente para contê-los.

Flamengos na Bélgica, quebequenses no Canadá, curdos na Turquia, maias na Guatemala, quéchuas no Peru, quicuios na África, gauleses na Inglaterra, letonianos na Rússia, assim como inumeráveis outros povos, encontrando modos de expressar sua rebeldia étnica, colocam em causa, como questão crucial, a reestruturação dos Estados unitários.

O contraste é gritante entre aquela tribalidade pacificada dos índios xinguanos ou a existência harmoniosa dos povos da Confederação Helvética e esses conglomerados conflitivos de povos. O mais assinalável, entretanto, é que essas situações conflitivas constituem o caso corrente, habitual. Enquanto a Suíça constituiu, até agora, a grande exceção.

## A lição suíça

O que é que nos ensina esse caso exemplar de convivência pacífica? Muito se poderá aprender com ele. Hoje, agora, já podemos ler em sua realidade alguns princípios reitores. O principal deles é o abandono de qualquer pretensão assimilacionista. Nenhum xinguano, nenhum suíço quer converter ninguém à sua fé ou absorvê-lo em sua própria etnia. Simplesmente cada um deles se assume, deixando aos demais a liberdade inteira de serem também eles mesmos, por mais diferentes que queiram ser.

Não existindo nenhuma pretensão hegemônica, nem qualquer ardil assimilacionista, cada componente se desarma frente aos outros, aceitando-os tal qual são. Acharão certamente que ao outro lhe falta alguma coisa essencial para que seja de fato uma boa gente, mas os acha perfeitamente suportáveis para competir civilizadamente por glórias e riquezas, ou selvagemente em jogos limpos de qualquer trama.

O caminho tomado pelos xinguanos é o inverso da rota evolutiva corrente. As sociedades evoluem guerreando umas contra as outras e acabando com a igualdade e solidariedade tribais, a fim de recrutar todos para o trabalho.

Obrigados pela escravidão ou pelo trabalho assalariado, uns quantos produzem mais do que consomem, a fim de que uns poucos vivam vida regalada. Os xinguanos, negando-se a entrar por essa rota, converteram o simples viver bem e tranquilo na finalidade da existência. Construíram, desse modo, uma pequena humanidade pelada, feliz e estável. Não fosse a invasão civilizatória, poderiam perpetuar-se assim por milênios, sem trabalhar no sentido de produzir mercadorias, só dedicados à singela alegria de viver e ao aperfeiçoamento de formas mais adequadas de cooperação e de adaptação às florestas e aos rios onde vivem, para tirar delas sua farta subsistência.

Os suíços não alcançaram essa perfeição de paraíso tropical. Nem poderiam, coitados, no seu país frigidíssimo. Mas se mantêm motivados para acordar cedo cada dia e, diariamente, enfrentar o duro trabalho rotineiro, suportando, servindo e até amando seus maridos e mulheres e gerando mais suíços, com uma parca vocação de felicidade que não tumultue demais a vida alheia.

Tudo decorre de um pacto celebrado há uns 700 anos, quando uns tipos raros, pais dos suíços de hoje, acertaram entre eles que só eles mesmos resolviam seus assuntos. Desde então, ninguém mete o bedelho nos problemas suíços. Eles erram e acertam sozinhos, falando uns com os outros e votando. Votam em plebiscito qualquer bobagem. Esse é o país do consenso.

A Suíça surge efetivamente do acordo de três cantões rurais de camponeses e artesãos, que se uniram contra os nobres e contra os curas. Estes só queriam as florestas – tão boas de derrubar abrindo espaço para cultivos e vacas – como coitos de caça. Os amotinados as queriam para aqueles usos, mas defendiam também o direito de livre trânsito e livre-comércio através dos seus caminhos alpinos, porque este já era então seu principal negócio.

Naquele pacto genérico de que nasceu a Suíça, já estavam as sementes que, desdobradas, deram a institucionalidade helvética de hoje, fundada em cinco princípios basilares: a rejeição de acatar ou impor hegemonias nas relações internas; a solidariedade integral defensiva frente a adversários externos; a liberdade de trânsito e de comércio dentro do culto da confiabilidade; a adoção das eleições plebiscitárias como forma de condução da vida pública; e a neutralidade nas contendas alheias, sem fanatismos que impeçam a colaboração internacional.

O grande orgulho nacional suíço é aquele pacto histórico de que ela surgiu, num ato de livre vontade cidadã. De fato, aquela união, conservada em bases territoriais, sem qualquer imposição de base étnica, linguística ou religiosa, serviu de fundamento para a reunião posterior e livre de outras comunidades, até formar o país de hoje.

A Suíça organiza-se, pois, com base num vínculo cívico que fazia cidadãos os residentes em certo território. O alcance extraordinário desse vínculo pode ser compreendido quando se examina, como contraste, a forma de estruturação de Israel, por exemplo. Não reconhecendo como cidadãos senão os circuncidados por seus próprios rabinos, Israel estruturou-se como um regime sacerdotal. Permaneceu, assim, atado à tribalidade, não alcançando, de fato, a estrutura de Estado – fundado no vínculo cívico-territorial. Em consequência, se condenou a oprimir seus conterrâneos palestinos que lá estavam há séculos. Vive, por isso, o paroxismo de seu enfrentamento irremissível com o mundo muçulmano num conflito em que Israel pode ganhar todas as batalhas, sem jamais ganhar a guerra. Não pode é perder nenhuma batalha.

O fundamento da Liga Xinguana e da Confederação Helvética é o cimento cívico-étnico que funde as maiores forças de vinculação de comunidades humanas. Ambas se viabilizam e se perpetuam precisamente porque realizam sua unidade a partir do respeito ao seu complexo multiétnico, preservando mas disciplinando os respectivos etnocentrismos, e da adoção da comunidade local e do território nacional como a base de definição da cidadania.

Estudando a sobrevivência de centenas de povos indígenas brasileiros, de qualquer outro ponto de vista inviáveis – alguns deles contavam com uma dezena apenas de pessoas –, verificamos que uma etnia só se destrói se se desfazem as famílias, impedindo a continuidade de sua identificação pela criação dos filhos dentro da tradição dos pais.

A mestiçagem, mesmo que muito acentuada, e a própria aculturação compulsória – inevitável quando esses grupos se veem cercados por um contexto civilizatório hostil –, nada disso liquida um grupo indígena.

Apesar de todos os infortúnios através de séculos, eles permanecem eles mesmos, mantendo sua identificação como povo único, diferente e oposto a todos os demais.

Tem havido pouca atenção para o vigor desse cimento étnico, em virtude da importância que assumiram as interpretações marxistas que tomam as lutas de classe como o único motor da história. Não é assim. As tensões interétnicas não só são mais antigas que as classistas, mas, em muitas circunstâncias, são mais poderosas. Que são mais antigas se verifica pelo fato de que, muito antes que a sociedade se estratificasse em classes, elas se dividiam em povos ou tribos de várias etnias que rarissimamente viveram em paz. São também mais poderosas porque o clamor nacional, muitas vezes, superou a fidelidade classista, como se viu nas guerras europeias. Em todas elas o proletariado jamais logrou se unir enquanto tal, supranacionalmente, para o combate às suas burguesias.

## Contrastes e confrontos

Só em 1847, depois de uma briga religiosa felizmente inconclusa, surge a Suíça moderna como um Estado plebiscitário, fundado na soberania coparticipada de um complexo multinacional que se fez um povo. A Constituição, promulgada então, foi o instrumento através do qual os cantões suíços abandonaram afinal quaisquer pretensões hegemônicas a fim de criarem coletivamente o espaço político institucional comum em que viveriam doravante seu destino. Desde então, cultuam o evento histórico de 1291 como sua certidão de batismo e a prova do seu gênio nacional conciliatório e também como a ficção de uma tradição sete-secular, que é o seu Mayflower.

Com toda a razão, aliás, uma vez que nenhum outro povo alcançou façanha que sequer longinquamente se compare à sua. Tão inverossímil que seria incrível e até impensável se a história não a tivesse gestado. Entretanto, como também os xinguanos o alcançaram, devemos convir que esse é um caminho viável, ainda que muito raro e até espantoso. Houve, para confirmá-lo, muitas tentativas outras, todas fracassadas. Algumas delas muitíssimo imponentes historicamente, como o velho Império Austro-Húngaro, a Iugoslávia de Tito, ou ainda a própria URSS. Todos igualmente Estados multinacionais, de vocação supranacional, aos quais sempre faltou um cimento capaz de soldá-los como nações federativas.

A Espanha, que nasceu também há cerca de 700 anos, tomou a via oposta de estruturação, organizando-se pela imposição hegemônica de um componente – o castelhano – sobre os demais. Ali, o que a história não fez, a ditadura de Franco quis fazer com total brutalidade, inclusive proibindo bascos e catalães de falarem sua língua. Com a redemocratização, a Espanha pretende estruturar-se como uma nação-de-nações, encontrando grandes dificuldades decorrentes do poderio castelhano assentado em Madri, que não abre mão do seu papel reitor, recusado tanto pela Catalunha, como pelo País Basco e pela Galícia.

O mais espantoso neste caso é o fracasso unificador e assimilador dos castelhanos, capazes da façanha admirável de fundir milhões de indígenas americanos com outros tantos milhões de negros caçados na África e, depois, com mais uns quantos milhões de europeus exportados como mão de obra excedente. Fez com eles uma das áreas culturais e linguísticas mais uniformes do mundo: aquela que constitui a base da futura Nação Latino-Americana com seus 500 milhões de habitantes.

No entanto, foi incapaz de deglutir e homogeneizar seus componentes domésticos. É certo que, na última década, esses iberos aprenderam a conviver melhor, abrindo mais espaço para cada componente étnico viver e se expressar. Criaram-se, até, parlamentos nacionais para os bascos, os catalães e os galegos. Mas Madri resguardou sua regência através da trampa de dividir os próprios castelhanos em outros tantos parlamentos regionais para manter sua hegemonia.

Esse foi, também, o caso da Inglaterra, capaz de criar nas Américas um imenso mundo neobritânico, linguístico e culturalmente homogêneo, e nacionalmente unificado, apesar da heterogeneidade de seus componentes, mas que nunca pôde assimilar os diversos núcleos étnicos das próprias Ilhas Britânicas. Lá estão amargando há séculos uma dominação insuportável, desde os gauleses até os irlandeses e os escoceses.

Casos exemplares são também os povos latino-americanos oriundos de altas civilizações – que eu classifico como Povos-Testemunho[2] –, como o México, a Guatemala, o Peru e a Bolívia. Apesar de ainda mais desbordantemente multiétnicos, eles se estruturam como Estados uninacionais. O grosso da população é formado por remanescentes das civilizações asteca, maia e incaica, falando as respectivas línguas, perseverando em sua identidade prístina. Mas todos eles oprimidos há meio milênio pelo invasor espanhol e pelos mestiços crioulos que o sucederam.

Efetivamente, a obra de Madri, que regeu nas Américas o maior processo que jamais se viu de transfiguração de povos para fazer deles uma nova e enorme cristandade castelhana, prossegue hoje é nas próprias capitais daquelas nações, onde os crioulos europeizados continuam a obra de ocidentalização e espanholização de seus povos.

Já não podendo atuar a ferro e fogo, com o poderio feroz da guerra de extermínio, da escravização compulsória, da contaminação com enfermidades virulentíssimas, têm muito menor eficácia unificadora. Mas prosseguem no mesmo intento. Inclusive com a indoutrinação indigenista, querendo persuadir aqueles povos oprimidos de que, sendo todos eles um povo só, devem abandonar suas idiossincrasias para vestir o couro dos crioulos mexicanos, guatemaltecos, peruanos ou bolivianos. Em vão.

Muito diferente é o que sucedeu nas outras áreas latino-americanas constituídas pela mestiçagem de indígenas silvícolas com negros africanos e europeus. Nela prevaleceu o extermínio da população original e sobreviveram muito poucos indígenas; estes mesmos vivendo quase sempre para além das fronteiras da civilização. Seu destino, qualquer que seja, já não afetará o destino nacional.

Eles deram tudo que podiam dar, como sua sabedoria milenar de adaptação aos trópicos, como sua experiência biológica transmitida nos ventres de inumeráveis mulheres apresadas. Guardam, porém, muito de uma sabedoria detalhada sobre a natureza e de um talento especial para o convívio humano, que é exatamente o que falta às sociedades nacionais que o sucederam ecologicamente. Sua sobrevivência é uma questão de honra e de dignidade dos

---

2 RIBEIRO, Darcy. *As Américas e a civilização*. Rio de Janeiro: Civilização Brasileira, 1970.

governos das nações em que eles estão, que até hoje não lhes asseguraram os requisitos mínimos de sua perpetuidade, que é o domínio de suas terras, rios e matas, e o simples direito de viverem do único modo que sabem viver, que é a tradição milenar da qual eles são frutos de ponta de rama.

Séculos de mestiçagem, de aculturação e de assimilação dos seus descendentes destribalizados, juntamente com milhões de negros desafricanizados e de brancos deseuropeizados, fizeram surgir desse amálgama, como flor e fruto da civilização, grandes massas humanas de línguas e culturas espantosamente uniformizadas, sem qualquer etnia diferenciada, reivindicante de autonomia. São os Povos Novos, sem passado glorioso a cultuar, em busca de sua própria identidade, vivendo o triste destino de proletariados externos do mercado internacional.

## Suicidade

Os espanhóis falam muito de *hispanidad*, como sentimento orgulhoso e até soberbo de ser espanhol. Tamanho, que me deixa a suspeita de que não seja tanto.

Pode-se falar nesse sentido, ainda que mais sutilmente, de suicidade? Os suíços dizem que não. Gostam de afirmar que não há o suíço como tal, mesmo porque a Suíça, como Suíça, não existe. O que há concretamente são suíços como diferentes combinações de gente que fala seu dialeto da língua materna tal, que reza na igreja de pendor tal, que vive ou é oriunda de certa comunidade dentro do cantão tal. Tudo muito precisamente definido.

Creio que não é bem assim. Ao contrário da empáfia do espanhol, essa modéstia disfarça o orgulho íntimo de ser suíço como o bem mais precioso de cada cidadão helvético. O certo – isso eu verifiquei bem – é que eles estão sempre dispostos a falar incansavelmente dos exotismos do seu país civilizadíssimo, guardando sempre um tom de falsa modéstia, mas explicando, em detalhes, a índole democrática de seu povo, o poderio efetivo dos governos locais autônomos, a beleza e a qualidade das vacas, dos queijos, dos chocolates e não sei o que mais.

Contrastam um pouco, é verdade, uns com os outros, os germano-suíços com os franco-suíços, com os ítalo-suíços ou com os romanche-

-suíços. Mas não tanto. Se não comparamos uns com os outros, mas eles todos com qualquer gente de qualquer parte, sua unidade essencial ressalta destacadamente.

Comprova essa asserção o fato de que há na Suíça todo um culto elaboradíssimo a que todos se dão com a unção mais devota. É nada mais, nada menos, que o patriotismo. Tipicamente suíço, esse patriotismo se desdobra regionalmente e até comunitariamente, fazendo de cada suíço o cidadão de sua vizinhança cantonal e, dentro dela, de sua pátria comunitária – a patriazinha.

Imenso é o esforço suíço para respeitar esses contextos locais, fazendo deles a voz cantante da nação. Para isso preservam um grau altíssimo de respeito e autonomia do cantão dentro do país, e da comunidade dentro do cantão.

O exemplo mais expressivo desse pendor eu encontrei num debate nacional sobre a legalidade de entronizar crucifixos nas salas de aula das escolas públicas, pleiteada por uma comunidade ítalo-suíça. Todo o país discutiu o tema acaloradamente enquanto ele saltava de instância em instância na Justiça. Afinal, a Suprema Corte decidiu, assegurando àquela comunidade, mas tão somente a ela, o direito de pôr Cristo em suas escolas.

O cantão não é concebido pelos suíços como uma repartição administrativa tal como um município que juntamente com os outros compõe a unidade nacional. Também é mais do que uma província federativa mergulhada e submersa dentro do poderio da nação. Diria que o cantão suíço é a naçãozinha, ciosa de sua autonomia milagrosamente viabilizada pelos suíços.

Até Napoleão, o centralizador, reconheceu isso, negando-se a desgarrar os cantões suíços e anexá-los aos países do contorno. Abrindo uma exceção, ele escreveu:

> Quanto mais estudo a geografia, a história e os hábitos do vosso país, mais me convenço de que ele não deve ser sujeitado a um governo e a leis uniformes. Deve haver diversidade de governo para países tão diversificados. O sistema federalista, que é contrário ao interesse dos grandes Estados, porque ele divide as suas forças, é muito favorável aos pequenos, porque ele lhes deixa todo o seu vigor natural. Zurique terá como defensores os zuri-

quenhos, Berna terá seus bernenses, os pequenos cantões terão os rapazes de Guilherme Tell.[3]

A principal peculiaridade da Suíça reside na façanha de viverem em paz alemães, ítalos, franceses e romanches, que são também católicos, protestantes ou judeus, sem que nenhum deles exerça qualquer pressão integrativa sobre os outros nem abra mão de suas próprias características.

Teme-se, é verdade, que os alemães, por serem muito mais numerosos dentro da Suíça e por terem tido ultimamente muito êxito lá fora, se ponham hegemônicos, com propensões a dar o tom dentro de casa ou a aderir a alguma germanidade que floresça pela Europa.

Efetivamente, os suíços enfrentam uma situação nova que gera alguma ansiedade. Antigamente, a cada 20 anos, uma guerra arrasava os outros europeus que tinham de recomeçar do zero, enquanto a Suíça se mantinha intacta graças à neutralidade. Lamentavelmente, há 40 anos não se guerreia. Em consequência se generalizou uma brilhante prosperidade de alemães, franceses e italianos.

A Suíça também prosperou visivelmente no após-guerra. Mas o sentimento dos suíços me lembra o daquelas antigas famílias brasileiras que retiveram seus latifúndios e até aumentaram sua gadaria, mas se sentem frustrados porque surgiram, ao seu lado, banqueiros e industriais muitíssimo mais ricos.

Outros motores há para uma certa insegurança dos suíços que, nos últimos anos, deram para falar de crise. Eu, olhando os números relativos a sua riqueza cada vez maior, comparando a Suíça com outros países, inclusive com os mais ricos, não via crise nenhuma. Estava até propenso a negá-la. Mas eles insistiam tanto nela que eu acabei tendo de reconhecer que se trata do sentimento nacional predominante.

Buscando afanosamente alguma causa explicativa desse sentimento, o que é que se encontra? Que decepções ou frustrações se registram na história recente da Suíça?

Como procurando sempre se acha, à força de procurar achei algumas. Em primeiro lugar, o fracasso dos relojoeiros suíços frente à indústria relo-

3 KREIS, Georg. *Le Siècle ou la Suisse Bougea.* Lausanne, s/d. p. 46.

joeira japonesa, que se fez presente de um momento a outro, oferecendo ao mercado mundial relógios melhores e mais baratos. Foi uma humilhação. Os relógios são o orgulho nacional, a prova da eficácia industrial, da precisão suíça, traço relevante do caráter nacional. Mas, evidentemente, os relógios não dão para tanto acabrunhamento.

Outra frustração com que me deparei foi a decepção dos suíços diante da política. Tudo decorreu de um episódio escandaloso em que se demonstrou que a eminente senhora Ministra da Justiça estava acobertando a seu marido banqueiro na lavagem dos sujos dólares da droga. A Suíça da Cruz Vermelha, enxovalhada pela contaminação do tráfico da droga, foi de fato uma humilhação. Tanto mais grave porque levava de roldão a desmoralização de outro orgulho helvético, que era a probidade de seus banqueiros.

Recentemente a coisa se agravou ainda mais porque o senhor Mitterand deu de regulamentar na França os procedimentos bancários de modo a impedir a lavagem de dólares – coisa que os suíços não puderam fazer. A coceira que hoje mais lhes coça é, provavelmente, a de um político iracundo que escreve incansavelmente, em tom apocalíptico, artigos e livros que todos leem escondido, mostrando como e por que a Suíça lava mais branco. Falo de Ziegler, que escreveu recentemente:

> A Suíça seguirá sendo durante muitos anos um centro de lavagem do dinheiro da morte. Tudo predispõe a isso: a ausência de uma lei que reprima de uma maneira eficaz essa atividade lucrativa, um segredo bancário hermético, a maior competência e a implantação multinacional de seus principais bancos de negócios, a debilidade extrema do Estado, o cinismo e a imoralidade de um grande número de seus banqueiros, que trabalham em um pequeno país desprovido de matérias-primas e que deve suportar em difíceis condições a concorrência dos grandes impérios bancários dos principais Estados ocidentais. Todas as técnicas de recebimento, camuflagem e reciclagem do dinheiro do crime organizado são utilizadas atualmente na Suíça – e em outras partes do mundo.[4]

4 ZIEGLER, Jean. *El País*, Madrid, 17 dez. 1990. p. 85.

Como se não bastasse, explodiu outro escândalo nacional quando os jornais denunciaram o governo de estar fichando todos os cidadãos suíços, bons e maus. Essa ideia de misturar gente boa e honesta com bandidos para descobrir algum safado, fantasiado de bom, horrorizou o país.

Mais ainda horrorizou a notícia de que, sem o governo saber de nada, certos grupos estavam organizando nada menos que um Exército Secreto com intenção de dar um golpe, de estilo latino-americano, se alguma ameaça subversiva surgisse, aos olhos deles, no horizonte da Suíça.

Pecados veniais, diria um brasileiro conformado com o despotismo ou habituado com a corrupção, a conivência e a impunidade. Mas não é assim para os suíços, que não se conformam com essas vergonhas dentro da família.

## Espantos e usuras

Um intelectual suíço, intérprete do gênio nacional, aponta como questão de fundo, atrás desse sentimento de crise, outra peculiaridade suíça que é seu perfeccionismo. Para ele, os suíços viveriam sempre insatisfeitos consigo mesmos para criarem e atiçarem a consciência crítica que lhes é indispensável para se superarem continuamente. Essa obsessão ao questionamento, à arguição de si próprios, bem como o gosto de esquadrinhar seus supostos defeitos ou de examinar por todos os lados as razões dos seus ocasionais fracassos seria, para ele, o principal patrimônio do povo suíço. Essa consciência desafiante, essas incitações à autossuperação é que impediriam que se concretize a ameaça sempre presente do país atrofiar-se pelo usufruto do que já tem num mundo que vai sempre à frente.

Pode até ser verdade, mas a mim me cansa, tanto, tamanho esforço virtuoso, que duvido. Preciso ver defeitos verdadeiros. E creio que encontrei um, no descaso dos suíços pela sorte dos outros povos. Procurei lá, cuidadosamente, evidências de motivações concretas não só para que o mundo próspero aperfeiçoe seus modos ricos e avançados de ser, mas para que se abram horizontes de mais vida e felicidade para todo o gentio humano. Não vi nada. A Suíça perfeita se esgota aperfeiçoando-se ainda mais.

Esse sentimento de um país feito e acabado me veio, pela primeira vez, quando visitei a Suíça nos idos de 1954. Passei, então, dois meses em Genebra, muito menos rica naquele tempo, mas, para mim, espantosamente linda.

Meu primeiro susto foi ver que era de um açougue a vitrina, que eu admirava toda noite de volta ao hotel, onde se exibia uma bela jarra de tulipas frescas. Caí de pasmo.

O segundo susto, que me curou da idiotice, ocorreu, também naquela época, quando um amigo me levou ao Jura. Vi lá, com meus olhos selvagens, todo um bosque de árvores quase idênticas, o que me espantou bastante. Meu espanto, porém, começou a virar zanga foi quando, andando ali, vi placas de alumínio postas nos troncos das árvores, com números indicativos de quando elas seriam abatidas e serradas. Foi espantoso. Era para mim a prova final, cabal, incontestável, de que eu estava num país feito, terminado, quase perfeito. Esse foi o meu maior horror.

O sentimento resultante foi de tolo orgulho por viver num país ainda por fazer. Eu, que vinha da Amazônia, com suas florestas variadíssimas; eu que lá havia pisado, meses antes, nas nascentes nunca mapeadas do rio Maracaçumé, vi ali um país terminal. Terminal eu não digo, agora, mas terminado. Tamanho é o primor que já se poderia aposentar todos os suíços, por dispensáveis.

Ainda naquela minha estada pude ver, admirado, como funciona a institucionalidade suíça para garantir a cada cidadão seus direitos inalienáveis. Um dia, almoçando com um diplomata, me vi no meio da maior encrenca de policiais que invadiram a casa, prenderam a empregada doméstica e a inquiriam.

Quem roubara os ricos francos suíços de meu amigo não fora sua esposa nem os filhos menores de cinco anos – diziam os policiais. Não! Fora a empregada italiana, apanhada em flagrante. Tinha, sobre os seios – belos seios, vi – resplandecentes aos raios ultravioleta, a nota de vinte francos que a polícia tinha posto na carteira dele.

Nenhuma dúvida quanto à ladra. A questão agora era saber quão ladra era. Ela dizia que roubara 920 francos. Ele havia falado, na polícia, de mais de 2 mil. Agora, queria desdizer-se para não ser ladro de ladra. A polícia não aceitava suas razões inverossímeis. Um suíço sabe perfeitamente quantos vinténs tem no bolso. Sem sombra de dúvida. Felizardos!

Essa percepção intuitiva do contraste entre a realidade suíça e a nossa, faz com que, buscando aproximações, sempre que vou a Genebra visite o Monumento a Calvino na universidade. É belíssimo! Mas creio que vou tantas vezes vê-lo é para recordar o pregador reformista em sua utopia brasileira. Com efeito, foi Calvino quem animou a primeira fundação do Rio de Janeiro, apoiando uma expedição de mais de 800 huguenotes e outros fiéis irredentos que aqui vieram ter, em 1555, para criar, intencionalmente, na enseada da Guanabara, uma civilização pia e angelical. Aqueles santos homens aqui chegando se viram logo cercados de belas índias despudoradamente nuas, que aceitaram transar com eles assim que se lavaram para tirar sua catinga nativa de brancos, terrivelmente aumentada na longa travessia marítima. Muitos, esquecidos de seus santos compromissos, entraram logo em pecados carnais e uns quantos tiveram que ser enforcados.

Mas quem acabou com a utopia genebrina foram os jesuítas, que queriam fazer a mesma coisa com meus pobres índios, só que debaixo do mando papal. Os jesuítas recrutaram quantos amigos índios puderam e os lançaram contra os índios amigos dos calvinistas na maior guerra Reforma Contrarreforma. Nela morreram mais de 10 mil índios, sem saber por que, e uns 20 brancos que demoraram a fugir. É de pensar no que seria aquela utopia calvinista. Uma Suíça tropical?

Só não é bom visitar o Monumento a Calvino aos domingos. Há muita igreja por ali e delas saem multidões de suíços, bêbados de Deus. Nos dias de semana eles têm outros ares, parecem gente prática, séria e cordial. Laboriosos que são, os suíços trabalham demais, fazendo desde imensas turbinas a reloginhos minúsculos. Contam, prazerosamente, pencas de dinheiro nos bancos e em casa. Fabricam computadores avançadíssimos e bonecões autômatos que falam, cantam e bailam. É um mundo tão bem ordenado que só lhe falta a felicidade plena. Oh! Se se pudesse livrar todos os suíços de todas as angústias! Este tipo de razão à Tocqueville me vem à mente quando penso na Suíça. Sobretudo sua antevisão paradoxal do que será o mundo do futuro:

> Vejo uma multidão inenarrável de homens, iguais e semelhantes, que giram sem descanso sobre si mesmos com o único fim de satisfazer os pequenos e

> vulgares prazeres com que enchem suas almas. Cada um deles vive à parte, alheio ao destino de todos os demais. Seus filhos e seus amigos íntimos constituem para ele toda a espécie humana. Enquanto concidadãos, está junto deles sem vê-los; toca-os sem os sentir; só existe em si e para si mesmo. Se lhe resta uma família, pode-se dizer que já não lhe resta uma pátria. Acima de todos eles eleva-se um poder imenso e tutelar que se encarrega, sozinho, de garantir seus prazeres e de velar por eles. Este poder é absoluto, minucioso, regular, previdente e sereno. Pareceria um poder paternal, se, como este, tivesse por objetivo preparar os homens para a idade viril; ao contrário, porém, busca apenas fixá-los irrevogavelmente na infância. Não lhe desgosta que os cidadãos gozem, sempre e quando só pensem em gozar. Trabalha com gosto para fazê-los felizes, mas quer ser o único agente, o único árbitro. Supre sua segurança, provê suas necessidades, facilita seus gozos, questiona seus assuntos importantes, dirige sua indústria, regula suas sucessões, divide sua herança. Ah, se pudesse livrá-los inteiramente do incômodo de pensar e da dor de viver![5]

Enfim, o maior risco que os suíços correm é alcançar o ideal de uma sociedade perfeitamente perfeita. Por ser assim, acho eu, é que o suíço precisa inventar motivações artificiais e incitações perfeccionistas a fim de manter vivo o impulso criativo e preservar sua própria posição relativa. Com efeito, que cabe a um suíço fazer? Tudo já está feito. Será por isso que tanto suíço feliz se suicida, de felicidade?

Me dói a cegueira dos suíços para o tamanho do espaço que se abre à sua frente, neste triste mundo, para fazimentos generosos e capazes de dar sentido humano e dignidade à existência da Suíça. O que mais me espanta é vê-los tão abúlicos e indiferentes.

Olhando não só para os suíços, mas também para todos os europeus prósperos, tentando entendê-los, me pasma ver que a única coisa que os comove hoje, aparentemente, é o movimento verde de alerta para a preservação dos seus jardins e dos jardins alheios. É certo que se inquietam também com a prodigiosa capacidade destrutiva de suas indústrias, que ameaçam apodrecer a paisagem suíça. Será essa a causa da Europa de hoje,

---

5 TOCQUEVILLE, Alexis de. *La democracia en América.* México, 1957. p. 13.

exausta de guerras mas também de utopias? O destino humano não os afeta mais, nem comove a ninguém.

Qualquer europeu, os suíços principalmente, pensa com toda a seriedade que seu país ajuda substancialmente aos povos pobres da Terra. Não fazem nenhuma ideia de que, para cada dólar que aplicam aqui, recebem de nós quatro ou cinco. Nem se apercebem de que o caráter do intercâmbio desigual que nos impõem nas relações comerciais é uma das causas da fome e do atraso dos nossos povos.

Mas os seus banqueiros, que sabem muito bem disso, fingem se consolar dizendo que de todos os lucros participam lautamente as nossas classes dominantes. É verdade! Elas é que convertem nossos povos em proletariados externos do mundo dos ricos. Nunca existimos para nós mesmos. Existimos desde sempre como empresas de gastar gente na produção do açúcar que adoça bocas europeias, do ouro que os enriquece, do café que os alenta. Ultimamente produzimos montanhas de soja para cevar seus porcos, reduzindo drasticamente a produção do feijão que era o principal alimento da nossa população.

Tudo isso é verdade e eu poderia arrolar muitas desgraças mais. Não é o caso, porém, já que meu tema hoje são os suíços. É sua teimosia em constatar que os exportadores de capital neste mundo somos nós, os povos pobres. Isso facilmente se comprova calculando o quanto, em todo o pós-guerra, nós mandamos para fora em bens e mercadorias e o que recebemos. Quem o fizer comprovará que demos aos povos ricos muitas vezes mais do que recebemos deles. O diabólico é que nesse esforço de enriquecê-los à custa de nossa pobreza e atraso, nos endividamos cada vez mais nas contas astuciosas dos seus banqueiros. Apesar de tudo isso, somos vistos como devedores incumpridos e irresponsáveis. É de chorar.

Esse egoísmo e avareza de usuários e essa fria indiferença não decorrerão de um envelhecimento precoce dos europeus, dos suíços inclusive?

## Crianças e velhos

Aos olhos de um brasileiro, o que ressalta na paisagem humana da Suíça é a maturidade da população. Não se veem crianças e as que se veem têm, elas também, a postura de adulto. Por que será?

Quando a idade média de um povo salta dos vinte e poucos para os cinquenta e tantos anos, o resultado é, por um lado, a inexistência de crianças, numa população já incapaz de refazer o seu montante. E, por outro lado, o ar triste da multidão tão bem nutrida que vi pelas ruas. Séria e triste.

Andando pela Suíça, com meus olhos de ver, à procura menos de beleza que de defeitos, deparei-me com alguns outros. O primeiro que feriu minha sensibilidade foi ver, ao par da falta de crianças, que há um certo desgosto suíço pela criançada. Pode não ser verdade, mas, vendo-os viver, tive a impressão de que gostam muito mais dos seus cachorros e gatos do que de suas crianças. Também não gostam demais dos jovens, me pareceu. Será assim?

Os jovens parecem ser vistos principalmente como um perigo virtual, para eles próprios e para a pátria. Assim como as crianças, não merecem carinho muito derramado demais. São animaizinhos em domesticação, passando pelas etapas piagetianas que os converterão, passo a passo, em bons suíços. Feliz é a cachorrada e a gataria, cuidadíssima, amada e acarinhada por todos.

Há todo um repertório de eventos, que parecem ter iniciado pelo ano de 1980, relativo a rebeliões juvenis, todas elas dissolvidas de bons ou de maus modos. No enquadramento da gente séria que é a Suíça não há lugar para alvoroços juvenis. A moçada que cuide de estudar e de preparar-se para cumprir, quando chegar sua vez, as altas responsabilidades da cidadania adulta. Até então, que se mantenha quieta, divertindo-se das formas previstas dentro da ordem suíça.

Há uma quantidade ponderável de drogados acabando-se no antiorgasmo da cocaína e da heroína. Eu os vi numa praça de Zurique, amontoados, senão abandonados, largados ao seu destino. Como os vi num tempo muito frio, e seriam uns 200, suponho que com tempo quente seriam dez vezes mais numerosos naquela praça. Haverá outras? Provavelmente receberão pronta ajuda desde que se disponham a voltar à seriedade da vida. Como não querem ou não podem: sua alma, sua palma. Podia ser até pior, é verdade, porque sempre há quem queira entregá-los à polícia. Deixá-los ali entregues a si mesmos, para muitos suíços, já é demasiada tolerância.

O panorama senil da população suíça é coisa nova. Até umas poucas gerações atrás eles tinham uma população juvenil. Suas mulheres habitualmente pariam dez e até mais filhos. Tantos que a Suíça, por um século, teve excedentes populacionais exportáveis porque sua economia era incapaz de ocupá-los. Desde a última guerra, porém, a Suíça vem se tornando importadora de mão de obra. Somam hoje mais de 1 milhão. Muitíssimos para uma população total de 7 milhões.

São principalmente homens sós, e isso já explica a tristeza onanística com que olham tantíssimas suíças lindas e inacessíveis. São tratados como se fossem transitórios, destinados a voltar logo logo para seus países. Não é assim. Eles se tornaram indispensáveis para pôr em funcionamento a máquina de produção e as máquinas do conforto de viver dos suíços.

Acresce a isso que pesa sobre seus parcos filhos – discriminados nas escolas suíças – a responsabilidade de manter a prosperidade econômica que permitirá pagar, amanhã, as aposentadorias dos suíços de hoje. Não há nenhum esforço assimilativo a respeito deles, nem seria de esperar num país de grupos étnicos tão fechados como a Suíça. Ninguém crê que eles possam ser suíços um dia. Se o forem, por alguma fatalidade do destino, serão nada parecidos com os suíços de agora. Creio que, se isso ocorrer, eles virão a constituir uma quinta divisão nacional, feita pela mescla de turcos, árabes e negros, falando alemão.

Procurei muito ver pobres na Suíça. Sabendo que eles não seriam exibidos aos turistas, esperava encontrá-los em guetos, favelas. Não vi nenhum. Será que funciona a regra de ouro da Suíça segundo a qual quem fracassa na vida pode retornar à vila originária de seus pais, para ali ter assistência enquanto precise? Não sei. Isso é parte da religião suíça. Pode até ser que funcione para os fracassados que reconheçam o seu fracasso e retornem contritos e tristes. Vil tristeza acha meu coração insaciável.

## Invejas e vexames

Depois de falar de tantos possíveis defeitos da Suíça e dos suíços, podíamos começar a relacionar as vantagens que eles levam sobre os outros povos.

A mais invejável delas, a meu ver, é a obsessão eleitoral dos suíços. Aquele conceito clássico segundo o qual o objetivo da política é o bem comum, que não pode ser mais do que a vontade geral, expressa em eleições, se concretiza de forma até exagerada na Suíça, onde sempre se está votando a nível nacional, cantonal, comunal. Vota-se a propósito de tudo, chamando a cidadania a participar de quaisquer decisões que possam afetar seu destino. Vota-se, por exemplo, a construção ou a reconstrução de uma escola ou de uma estação ferroviária. Vota-se o direito de voto das mulheres que, aliás, demorou muito a ser concedido porque metade dos homens tiveram que concordar previamente.

Votou-se recentemente nada menos do que a supressão do exército, que é um dos orgulhos nacionais. Os que querem acabar com o exército regular, demitindo de tenente a general, acham que para a defesa bastam os fuzis que todos têm em casa, sempre limpos e lubrificados.

Também queriam mostrar ao mundo que os exércitos – perigosos demais para ficarem sempre de prontidão, esperando uma guerra e torcendo por ela – são, entretanto, perfeitamente descartáveis. Não deu! Só 35% dos suíços estavam de acordo. Ainda não dá. Isso significa que qualquer dia teremos uma Suíça desarmada. O caso tem precedentes uma vez que as cidades suíças demoliram há mais de um século as suas fortificações.

Essas são grandes questões que merecem ser votadas por todos para não ficarem na mão dos políticos. Mas os suíços votam também muita ninharia e, às vezes, votam mal. Os cidadãos de Zurique, a maior cidade suíça e a mais rica, votaram recentemente se consentiam ou não que os seus jovens continuassem usando, para fins culturais e recreativos, um velho edifício público, abandonado, que eles haviam invadido. Votaram contra.

Outro traço simpático dos suíços é sua ojeriza a heróis, generais e líderes. Afirmam, peremptórios, que nunca tiveram nenhum. Gostam até de dizer que a legenda do herói mítico nacional, Guilherme Tell, foi escrita por um poeta alemão. No exagero desse igualismo ouvi até um suíço dizer que eles não tiveram nem grandes homens, desses que reduzem a Lilliput à escala da gente comum.

Não é assim. Zwingli antecedeu Lutero. Calvino, genebrino de adoção, fez escola. Nosso Rousseau, do bom selvagem e do eleitoralismo, era suíço de cepa. Na educação moderna, nos deram nomes como Pestalozzi, Claparède e Piaget. Nas artes, devemos a eles nada menos que Le Corbusier, Paul Klee, Hermann Hesse e muitíssimos outros. Paracelso era suíço e sua tradição perdura. Somam 18 os suíços laureados com o Prêmio Nobel. Recentemente, um suíço inventou a linguagem pascal da informática e outro o indispensável *mouse* do meu Macintosh.

Muitas outras façanhas, aparentemente menores, dos suíços podem ser citadas, ainda que seja só para nos matar de inveja. Confesso que me embasbaco com algumas coisas, tais como: os 50 mil quilômetros de ruas, de estradas de pedestres, que eles não só abriram mas mantêm primorosamente conservadas. Por elas suíços e turistas passeiam em todas as estações do ano, bebendo beleza branca e verde.

Inveja minha maior é do sistema educacional suíço, assentado nas comunidades locais que programam a educação, constroem e mantêm as escolas. E ainda produzem quantidade espantosa de livros didáticos, para que cada criança veja ali que não há melhor lugar para nascer, com orgulho de si mesmo, do que aquela comunidade. Todos os suíços, dos quatro aos catorze anos, têm seu lugar garantido nessa escola e a devoção de um professorado admirável. O Ensino Médio tem eficácia de reconhecimento internacional. Não é mesmo de matar a gente de inveja?

Façanha espantosa para mim é, também, o sistema ferroviário. Qualquer pessoa pode saber lá, nos imensos livros suíços, qual é o trem que sairá de cada estação às 12h45 do dia 1º de março de daqui a dois anos.

Embora já me canse de elogiar, devo registrar aqui a garra com que os suíços vêm enfrentando os grandes desafios do nosso tempo. Apesar de possuírem uma tradição puritana e calvinista de estruturação da família, a revolução da mulheridade, impulsionada pela pílula e pelo direito ao orgasmo, tem-se cumprido plenamente. A Suíça abriu espaço para permissividades impensáveis há uma geração e redefiniu profundamente a noção de pecado.

Não tanto que a moça suíça já não sofra os sentimentos de culpa herdados de sua avó puritana. Nem que não sinta que seu feminismo resulta às vezes num logro. A mulher urbana deixou a casa para o trabalho, largando os filhos ao carinho mecânico das creches e das escolas maternais. Os doces avós de antigamente foram convertidos em sogras insuportáveis. Mas já ninguém condena a mãe solteira, antes perseguida implacavelmente. Os pais, agora permissivos, deixam os jovens se divertirem pelos quartos da casa, sem necessidade de multiplicar motéis de *rendez-vous*.

Outra vitória diante dos desafios modernos se dá no enfrentamento do grande impostor cultural que é a televisão. Os suíços conseguiram organizá-la de forma a atuar com alto grau de responsabilidade moral e de preocupação educativa. Dadas as peculiaridades do país, fazem os alemães, mais numerosos e mais ricos, subsidiarem as televisões oficiais francesa e a italiana, para garantir certa igualdade.

Às vezes os suíços, insaciáveis, se queixam da demasia de violência e de erotismo que suas televisões mostram. Inocentes, não sabem o que dizem. Imagino o escândalo que provocaria lá, se vissem a heroína querida de crianças e adultos do Brasil, Xuxa, fazendo a meninada de sete anos entrar nos requebros mais eróticos, para dezenas de milhões de telespectadores encantados.

O que mais gostei de ver na televisão suíça foi a eficácia com que ela remete seus espectadores para outras áreas de criatividade cultural, como o cinema, o teatro, a música, as artes gráficas e plásticas. Aqui no Brasil, cada canal dopa seus telespectadores com três a quatro horas diárias de melodramas em telenovelas que não deixam tempo nem gosto para nada mais.

## Europeidades

Uma causa mais profunda e verdadeira explica o sobressalto suíço que conduz a essa consciência generalizada sobre a crise nacional. Trata-se de sua integração compulsória, quase fatal, na Comunidade Econômica Europeia. Não podendo fugir disso por nenhum subterfúgio, como sempre fugiram – negando-se até mesmo a se incorporarem às Nações Unidas – para preservar sua independência, autonomia e neutralidade, eles sofrem.

De fato, seus parceiros econômicos principais são os países europeus. Isolando-se deles, a Suíça fatalmente os faria retramar suas relações com outros parceiros. A integração é, portanto, inevitável. E nem parece tão inconveniente assim, mesmo porque é notória a capacidade suíça tanto para o financiamento, como para o desenvolvimento tecnológico, exigidos para se integrarem vantajosamente na Comunidade.

A integração só prejudicaria, na verdade, a agricultura que não é nada relevante na economia nacional. Os cultivos só se fazem, de fato, para atender ao ideal de autossuficiência, pois se não recebessem gordos subsídios não se poderiam manter. As belas vacas suíças, orgulho nacional, pela imagem, pelo bom leite e pelos queijos que dão, lhes saem mais caras que as prima-donas da ópera. Como sua função principal é compor a paisagem bucólica, tão do gosto dos turistas, os suíços hoteleiros poderão mantê-las sem desrespeitar as regras da Comunidade.

O temor que a Comunidade provoca nos suíços reside, talvez, no atentado que representa seu caráter peremptório. Suíço não gosta de cumprir obrigações ditadas a ele, nem de submeter-se a determinismos. Ocorre, porém, que a integração é realmente imperativa porque constitui a condição essencial de perpetuidade e da prosperidade da Suíça. Sem ela, nenhuma força ataria seus componentes, se houvesse melhores meios de obtê-la desfazendo os nós da suicidade.

Essa é a dor que mais dói nos peitos suíços. Dói tanto que eles até se entristecem com o progresso que avança furioso pelas suas fronteiras, que antigamente corriam no ermo. Com efeito, por todos os lados, as serranias e matas mais ínvias se tornaram de repente viáveis para a exploração econômica. Em consequência, o movimento natural suíço que era centrípeto, puxando todos para o núcleo central industrializado, começa a ser centrífugo, atirando os suíços para fora, e atraindo "estrangeiros" para dentro de suas fronteiras.

Algum temor virá também da inevitável predominância alemã na Europa do futuro. Aos olhos dos suíços, a Alemanha que fracassou nos seus intentos históricos de se impor ao mundo através das guerras, parece afinal às vésperas de realizar seu sonho de grandeza, pela imposição da hegemonia já não pelas armas mas pelo predomínio econômico.

A Suíça, recheada de alemães que se mantiveram sempre suíços, negando-se a integrar até à Alemanha hitlerista, teme agora pela fidelidade dos seus patrícios teutos. Eles, sobranceiros, não parecem nada propensos a se dessuiçarem. Mesmo porque a imagem clássica do suíço continua sendo a de um alemão protestante e reacionário. Mas sobretudo porque a forma melhor de ser alemão ainda é, e provavelmente será por muito tempo, a do suíço-alemão.

Sem nenhum pendor ideológico internacionalista, os suíços olham desconfiados para o cosmopolitismo que viceja a seu redor. É realmente inquietante uma vez que, precisamente quando mais se evidencia o fracasso do internacionalismo político-proletário que não foi alcançado pelos países socialistas, parece verossímil que ele venha a surgir debaixo do capitalismo na Comunidade Econômica Europeia. Quais seriam suas consequências, que desdobramentos pode ter? Os suíços sempre gostaram muito do internacionalismo mercantil, bem como do tecnológico e sobretudo do financeiro. Mas se desgostam com qualquer outro, exceto talvez algum socorro caritativo.

Mais grave que tudo é a ansiedade com que se perguntam: que é essa Europa, nação de nações, que vem surgindo? Será uma corporação mercantil confiável? Será uma Suiçona institucionalizada como uma comunidade multinacional igualitária? Ou será uma mera corporação bancária de sócios ricos e pobres, em que uma Alemanha, prodigiosamente rica, terá talvez um peso excessivo?

Enquanto potência, o que será essa Comunidade Econômica Europeia? Será um imperialismo de tipo colonial, como o que os Estados Unidos exercem sobre as Américas? Será um despotismo de tipo soviético? Ou será mesmo uma Suíça agigantada? Quão elástica será essa Europa supranacional?

Seu núcleo europeu-cêntrico é definível com precisão, mas há toda uma orla de ambiguidades. Aos gregos ninguém nega europeidade. São até os pais fundadores da Europa. Mas os turcos, serão eles também europeus? Se o são, muito mais do que eles o seriam os argelinos e os marroquinos do outro lado do Mediterrâneo. Será a CEE apenas um novo *Mare Nostrum* mediterrâneo? Ou se estenderá pela África europeizada? Por que não incorporar também a América Latina, núcleo maior da romanidade, mais europeia que muito europeu? Com quem vamos nos misturar? – se pergunta o suíço perplexo.

Chamada a integrar essa Comunidade ambígua, imprecisa, capaz de tomar caminhos imprevisíveis, a Suíça teme.

Encerrando esse ensaio ambicioso demais, assinalo que neste nosso mundo, tão imperfeito, há problemas bons e problemas ruins. Os problemas dos suíços, sem qualquer dúvida, são dos bons. Invejavelmente bons.

# Reconhecimentos

A visão da Suíça que dou aqui foi composta ao longo de muitos anos, em visitas espaçadas, ainda que lamentavelmente sempre breves. Atualizei--a numa visita de observação, guiada pela sabedoria e pela eficiência de Walter Keller e de sua equipe. Eles me fizeram andar, debaixo daquele frio medonho, correndo por diversas cidades suíças, onde uns quantos suíços sábios me deram nacos de sua sabedoria.

Entre eles, destaco, em Zurique, minha amiga Maya Nadig que sabe tudo de mulher e de mulheridade. E os senhores Otto Ceresa, especialista em política cultural, e Ballmer que sabe muito de dinheiro e de patriotismo crítico. Ali também jantei, gostosamente, com Bene Muller, cineasta de olhos abertos para as singularidades da Suíça e de coração aceso de amor pelas vacas helvéticas.

Em Bellinzona, comi um almoço de boa comida italiana com Dino Yauch, que me falou longamente da glória de ser ítalo-suíço.

Em Berna, conversei gratamente, na biblioteca, com Hans-Rudolf Dorig e sua equipe, e almocei muito bem com dr. Fink, que me deu uma boa ideia da Suíça vista desde altitudes federais. Passei a tarde com Pierre Crevoisier, falando de rádio.

Em Genebra, guiado por Henrique Leemann, visitei a televisão, onde conversei com Pierre Grand e com meu patrício Torquato Treichier. Ainda ali, me regalei num belo almoço com Jung Altwegg, que é a lucidez suíça encarnada.

Meu melhor festival de suicidade e uma das comidas mais gostosas foi a que tive com Georg Kreis, em Basileia, onde outra vez morri de inveja vendo, no Museu Etnográfico, as esplêndidas coleções de artefatos que têm e que conservam tão bem.

Qualquer leitor malicioso pode pensar que o que fiz mesmo, nesta minha visita à Suíça, foi comer boas comidas. É certo. Só alego que um povo se conhece também é comendo suas boias e bebendo seus cauins. Sobretudo se isso se faz na companhia de intelectuais nativos que assumam, de alguma forma, a suicidade.

# PLANOS E FAZIMENTOS

# O Memorial da América Latina

## Introdução

Estou ficando velho. Participei, em 1954, das comemorações do IV Centenário de São Paulo, ajudando Jaime Cortesão a montar a grande exposição de história luso-brasileira, imbecilmente desmontada depois, tornando inútil ou mal utilizado o grande espaço que Oscar Niemeyer criou para ela. Trinta e cinco anos mais tarde, ajudei a pensar o Memorial da América Latina.

Tenho muito orgulho da minha participação nessa obra: a programação de suas atividades. Gosto muitíssimo de ter feito esse trabalho, mas me desgosta – também muitíssimo – o temor de que ele possa virar um elefante branco, e nisso permaneça. Nada – ou quase nada – do que propus foi feito. O Memorial foi pensado como uma universidade aberta, cujos professores seriam os mais eminentes intelectuais da América Latina, e cujos alunos seriam os professores brasileiros, que nele veriam o debate crítico dos estados de suas especialidades.

Decidi, por isso, relatar aqui, olhando olho no olho os governadores – o de hoje e os que virão –, o que o Memorial precisa ser, para que São Paulo se constitua de fato como centro cultural e político da futura nação latino-americana.

Sou um homem de sorte. É verdade que levei algumas trombadas na vida, doídas. Mas não me queixo, o saldo é bom, frutífero, gozoso. Entre meus gozos maiores, conto as alegrias de colaborar com Oscar Niemeyer. Alguns de nossos trabalhos foram estes:

- A Universidade de Brasília, tão bela, tão generosa, tão ambiciosa e tão infeliz. Caiu sobre ela toda a mediocridade raivosa da ditadura militar, que lá ainda teima em resistir na arquitetura, maldizendo, envenenando, para disfarçar a própria infecundidade.
- O Sambódromo de minhas alegrias, sobretudo a de ajudar a fazer dele, além do Palácio do Carnaval, a maior Escola Primária de que se tem notícia. Com efeito, sabendo que o Carnaval só o ocu-

paria uma semana por ano, pedi a Oscar que me pusesse duzentas salas de aula debaixo das arquibancadas. Lá estão elas, cheias de crianças o ano inteiro: alegria pura.

- Os Centros Integrados de Educação Pública, nossos Cieps, ou Brizolões, que provocam tanta raiva na reação como contentamento no povo e alegria em nós. Eles são, talvez, o principal múltiplo que existe, isso porque 506 se levantaram e aí estão, sobre o chão do mundo. A alguns, só faltam uma caiação e amor à educação para entrarem em funcionamento.

Outro projeto oscárico que ajudei a criar, definindo os usos e as funções dos vários edifícios, é o Memorial da América Latina, uma de suas obras mais audaciosas, originais e refinadas.

## O Memorial

Criando o Memorial, o governador Orestes Quércia assumiu a postura histórica de JK, que na década de 1940 revolucionou a arquitetura ao chamar Oscar para fazer a Pampulha. Reiterou, também, o gesto dos paulistas que pediram a Oscar, em 1954, o projeto do Ibirapuera para comemorar o IV Centenário de São Paulo.

O Memorial é obra de envergadura ainda maior. É um conjunto arquitetônico só comparável a Brasília, por sua magnitude, e uma obra de arte só equiparável ao Santuário de Aleijadinho, em Congonhas. É, por tudo isso, objeto de peregrinação de quantos queiram lavar os olhos em beleza, esse ingrediente mágico, milagroso, tão indispensável ao gênero humano e que Oscar Niemeyer nos dá generosamente.

Há, é certo, a mediocridade babando ódio cada vez que se defronta com uma expressão veemente desta humana vontade de beleza. São os que teriam deixado o Aleijadinho morrer de fome, alegando que se pode rezar igualmente bem em capelas de tábua, ou que seu barroco era barroco demais. Pois bem, enquanto civilização, nós vivemos hoje é da glória escassa do que o Aleijadinho nos deixou como testemunho da criatividade brasileira.

O Memorial da América Latina é isso aí. Lá estará, para sempre, como a mais forte marca no tempo, da criatividade e da dignidade de nossa geração. Como conjunto arquitetônico, compreende cinco unidades maiores:

- O Salão de Atos, que é, a um tempo, o espaço mais solene de São Paulo, destinado a atos oficiais, e o mais popular, porque está aberto diariamente ao público. Especialmente às crianças, que ali, olhando o mural Tiradentes de Portinari e os painéis de Poty e Caribé, se orgulharão de sua ancestralidade índia, negra, ibérica, europeia e oriental e aprenderão a honrar aqueles que edificaram e libertaram a América Latina.
- O Centro Brasileiro de Estudos da América Latina, coração do Memorial, é seu órgão de comunicação com as entidades congêneres do Brasil e de toda a parte.
- A Biblioteca Latino-Americana, primeira biblioteca da América do Sul especializada em nossa temática, que ela cobrirá através de livros, filmes e discos.
- A Aula Magna, um auditório para 2 mil pessoas, destinado a eventos culturais, promoções musicais, congressos, consagrações, premiações e uma das mais belas criações de Oscar.
- O Pavilhão da Criatividade, uma exposição permanente da prodigiosa criatividade artesanal dos povos latino-americanos, especialmente daqueles que, no passado, foram altas civilizações, como os astecas, os maias e os incas.

Delineio a seguir o programa de ação que propus em 1988 para o Memorial. Temo mesmo que lá se esteja levando à ação outro plano diretor, que pode ser até melhor mas tem o defeito de ser inexplícito.

## Centro Brasileiro de Estudos da América Latina (Centro)

O Centro é o núcleo cultural do Memorial e seu instrumento de comunicação e intercâmbio com os órgãos congêneres do Brasil, do continente e do mundo.

Não contará com corpo acadêmico próprio, nem realizará estudos e pesquisas com equipes permanentes suas, para não correr o risco de fechar-se sobre si mesmo, como uma instituição a mais entre tantas. Funcionará, porém, como uma superuniversidade continental, cujo corpo docente é formado pelos especialistas mais competentes com que contamos e cujo alunado é o que, sucessivamente, irá ao Memorial para assistir a cursos e conferências.

O papel do Centro é acolher, apreciar, debater, documentar e difundir as melhores expressões da criatividade latino-americana no campo da Ciência, das Letras, das Artes e das Humanidades. É, também, o de fazer-se foco de uma consciência crítica latino-americana, cada vez mais lúcida e motivada, para aprofundar o conhecimento de nossa realidade e para as lutas de superação dos desafios com que se defrontam nossos povos, no esforço de realizar suas potencialidades.

Para alcançar esses objetivos, o Centro acionará todos os componentes do Memorial, visando, num esforço conjugado, promover uma ampla mobilização dos pensadores, dos escritores, dos artistas, dos cientistas, dos estudantes e de todas as pessoas de saber e de influência, a fim de dar expressão à identidade latino-americana e incentivar a criatividade cultural.

O Centro funcionará em estreita vinculação com a Biblioteca Latino-Americana, com o propósito de fazê-la atuar como um núcleo vivo de documentação que, a partir do livro, do filme, do disco e dos novos recursos da informática ponha à disposição do grande público e, particularmente, dos estudiosos a informação melhor e mais atualizada sobre o que se produz culturalmente na América Latina e sobre o que se produz em todo o mundo sobre a América Latina.

São atividades culturais específicas do Centro a valorização pública dos principais criadores de cultura da América Latina, pela premiação das obras que mais se destaquem; o patrocínio na elaboração de obras novas, através de bolsas de trabalho a seus criadores; o intercâmbio de jovens intelectuais latino-americanos, através de bolsas de viagem; bem como a realização de Seminários Latino-Americanos e Congressos Internacionais.

## Prêmio Estado de São Paulo

Com o objetivo de vincular o Estado de São Paulo com as mais altas expressões culturais da América Latina, o Centro outorgará anualmente o Prêmio Estado de São Paulo, no valor de 100 mil dólares, destinado a assinalar a mais destacada obra da vida inteira de um homem de cultura, latino-americano ou radicado na América Latina, nos campos das Ciências, das Letras, das Artes e das Humanidades.

A designação Ciências compreende Matemática, Física, Química, Biologia e Economia. A designação Letras compreende as criações nos domínios da Narrativa, da Poesia e do Teatro. A designação Humanidades compreende Filosofia, História, Sociologia, Antropologia, Direito e Educação. A designação Artes compreende a Música e as Artes Visuais.

Não há inscrição de candidatos nem indicação externa para os Prêmios Estado de São Paulo. As premiações se dão por indicação e escolha de Comissões de Premiação, uma para cada Prêmio, integradas por três especialistas nomeados pelo governador do Estado, ouvido o Conselho de Cultura do Memorial.

As Comissões de Premiação, nomeadas em maio, se reunirão quantas vezes decidam, para indicar, até o mês de outubro, o vencedor, único a ter seu nome divulgado. Os prêmios serão entregues pessoalmente ao vencedor, num ato solene, a 25 de janeiro, dia de São Paulo.

Comemorando a inauguração do Memorial, no ano de 1989, foram concedidos os quatro prêmios. Daí em diante, será um Prêmio anualmente. Os prêmios de 1989 não foram concedidos a brasileiros.

O Centro proporciona às Comissões de Premiação os serviços secretariais e toda a assistência mais que seja solicitada.

## Cátedras do Memorial da América Latina

O Centro outorga, anualmente, três Cátedras do Memorial, destinadas a proporcionar meios para que intelectuais maduros possam completar obras relevantes para São Paulo, para o Brasil ou para a América Latina. A Cátedra é uma bolsa de trabalho mensal, no valor de dois salários de professor titular de dedicação exclusiva das universidades estaduais paulistas, pelo prazo improrrogável de 12 meses.

Cada Cátedra será outorgada pela respectiva Comissão ao candidato, de qualquer nacionalidade e de qualquer condição, que apresente melhor plano de trabalho e que mais se recomende pela qualidade previsível da obra que se propõe escrever. A Cátedra poderá ser usufruída em qualquer local, para dar oportunidade ao candidato de fixar-se onde melhor possa realizar sua obra.

As Cátedras do Memorial serão concedidas por três Comissões de Seleção, a de São Paulo, a do Brasil e a da América Latina, de três membros cada uma, formadas por professores paulistas, nomeados anualmente pelo governador do Estado, ouvido o Conselho de Cultura do Memorial, e à sua decisão não caberá recurso.

As Comissões de Seleção serão nomeadas em abril e anunciarão os vencedores em setembro de cada ano, começando em janeiro o prazo de validade da bolsa, que será de 18 meses. O Centro proporcionará às Comissões os serviços secretariais e as facilidades que requisitem para o exercício de suas funções.

## Bolsas de viagem

O Centro outorgará, anualmente, as seguintes Bolsas de Viagem do Memorial, destinadas a facilitar o intercâmbio e a convivência entre jovens intelectuais brasileiros e latino-americanos:

- dez Bolsas de Viagem ao Brasil, para brasileiros, com ajuda de custo de 500 OTN[1] para viagem e mensalidade de 120 OTN[2], durante seis meses;
- dez Bolsas de Viagem para brasileiros na América hispânica e outras dez para hispano-americanos no Brasil, ambas com ajuda de viagem de 1.000 OTN e mensalidade de 250 OTN;
- o Centro concederá, também, Bolsas de Viagem a outros continentes, mediante patrocínio empresarial, com valores estabelecidos em cada caso, para brasileiros e hispano-americanos.

1 Obrigação do Tesouro Nacional (OTN): título público emitido pelo Tesouro Nacional entre 1986 e 1989. (N. E.)

2 Recordo que este texto é de 1988.

O Centro manterá uma Secretaria de Bolsas de Viagem, com o encargo de proceder à seleção e administrar o usufruto das mesmas.

## Seminários e congressos

A atividade principal programada para o Centro é a promoção de Seminários Mensais Temáticos de Balanço Crítico sobre os estudos, temas e problemas de maior alcance explicativo e de maior interesse para o desenvolvimento autônomo da América Latina. Cada Seminário Temático versará sobre um tema específico, que será objeto de um estudo crítico, elaborado por um especialista de notória competência, na forma de um balanço crítico do estado presente dos conhecimentos naquele campo.

O redator do estudo crítico presidirá o Seminário, do qual participarão cinco outros especialistas convidados pelo Centro, sendo três hispano-americanos e dois brasileiros, como membros ativos, e quantos ouvintes solicitarem assistir e forem autorizados a fazê-lo.

O autor do documento crítico fará jus a uma ajuda de custo equivalente a dois salários de professor titular de dedicação exclusiva das universidades estaduais paulistas e os demais participantes convidados farão jus à metade. Os participantes dos Seminários serão convidados a dar Conferências públicas sobre suas respectivas obras para o público acadêmico de São Paulo.

O Centro assegura aos participantes do Seminário as facilidades secretariais e a assistência necessária para a organização do seu trabalho.

O Centro organizará também Congressos Internacionais sobre temas de alcance continental, que encarnem os interesses dos povos latino-americanos, com o propósito de dar aos brasileiros e aos paulistas um papel ativo na promoção da solidariedade continental, de emprestar nitidez à nossa imagem e fortalecer nossa presença frente aos outros blocos continentais de povos.

O Centro, fiel aos ideais bolivarianos, tem como meta fundamental contribuir para criar a nação latino-americana, assentada no mercado comum regional e regida pelo Parlamento Latino-Americano.

## Biblioteca Latino-Americana

A Biblioteca Latino-Americana será a primeira biblioteca especializada em nossa área com que se contará em toda a América Latina. Atualmente, para se estudar nossa realidade e nossa cultura é necessário deslocar-se seja para Austin, no Texas, seja para Berlim, na Alemanha Ocidental.

O caráter pioneiro desta iniciativa e a necessidade de fazer dela uma Biblioteca realmente representativa é todo um desafio que está a exigir o máximo de atenção no seu planejamento e na sua implantação.

A primeira decisão que se tomou como diretriz geral para enfrentá-lo foi a de que ela não será uma Biblioteca só de livros. Incluirá também as novas formas de registro da comunicação cultural, tais como as gravações magnéticas de som e os recursos audiovisuais.

Somente dominando esses quatro campos e habilitando-se também para operar como centro moderno de documentação computadorizada, a Biblioteca Latino-Americana do Memorial poderá exercer plenamente as funções que lhe competem.

Como é óbvio, a cobertura de todos esses campos deverá fazer-se em cada um dos diferentes países da América Latina e também sobre a produção cultural de alta relevância que se realiza na Europa e na América do Norte.

A Bibla, no setor Livros, deverá contar com os seguintes elementos:

- a Sala de Leitura, que dará acesso direto a estudiosos para cerca de 5 mil obras selecionadas entre as mais interessantes e mais representativas dos vários campos do saber referentes à América Latina;
- o depósito da Bibla concentrará um acervo adicional inicial de cerca de 30 mil obras, consultáveis mediante pedido;
- um mostruário de jornais e revistas latino-americanos será oferecido para acesso direto ao público;
- teremos também algumas cabines destinadas a estudiosos que necessitem para seu trabalho contar com um conjunto de livros;
- um conjunto de estantes especiais destinadas a exposições de livros;
- o acervo bibliográfico da Bibla, que proverá esses diferentes serviços, compreenderá:

- uma coleção brasiliana básica de 10 mil volumes, formada sobretudo por revistas eruditas, coleções especiais e mais 5 mil obras escolhidas, cobrindo todos os campos do saber, especialmente os humanísticos;
- uma biblioteca mexicana, uma argentina, uma peruana e uma cubana, cada qual com cerca de 3 mil obras, às quais se acrescentarão, mais tarde, cerca de 6 mil obras, referentes aos outros países da América Latina, bem como outras 6 mil publicadas na Europa e nos Estados Unidos, mas tidas como indispensáveis para o conhecimento da América Latina;
- a aquisição dessas obras foi providenciada, tanto no Brasil como nos países mencionados, sempre a cargo de especialistas da mais alta competência. Cada um deles elaborou uma relação circunstanciada das obras que selecionou, dando de cada uma delas uma breve apreciação do conteúdo. Refiro-me a Enrique Florescano para o México, ao doutor Gregorio Weinberg para a Argentina, ao doutor Luis Guillermo Lumbrera para o Peru e à Casa das Américas para Cuba;
- providências preliminares estão sendo tomadas também para o planejamento e aquisição das coleções europeias, para o que se contará, provavelmente, com a cobertura da Comunidade Econômica Europeia. Contatos similares deverão ser feitos, ainda, com instituições norte-americanas, capacitadas a prestar o mesmo tipo de colaboração;
- a respeito da informação bibliográfica computadorizada, na forma de banco de dados, informações foram tomadas junto a especialistas que trabalham nesses setores na Biblioteca de Austin, no Texas, e na Biblioteca do Congresso, em Washington. O orçamento previsto para todos esses gastos já está fixado e em execução.

## Videoteca

No que concerne à cinematografia latino-americana, o projeto é oferecer ao grande público uma mostra do cinema de ficção e de documentário dos vários países da América Latina que, sem ser exaustivo, seja representativo.

A decisão preliminar tomada nessa matéria foi a de não trabalhar com filmes, mas com vídeos, pela facilidade de manuseio que eles oferecem e porque o nosso propósito real é dar ao grande público o acesso a uma rica coleção cinematográfica, tal como damos a uma rica coleção bibliográfica. Não se trata, portanto, de criar um instituto cinematográfico latino-americano, o que seria muito desejável, mas excede às ambições já enormes do Memorial.

Para o cumprimento de suas funções no campo do cinema, a Bibla disporá de 15 aparelhos de videocassete, montados em três grupos, funcionando de manhã até à noite e aos domingos e feriados inclusive, o que possibilitará atender a um público da ordem de 3 mil pessoas.

O acervo em videocassetes, que está sendo adquirido, deverá compreender:

- 300 fitas de cinema brasileiro;
- 200 fitas documentárias produzidas no Brasil;
- 200 fitas mexicanas;
- 200 argentinas;
- 100 cubanas e peruanas.

A essas coleções se acrescentará uma série dupla, de 200 películas cada, de filmes clássicos da cinematografia internacional: uma de filmes dublados, a outra de filmes falados na língua original. Essa coleção, que parece exorbitar da nossa área de responsabilidade, se fará para atender ao que o grande público espera de uma cinemateca e também para que a Bibla realize todas as suas potencialidades na educação cinematográfica da juventude paulista e no despertar de novas vocações criativas nessa área.

## Sonoteca

A Bibla integrará, também, uma Sonoteca, que contará inicialmente com 2 mil horas de gravações sonoras, em fitas magnéticas, metade delas concernentes ao Brasil e a outra metade oriunda de documentação musical dos outros países da região, tanto de música erudita, como popular e folclórica.

Para a guarda, a conservação e a utilização desse acervo musical, a Bibla contará com um depósito ajustado contra contaminações magnéticas e servido de um microcomputador, que dê acesso imediato e que permita a cópia em fita cassete de qualquer um dos milhares de fonogramas ali conservados.

O público da Sonoteca será atendido através de 30 cadeiras, destinadas à reprodução de música especificamente solicitada, e de 60 cadeiras, onde se fará um programa geral que se repetirá no curso do dia e à noite.

A Biblioteca Latino-Americana do Memorial, concebida e organizada nessas bases, está destinada a representar um papel de destaque na vida cultural paulista, brasileira e latino-americana. Entretanto, para ser assim, é indispensável que ela não pretenda jamais ser uma biblioteca genérica, aberta ao público geral. Na especificidade é que estará a sua força.

## O Pavilhão da Criatividade

A unidade mais visitada e mais dinâmica do Memorial é seu Pavilhão da Criatividade. Ele ocupa um edifício próprio e abriga as maiores coleções de arte artesanal jamais reunidas. Para concretizá-lo, realizei uma missão específica, juntamente com Maureen Bisilliat, ao México e à Guatemala que, depois, prosseguiu pelo Peru e Equador.

Nesses países, assistidos pelos principais intelectuais locais, conseguimos compor coleções de extraordinário valor artístico. Elas documentam a criatividade que sobrevive nas mãos e nas mentes dos povos americanos que foram altas civilizações. Sua beleza é tão vívida que se comunica de imediato a todo o público, fazendo do Pavilhão o Museu mais visitado de São Paulo.

Além das coleções permanentes sobreviventes das civilizações americanas, o Memorial mantém um salão de exposições temporárias no qual se sucedem as amostras da criatividade popular de todos os outros países da América Latina.

## O Parlamento Latino-Americano

É de assinalar, aqui, que o Memorial é a comprovação maior do amadurecimento cultural de São Paulo. Até sua edificação, a característica cultural mais remarcada dos paulistas era sua missão eurocêntrica. Ela é que se expressa nos seus extraordinários museus e na Bienal de Artes.

A implantação do Memorial correspondeu à identificação de São Paulo com seu contexto físico e cultural que é a América Latina. Tal se deu, talvez, porque a ditadura militar, exilando dezenas de milhares de brasileiros, lançou a maior parte deles nos países pan-americanos. Assim é que um número muito grande de famílias brasileiras teve sua atenção chamada para esses nossos vizinhos, com os quais temos 15 mil quilômetros de fronteira viva mas deserta, só ensejando a convivência em contados pontos. Em consequência, tanto nós como os países hispano-americanos, nos concebemos como ilhas, mais próximas da Europa e da África que do nosso contexto latino-americano.

O amadurecimento de São Paulo, pela assunção de sua identidade real, começa com o Memorial mas se consolida com a criação em seu seio do Parlamento Latino-Americano. Ele foi implantado num edifício estupendo de Oscar Niemeyer e entrou imediatamente em funcionamento como o motor da luta pela integração da América Latina. A implantação do Parlamento Europeu, em Bruxelas, há 40 anos, anunciou a criação da Comunidade Europeia de Nações, que só agora se consolida. O Parlamento Latino-Americano aponta para o futuro de São Paulo como capital econômica e cultural da futura nação latino-americana.

O fato de os paulistas terem rompido o isolamento gerado por sua postura eurocêntrica, encarnando sua condição de latino-americanos, possibilitou a realização do enorme esforço para se fazer sede do Parlamento Latino-Americano, que antes tinha uma sede rotativa. A causa fundamental desses fatos extraordinários reside no fato de que São Paulo é já a província mais rica e mais avançada tecnologicamente de toda a América Latina. É natural, portanto, que abrigue o Parlamento e, assim como o fez Bruxelas, se constitua num núcleo mais fecundo de consciência crítica e de combate pela realização dos ideais bolivarianos de unificação de nossa

América como pátria comum. Muito mais facilidades temos nós, por nossa unidade cultural, que contrasta com as grandes diferenças linguísticas, culturais e políticas entre as nações europeias que compõem a Comunidade.

## Galeria Mário de Andrade

O projeto arquitetônico de Oscar Niemeyer para o Memorial inclui uma unidade mais a ser identificada. Trata-se da Galeria Mário de Andrade, destinada a receber exposições relacionadas com o programa de conferências do grande anfiteatro do Memorial. É um componente indispensável do conjunto porque, frequentemente, o ciclo de conferências exige um desdobramento de seus temas através de exposições de objetos e de recursos audiovisuais.

A Galeria Mário de Andrade deveria comemorar o centenário de nascimento do maior dos paulistas. Não foi feita a tempo mas virá bem em qualquer tempo.

## Outras obras

São também indispensáveis ao pleno funcionamento do Memorial algumas obras complementares. Uma delas é o edifício complementar à Biblioteca, já projetado por Oscar Niemeyer, e que deve abrigar a Videoteca, a Sonoteca, parte das coleções permanentes, bem como os gabinetes de estudos individuais e de pequenos grupos. Esses serviços fundamentais deviam ser instalados no subsolo do edifício da Biblioteca, o que não foi possível fazer porque o lençol freático ali é muito baixo.

São pequenas obras de custo mínimo em relação ao investimento que o Memorial representou, mas necessárias e até inadiáveis.

# A Universidade do Terceiro Milênio

## Preâmbulo

Convidado pelo governador Leonel Brizola para dar forma à Universidade Estadual do Norte Fluminense (UENF), criada pela Constituição do estado do Rio de Janeiro, me vi, uma vez mais, diante do desafio de repensar criticamente a universidade para as circunstâncias do Brasil de hoje. Anos atrás, fiz o mesmo para a Universidade de Brasília e, depois, para a Universidade Nacional da Costa Rica e para a Universidade de Argel.

Criar uma nova universidade é um privilégio extraordinário, provavelmente o mais honroso e o mais gratificante para um trabalhador da educação. Mas é, também, o mais desafiante, tanto pela complexidade do tema, como pela tentação de, criando sobre o vazio, sair a propor utopias desvairadas. Nada se compara, porém, a essa extraordinária aventura. Ela envolve, por um lado, um balanço crítico rigoroso da experiência universitária mundial e local. Por outro, uma avaliação das tendências presentes de desenvolvimento da civilização, porque é no âmbito desta que a universidade opera, como seu instrumento superior de domínio e transmissão dos corpos do saber nos quais ela se funda.

Tenho alguma experiência no campo paralelo da reforma de universidades existentes. Nisso trabalhei, à frente de extraordinárias equipes acadêmicas, para a renovação da Universidade da República do Uruguai, para a Universidade Central da Venezuela e para o Sistema Universitário do Peru. Essa é uma tarefa muito mais árdua e difícil, porque cada universidade cristaliza um complexo de ações resultantes de sua história, que defende sua forma tradicional, rejeitando qualquer mudança que não reforce sua própria estrutura.

Sei bem, por todas essas experiências vividas, o que é um plano orientador de uma universidade. Seja um plano de reformas, seja um plano de criação de uma nova universidade, sua função é dar àquela universidade um espelho de si mesma, um corpo de metas que ela precisa ter em mente para não perder-se na disputa de poder e prestígio de seus corpos acadêmicos. Sua ausência condena a universidade a um crescimento ganglionar e desarticulado, como um produto residual do seu passado.

Dos planos que fiz, nenhum se cumpriu como fora pensado. Mas sua existência deu coerência e diretriz à vida universitária que prefigurou. O futuro, felizmente, é sempre imprevisível e surpreendente. Sendo assim, saúdo daqui a Universidade Estadual do Norte Fluminense, que há de ser, no mundo das coisas, tal como a história a fará. Desejando que dê ouvidos para as diretrizes que proponho e que faça suas as ambições generosas que lhe atribuo.

## Introdução

A universidade brasileira viveu três idades ao longo de sua breve história. Na primeira, meramente nominal, estava segmentada em faculdades autárquicas de Direito, Medicina e Engenharia, que se desconheciam umas às outras, mantendo o isolamento das antigas escolas. Algumas delas, graças ao antigo sistema de concurso de cátedra, alcançaram certo nível de excelência na formação de profissionais. Eram incapazes, porém, de alcançar o domínio das ciências, que nelas só entravam adjetivadas, profissionalizantes.

Vem, a seguir, a universidade filósofa, em que as grandes escolas autônomas continuam sua vida isolada, mas se enriquece o conjunto com a Faculdade de Filosofia, Ciências e Letras. Esta, embora criada com vocação integrativa, não conseguiu dar organicidade à universidade, constituiu-se apenas como uma nova faculdade. Permitiu, porém, algum progresso no domínio das ciências básicas. Fracassou feio foi na sua função verdadeira, jamais levada a sério, de formar e aperfeiçoar o professorado das escolas de nível médio. Melhorou substancialmente, todavia, a qualidade do professorado brasileiro.

A terceira idade corresponde à estruturação da Universidade de Brasília, com o seu sistema triplo de Institutos Centrais, Faculdades Profissionais e Órgãos Complementares. Os Institutos davam tanto cursos preparatórios para as faculdades como se dedicavam à pesquisa e ao ensino em nível de pós-graduação, cada qual no seu campo de saber. As Faculdades recebiam alunos no nível de terceira série, para lhes dar capacitação profissional através de práticas educativas. Os Órgãos Complementares cuidavam da Biblioteca Central e da Editora.

A UnB teve, aparentemente, um imenso êxito, porque seu sistema foi generalizado pela ditadura, através de decreto, para todo o país. Na realidade, isso constituiu um engodo. Enquanto, para nós, a constituição de verdadeiros Institutos Centrais, capazes de proporcionar programas de pós-graduação de nível internacional, representaria um esforço continuado de uma década para que eles amadurecessem, os criados em todas as universidades públicas, por decreto, se tornaram um mero simulacro. Apenas reuniram os professores de cada disciplina e os designaram como instituto disso ou daquilo.

A UnB, por sua vez, assaltada pela ditadura, perdeu todos os professores capazes de levar adiante seus propósitos. O pior é que, submetida à ditadura burocrática do Ministério da Educação e à sua mania de uniformidade e isonomia, se converteu numa universidade federal a mais, perdendo o caráter autônomo e experimental que a lei lhe dera. Desde então, a duras penas, tenta recuperar-se, para cumprir sua função de centro cultural e científico da nova capital, devotado ao domínio do saber moderno, colocando-o a serviço do diagnóstico das causas do atraso do Brasil e da busca de soluções para os nossos problemas.

Vistas, tal qual são hoje em dia, nossas universidades, públicas e privadas, não correspondem à concretização de um projeto próprio e lúcido de organização universitária. São, antes, o resultado residual de múltiplas decisões isoladas e anárquicas referentes a interesses corporativos ou particularistas.

Assim é que estamos desafiados, agora, a inventar e implantar as universidades da quarta idade, em que a pesquisa, o ensino e a experimentação se integrem no estudo dos temas e problemas mais relevantes para o desenvolvimento do Brasil. Os esforços mais bem-sucedidos para criar verdadeiras universidades entre nós se cristalizaram na Universidade de São Paulo, na Universidade de Campinas e, parcialmente, na Universidade Federal de São Carlos, que alcançaram nível de excelência em vários campos do saber e que realizam sérios programas de pós-graduação. O mesmo se pode dizer da Universidade Federal do Rio de Janeiro e de algumas universidades privadas, de alto padrão, como a Universidade Católica do Rio e a Metodista de Piracicaba. Igual destaque merece o Instituto Tecnológico da Aeronáutica de São José dos Campos. Todos contam com numerosos pesquisadores altamente competentes, que realizam um bom trabalho nos seus respectivos campos, principalmente no nível de pós-graduação.

O certo, porém, é que a maioria de nossas universidades jamais alcançou o nível de proficiência e de integração propriamente universitária a que têm direito de aspirar. Funcionam, de fato, como um conglomerado de escolas autárquicas, divididas em falsos departamentos, nos quais a burocracia fez perder o sentido dos desígnios acadêmicos e uma onda de assembleísmo lhes perturba todas as funções ao entregar o poder de constituição de órgãos de governo aos estudantes e funcionários.

O mais grave, porém, é que não foram as universidades que generalizaram o ensino superior no Brasil. Foram escolas isoladas, de caráter privado, organizadas com vistas aos lucros. A imensa maioria do alunado de terceiro nível do Brasil – na verdade, dois terços deles – se encontra nessas escolas, em que, de modo geral, o professor simula ensinar e o aluno finge aprender. Criou-se assim um conluio irresponsável, em que já não se exige frequência e, o que é mais grave, já não se reprova nos exames. Quebrou-se, desse modo, a estrutura fundamental dos sistemas de ensino e aprendizado, convertendo os diplomas em meros títulos honoríficos, que não correspondem a qualquer nível de saber e proficiência. Não faltam vagas para o ensino desse padrão, elas até sobram. A oferta de matrículas excede à procura, porque a própria juventude começa a desconfiar dessa forma de educação, que visivelmente não qualifica ninguém para nada.

É com base nessa compreensão do que é e do que deve ser a universidade que concebemos a Universidade Estadual do Norte Fluminense como uma *Universidade do Terceiro Milênio.* Vale dizer, uma instituição acadêmica plenamente consciente de que seus alunos já irão operar depois do ano 2000. No corpo da Civilização Emergente, cujas características mal podemos imaginar.

Um traço distintivo dessa Civilização é, entretanto, definível. É o de que seu humanismo não será apenas o cultivo das letras e da filosofia clássica. Será, isto sim, o novo humanismo fundado nas ciências básicas, nas tecnologias delas decorrentes e em novas questões sobre a vida e sobre o homem que elas estão suscitando.

Nossa *Universidade do Terceiro Milênio* não terá como paradigma a velha Oxford ou a vetusta Sorbonne, mas o Massachusetts Institute of Technology (MIT) e o California Institute of Technology (Caltech). Um e outro muito empenhados no cultivo das humanidades clássicas, mas voltados essencialmente para operar nas fronteiras do saber científico e tecnológico.

## O plano orientador

O imperativo básico que enfrentamos é o de definir a correspondência desejável entre a civilização emergente e a universidade necessária. Há pouca dúvida de que, mais do que em outros tempos, a linguagem da nova civilização é a da ciência e suas aplicações tecnológicas. Do seu domínio, no mais alto nível, do seu cultivo, de sua aplicação e de sua difusão, depende a sobrevivência de cada sociedade e nação. As que se atrasarem nesse campo correm o risco não só de se verem avassaladas, mas de desaparecerem. Nessas circunstâncias é que se impõe a uma nova universidade o objetivo primacial de alcançar o pleno e inteiro domínio das ciências e das tecnologias dela decorrentes, com uma clara noção de problemas que faça do saber um instrumento de diagnóstico das causas do atraso e um fator de aceleração da história.

O governador Leonel Brizola apoiou imediatamente nossa recusa à ideia de fazer da Universidade Estadual do Norte Fluminense apenas mais uma universidade regional, destinada a formar os tipos de profissionais de nível superior que o funcionamento da sociedade local requer. Se fosse esse o seu propósito não se teria que criar nada, uma vez que em Campos existe já uma dezena de cursos superiores, atendendo perto de 3 mil alunos, com ajuda de 300 professores, que cumprem razoavelmente – e, às vezes, até muito bem – essa função, como ocorre com o ensino médico e o odontológico. Se essa fosse a opção, bastaria instituir uma reitoria para propor o orçamento, realizar vestibulares e atos solenes de formatura.

O mais extraordinário na aventura de inventar e instituir a UENF é o apoio que ela recebeu da elite cultural de Campos e, inclusive, dos líderes das faculdades existentes. Em lugar dos ciúmes competitivos e dos interesses corporativos, o que surgiu e se impôs foi o espírito de colaboração, com base na compreensão profunda de que o melhor para Campos é criar-se ali uma verdadeira universidade moderna, capaz de funcionar como alavanca de desenvolvimento regional e nacional.

Uma universidade cuja ambição maior é dar ao Rio de Janeiro aquilo que, por exemplo, a Universidade de Campinas deu a São Paulo. Uma universidade moderna, que atualize o Brasil nos principais campos do saber e que aqui implante laboratórios e centros de pesquisa, nos quais as tecnologias mais avançadas possam ser praticadas fecundamente, ensinadas eficazmente e aplicadas utilmente. Uma *Universidade do Terceiro Milênio.*

Com efeito, poucos anos nos separaram do ano 2000. A maioria dos brasileiros estará viva no dia da passagem do segundo para o terceiro milênio, os alunos matriculados hoje nas universidades, nele é que trabalharão. Mas é de se perguntar se o Brasil de hoje, o povo brasileiro, a cultura brasileira e, inclusive, a cultura acadêmica cultivada nas universidades, estão prontos e maduros para esse trânsito. A Civilização Emergente, como já se disse, tem como marca distintiva a de que se fundará nas ciências básicas e nas práticas tecnológicas que estão se gestando em nossos dias. Seu domínio, cultivo e ensino são condições essenciais para que não nos atrasemos, uma vez mais, na história.

Esse é o principal desafio colocado para as universidades brasileiras. Notoriamente, a maior parte delas mal pode cumprir o papel das antigas universidades produtoras de profissionais. Poucas têm institutos trabalhando na fronteira do saber, com a mente posta na cultura científica da futura civilização. Mesmo estas operam com extrema dificuldade. Seja porque cultuam mais a pesquisa luminífera que a frutífera, desinteressadas pelas aplicações tecnológicas do saber. Seja porque pesam sobre elas a rotina acadêmica mediocrizante, o corporativismo estudantil e burocrático, os interesses setoriais e os direitos adquiridos, que opõem resistência a qualquer mudança.

Por conseguinte, não cabe reiterar na nova universidade os modelos de universidades que temos, mas partir para a experimentação, visando a criar um modelo novo. Nessas circunstâncias, nada seria mais recomendável e proveitoso do que acatar o desafio de criar no Estado do Rio de Janeiro uma Universidade do Terceiro Milênio, que vá se construindo a si mesma, passo a passo, com o propósito de dominar os campos do saber de maior interesse estratégico para o desenvolvimento social e cultural autônomo do Brasil.

## A Universidade e a região

A região norte-fluminense centrada na cidade de Campos constitui uma vasta área ecológica e econômica diferenciada e contrastante. É a principal bacia petrolífera do país. É uma velha zona açucareira, desafiada a renovar-se. É, ainda, uma importante vertente pecuária em decadência. Começa a ser uma agroindústria leiteira em franco progresso. Cada uma dessas atividades produtivas se assenta num corpo de saber de tradição oral e numa cultura letrada, com fortes componentes técnicos e científicos. Assim sendo, no mundo social e cultural do norte fluminense se integram antigas tradições, guardadas e expressas no convívio social por certas parcelas da população urbana e rural, com novas correntes de saber, fundadas nas ciências, nas artes e nas humanidades.

É nesse quadro que nasce a UENF, para fazer-se herdeira das tradições regionais do saber popular e erudito, mas comprometida a conquistar o que lá precisa florescer para que toda a região se integre na Civilização Emergente, fundada na ciência e na técnica. Sua missão é adornar-se, cultivar e ensinar a ciência e as tecnologias de ponta, que constituem o patrimônio cultural maior da humanidade, para colocá-las a serviço da modernização e do progresso econômico e social da região e do Brasil.

A Universidade Estadual do Norte Fluminense deverá dispersar-se por diversos munícipios da região. Assim é porque, já no seu ato de instituição, foi escrito o compromisso de implantar centros de ensino de engenharia na cidade de Itaperuna, de veterinária em Pádua e de ciências agrárias em Itaocara. É recomendável que também instale núcleos de estudo e de pesquisa de engenharia do petróleo e do gás na cidade vizinha de Macaé, onde se concentra a maior parte do pessoal de alta qualificação da Petrobras.

É de assinalar aqui que, sendo uma universidade múltipla, operando em vários *campi*, a UENF não tem porque isolar-se num *campus* fora da cidade, como se costuma fazer no Brasil. Todas aquelas cidades contam com edificações antigas e modernas, de alta qualidade, que com algumas reformas e complementações podem ser utilizadas pela Universidade. Sua utilização teria, além das conveniências econômicas de reduzir gastos de edificação, a vantagem superior de permitir que a Universidade atue como uma força de ativação social e de vitalização cultural da vida urbana da região.

Acresce, ainda, que a comunidade acadêmica de professores e alunos, integrada nas cidades da região, será mais urgida a tomar conhecimento de seus problemas e da necessidade de capacitar-se para desdobrar seus préstimos, pela exploração exaustiva de todas as possibilidades que tenha de atendimento aos reclamos sociais, econômicos e culturais daquelas comunidades.

## Bases físicas

Dentre as áreas que melhor se recomendam para a utilização da Universidade se destacam, na cidade de Campos, as instalações da Fundenor, já colocadas à nossa disposição para ali se implantar o primeiro Núcleo de Ciências Biológicas. Para o Núcleo de Experimentação Agrária conta-se com uma área de 50 hectares, pertencente ao antigo Colégio Agrícola, já cedida pela Secretaria Estadual de Educação. Através de convênios com a Embrapa e a Pesagro, outras áreas de experimentação agrícola se oferecerão à Universidade.

Em Itaperuna e em Itaocara, o Estado conta com fazendas agrícolas que podem ser parcialmente transferidas à Universidade, através de cessões de uso, que estão sendo estudadas com a Secretaria Estadual de Agricultura. A cidade de Campos tende a ser, porém, o principal núcleo da Universidade, dada sua função de metrópole regional. Contamos ali, para utilização imediata, com a Vila Maria, que a Universidade recebeu, através da prefeitura, por doação generosa da senhora Maria Queirós de Oliveira (Finazinha Queirós), que no seu testamento já a destinava a uso universitário.

Sendo essas instalações insuficientes para abrigar toda uma universidade, se construirá um conjunto de edifícios destinados aos laboratórios e aos centros de convivência dos professores e alunos, que se edificará à beira do rio Paraíba, em terrenos francamente urbanos, cedidos pela prefeitura de Campos. O projeto, de Oscar Niemeyer, nos dá a garantia de que será um grande conjunto arquitetônico, que constituirá, amanhã, o orgulho de Campos e da região. Tanto mais porque, na área em que ele se construirá, está programada a implantação de um horto florestal de árvores infrutíferas brasileiras, que funcionará como um banco de germoplasma. Nas ilhas que ficam defronte, através de cessão do estado do Rio de Janeiro, a UENF instalará seu *Brasilium Palmarum*, que reunirá amostras representativas de todas as palmeiras brasileiras. Do outro lado do rio, em cooperação com a Pesagro, se implantará um horto de frutíferos exógenos.

Assinale-se, ainda, que a UENF tem grande empenho para estabelecer um programa de cooperação com a cidade de Macaé e com a Petrobras para atender ao vivo interesse, de uma e outra, na implantação, ali, de um núcleo universitário devotado especialmente à pesquisa e ao ensino das tecnologias mais avançadas para a exploração e a utilização do petróleo e do gás.

## Compromissos essenciais

A ambição da UENF de implantar núcleos de pesquisa e de experimentação, tanto para o domínio do saber humano como para o desenvolvimento regional e nacional, deve alcançar-se a partir de duas fidelidades essenciais. Primeiro, a seriedade da própria pesquisa, que não deve nunca ser convertida numa simulação, como se todo docente devesse estar sempre pesquisando. A pesquisa científica e a humanística exigem cuidados de preparação científica, bem como recursos materiais de experimentação. Estes, sendo escassos, devem estar concentrados naqueles núcleos estrategicamente escolhidos como os mais fecundos.

A segunda fidelidade obrigatória da Universidade é aos padrões internacionais do saber que, como um empreendimento coletivo de toda comunidade científica mundial, tem níveis claramente mensuráveis que precisam ser alcançados e mantidos. A falsa pesquisa é pior do que pesquisa nenhuma.

Outro compromisso inarredável da UENF é com a liberdade docente, expressa em termos da independência dos professores e pesquisadores, da altivez dos alunos e do respeito a uns e outros pelas autoridades acadêmicas. Nela, ninguém jamais será premiado, nem punido, em razão de sua ideologia. Os valores maiores que cultua são a autenticidade e a profundidade do saber e a devoção ao Brasil. Seu objetivo essencial é dominar, cultivar, aplicar, difundir e fruir o patrimônio do saber e das artes, que confere espiritualidade à vida das comunidades humanas e as faz evoluir cultural e socialmente.

As atividades científicas dos laboratórios e dos centros culturais da Universidade devem ser programadas com agudo senso crítico a respeito de todas as ameaças de alienação. A UENF guardará, sempre, expresso compromisso com os problemas do Brasil e do Rio de Janeiro, cujos diagnósticos e soluções interessarão, vitalmente, a todos os corpos acadêmicos.

Ao lado das pesquisas científicas originais, a UENF deve dedicar-se à experimentação prática em campos cuidadosamente escolhidos. Nestes programas de experimentação é que os alunos se familiarizarão com a metodologia científica. Neles, também, surgem as oportunidades de treinamento para pessoal sem formação secundária, que pode ser treinado como mão de obra qualificada para as tarefas da agricultura e da indústria. Estes programas de aplicação do saber não devem ser um mero aproveitamento das oportunidades que oferecem em seus campos de experimentação, mas uma preocupação ativa de servir melhor à comunidade.

Uma área de experimentação a que a UENF dará absoluta prioridade será a da educação. Isso porque ela própria vem coroar o programa educacional do governador Leonel Brizola, que desencadeou verdadeira revolução educacional no Brasil. Ela nos proporcionou, pela primeira vez, com o Ciep, um modelo multiplicável de escola de 1º grau, em regime de tempo integral, especialmente adequado às condições de vida da maioria das crianças brasileiras que, hoje, se concentram na periferia das metrópoles. Ampliando essa preocupação com os problemas educacionais, o governo do Rio de Janeiro está implantando um conjunto de Ginásios Públicos que representará o mesmo papel de um novo padrão de escola para o nível médio.

Com a criação da UENF o Governo Leonel Brizola, movido pela mesma preocupação, se alça ao nível superior. Ao fazê-lo, solicita da nova Universidade que dê especial atenção às tarefas da educação pública, convertendo-se, ela própria, num centro dinâmico de renovação e modernização das linhas de formação e aperfeiçoamento do magistério brasileiro.

A UENF retoma, deste modo, outra ambição incumprida da Universidade de Brasília, que, iluminada pela sabedoria de Anísio Teixeira, começou a criar um novo modelo de Faculdade de Educação que forçasse nossas universidades a fazerem, pela educação primária e média, o que fazem já pela medicina e engenharia. Vale dizer, operar como um núcleo de pesquisa, de experimentação e de formação de toda sorte de trabalhadores da educação.

Já na edificação de seu *campus* a UENF incorporou um Ciep e um Ginásio Público como centros de experimentação pedagógica, através do treinamento em serviço, para a Faculdade de Educação. Renasce, assim, o célebre Ciem – Centro Integrado de Ensino Médio – da UnB, destruído pela estupidez da ditadura militar, e que constituiu a mais avançada escola média que tivemos e o melhor centro de formação de professores pela prática concreta da arte de ensinar.

## Desafios cruciais

Na estruturação da UENF se terá sempre em conta os três defeitos que achacam a educação brasileira. Primeiro, os riscos da burocratização, que tornam o professor irresponsável, porque está sob o domínio dos órgãos burocráticos. Esses, só atentos a regras administrativas, com a maior tranquilidade, esterilizam o ensino e liquidam com a pesquisa, só para atender a este ou àquele requisito regimental. Para evitar esses riscos é preciso separar nitidamente os órgãos acadêmicos dos órgãos burocráticos, mas estabelecendo uma interface permanente entre eles, que os obrigue a comunicar-se e a responsabilizar-se por suas ações.

Outro risco, extremamente perigoso, é o da quebra da hierarquização iniludível da universidade, que situa, em cima, os professores e, embaixo, os alunos, com responsabilidades diferentes e insubstituíveis. É indispensável manter uma clara noção de que, embora ouvidos os estudantes em suas reivindicações e reclamações, são os professores que conduzem a vida acadêmica e respondem por ela.

O assembleísmo, que conduziu ultimamente o alunado a ser o eleitorado decisivo na escolha de reitores e decanos, foi um dos maiores danos que ocorreu à universidade brasileira. Dano tanto maior para os estudantes, que acabaram por perder o respeito por sua própria casa, exigindo a liberdade de frequência às aulas e até mesmo a revogação dos exames, pela proibição de reprovar.

Se a universidade não tivesse importância maior para o país, isso seria de somenos. Ocorre, porém, que ela é a agência fundamental de renovação dos seus quadros eruditos e a formadora de seus corpos de cientistas. À medida que esses decaiam em qualidade, é a nação mesma que fica prejudicada, tornando-se incapaz de competir com outras nações por uma incapacidade inelutável, que é a má qualidade de seu pessoal de nível superior. Como se vê, nada mais grave que o democratismo de uma universidade insolvente, em que ninguém deve contas a ninguém sobre nada. Ele só serve para acobertar a preguiça e a irresponsabilidade.

Uma universidade só alcança êxito quando se organiza em equipes, conduzidas por lideranças intelectualmente respeitáveis, onde, sabendo que não são todos iguais, se instale uma convivência responsável entre os professores, a fim de tornar possível o estabelecimento de uma teia de expectativas recíprocas que permita a cada professor, segundo sua experiência, realizar o seu papel.

A departamentalização, tal qual foi implantada no Brasil, resultou, em grande parte, num igualitarismo destrutivo. Quando a propusemos, anos atrás, na estruturação da Universidade de Brasília, o que tínhamos em vista era superar o isolacionismo entre os professores responsáveis por matérias curriculares e, também, anular o peso do poderio catedrático, que guardava, ainda, ares do antigo sistema de lentes proprietários, estruturando tudo segundo sua vontade e, às vezes, segundo interesses subalternos próprios. O remédio está matando o doente, porque gerou uma situação de irresponsabilidade talvez tão grave quanto aquela que pretendeu corrigir.

O terceiro problema grave com que se defrontam nossas universidades é a adoção do sistema de créditos, que se fez de forma pouco inteligente. Quando o propusemos, em Brasília, nosso propósito era permitir aos alunos irem compondo seus próprios currículos dentro de um regime de universidade aberta e experimental, libertando-os, tanto quanto possível, da tirania do currículo mínimo federal. Na forma desinteligente com que ele se generalizou por todas as outras universidades, resultou numa forma tola de contabilidade de pontos, tornando impossível a convivência comum e interativa.

É de advertir, porém, que a volta do sistema serial pode ser ainda mais desastrosa. O que se impõe é definir o crédito como uma alternativa que permita ao estudante escolher que disciplina deseja fazer. Tudo isso dentro do elenco de matérias do currículo e sob orientação de um professor. O objetivo aí é que ele se construa a si próprio, utilizando tudo o que a universidade lhe pode oferecer. Esse sistema é tanto mais importante para os cursos extracurriculares, sobretudo para o sistema sequencial, que permite a qualquer pessoa frequentar cursos na universidade, os quais, estando relacionados uns com os outros, lhe permitam ter uma formação específica e merecer uma titulação respectiva. Só desse modo a universidade brasileira sairá do quadro estreito e medíocre das poucas dezenas de currículos oficiais com que trabalha, para oferecer centenas de linhas de ensino, tal como está exigindo a nossa sociedade.

Desafio não menor é o de superar outra debilidade grave de nossas universidades, que é o empreguismo. Ele chega a níveis escandalosos, onerando enormemente seu custeio. Tem ainda o efeito nocivo de submeter a universidade a um assembleísmo sindicalista que paralisa sua ação acadêmica e inverte a ordem hierárquica que deve prevalecer na universidade, fazendo com que reitores e decanos, dependentes do voto de funcionários, passem a ser servis a eles.

Todos esses problemas de governo da universidade decorrem da presença majoritária de imensos corpos de funcionários. Enquanto nas grandes universidades estrangeiras a relação funcionário/aluno é de 1:25, aqui chega, às vezes, a 1:4. Como não ver que essas nossas universidades estão sendo convertidas em pensionatos de servidores, admitidos por critérios clientelistas?

O somatório dessas deformações resulta na situação absurda de que nossas universidades, mantidas pelo pobre povo brasileiro, custem mais caro e tenham um retorno social infinitamente menor que as melhores universidades do mundo. No Canadá o custo aluno/ano é de US$ 4 mil, na Alemanha é de US$ 6 mil, em São Paulo é, também, de US$ 6 mil, enquanto nas universidades federais chega a US$ 8 mil. Não é ocasional o fato de que a nossa melhor universidade, que é a USP, seja menos onerosa aos cofres públicos que as federais e, também, que seja a que tenha a melhor proporção professor/aluno e funcionário/aluno.

## Currículos e programas

Toda formação universitária supõe, por um lado, um elenco de disciplinas básicas e de especialização e, por outro lado, um corpo de práticas do tirocínio profissional, uns e outros devidamente integrados no currículo. O perigo maior na construção do currículo é a mania enciclopedista de que tanto padecem os nossos currículos mínimos oficiais. Eles exigem mais do que pedem as principais universidades estrangeiras, com resultados ridiculamente menores. O currículo autossuficiente, pretensamente terminativo, para formar o profissional especializado, é uma ficção. Muitas matérias são substituíveis por outras, que se ofereçam como alternativas. O importante é que elas se refiram ao objeto geral do curso, fazendo com que o aluno domine o corpo conceitual da profissão a que vai se dedicar. É verdadeiro o exemplo clássico de que quem escreve uma dissertação em latim ou em grego pode realizar qualquer façanha intelectual. Mas é também verdade que as matérias do currículo de Direito não são intercambiáveis com as do currículo de Medicina.

A variação praticável dentro do currículo é a da oferta de matérias alternativas dentro daquele campo específico do saber, para permitir a cada estudante ir orientando, individualmente, sua formação até suas preferências e talentos e sua percepção do que o mercado de trabalho exigirá dele.

Outro risco nessa matéria é o facilitário de não exigir apurações regulares do rendimento dos cursos ministrados por cada professor e a apuração do aproveitamento efetivo pelos estudantes. A universidade é, essencialmente, um sistema de ensino e de exame, mutuamente ajustados e mensuráveis, que precisam ser avaliados.

Risco menor é o da exigência de frequência. Ele é tão altamente desejável, que os alunos devem estudar em regime de dedicação exclusiva e com perfeita noção de que estão investindo em si mesmos, de forma decisiva para seu próprio destino. Entretanto, a frequência pode ser dispensada, como no caso do ensino à distância, em que sua falta, se não compensada, pelo menos pode ser reduzida pela superoferta de informações, para que o aluno estude sozinho, e pela superexigência de exames periódicos, capazes de verificar se o aluno externo aprendeu efetivamente o que corresponde às matérias prescritas.

A acelerada inovação científica e tecnológica substitui, dia a dia, as explicações científicas dos fenômenos e as formas de ação tecnológica sobre a realidade. Os próprios quadros classificatórios clássicos das ciências foram todos ultrapassados. Já não há como separar a Física da Química e da Biologia e muito menos suas diversas aplicações. Tudo isso importa no comprometimento de se ensinar e treinar os alunos para operarem na fronteira do saber com aquelas teorias que ali, nesse momento, se aplicam, sem a ilusão de ter um corpo de explicações autossuficientes, que uma vez aprendido, permitirá compreender tudo. Outra consequência é a necessidade, cada vez maior, de tudo fazer com o espírito interdisciplinar, ou seja, trabalhar à base de temas e problemas concretos, combinando diferentes formas de enfocar o mesmo fenômeno, para alcançar dele uma compreensão mais completa.

A contribuição fundamental que um programa curricular deve dar aos estudantes é, primeiro, a de que aprenda a estudar e a tomar informações sobre seu campo; segundo, que se familiarize com a metodologia científica das pesquisas básicas e das pesquisas aplicadas, como o mecanismo através do qual o saber avança no seu campo. Não querendo fazer de todos eles cientistas, mas fazer com que alcancem aquela compreensão mínima que lhes permita inteirar-se das inovações que surjam na sua área de ação.

Uma universidade do terceiro milênio tem que preparar o aluno para esses novos tempos. E deve fazê-lo desde o início, desde o seu ingresso. Assim, será instituída de imediato uma nova forma de se avaliar o futuro aluno da UENF, através de um vestibular que aprecie tanto o conhecimento adquirido e consolidado ao longo do seu curso secundário, como a capacidade de resolver problemas novos a partir de dados desconhecidos anteriormente, quanto o potencial de aprendizagem do jovem universitário. É possível que o vestibular possa estar sempre aberto para os jovens que queiram estudar na UENF, evitando a competitividade exacerbada e acentuando o caráter de seleção dos mais capazes de aproveitar as facilidades, tais como bolsas de trabalho oferecidas pela Universidade.

Ao entrar na Universidade, o aluno saberá que seus melhores esforços serão dirigidos para tarefas que estimulem a sua criatividade, sua capacidade de trabalho intelectual e físico. Todo aluno, em qualquer campo, deverá entrar na UENF com a certeza de que seu trabalho se desenvolverá de forma integral, balanceando os aspectos teóricos e os práticos, com o sentimento de que sua formação profissional também será uma formação humana, e que seu trabalho intelectual se elevará com o trabalho manual.

Os melhores poderão capacitar-se para uma bolsa de estudos que lhes permita estudar, comprar livros e cobrir suas despesas mínimas. Em retorno, o aluno ficará responsável por determinadas tarefas de seu campo, tais como a limpeza de laboratórios, a manutenção de canteiros de experimentação agrícola, das bibliotecas etc. O aluno também poderá concorrer para bolsas de estudos de entidades estatais e privadas, retribuindo com atividades equivalentes.

## Professores e alunos

As matérias-primas de que se fazem universidades são professores e alunos que se correspondam em competência de ensinar e capacidade de aprender, bem como em criatividade e integridade pessoal. É igualmente crucial para uns e outros a dedicação à universidade, no caso dos professores, que têm de fazer dela a razão de sua vida e a base de sua obra; no caso dos alunos, o desafio de aproveitar ao máximo a extraordinária oportunidade que lhes é dada de investir em si mesmos.

Por tudo isso é que, na composição de seus corpos docente e discente, a UENF deverá levar em conta que ela tem que se ater, obrigatoriamente, aos requisitos específicos de uma instituição acadêmica de ensino e de pesquisa e à estrutura da sociedade que a detém e mantém. A sociedade, sendo desigualitária e conflitiva, reflete, invariavelmente, seus antagonismos básicos sobre suas instituições. É ilusório, por isso, o ideal ingênuo de uma universidade aberta a todos, que receba operários e lavradores em seus cursos, como o é, igualmente, o critério de dar preferência à prata da casa no recrutamento de professores. No caso dos alunos, em razão dos requisitos insubstituíveis de preparação escolar prévia para cursar com proveito o terceiro nível. No caso dos professores, pelo imperativo de ser fiel aos padrões internacionais do saber, correspondentes à civilização em que a universidade opera. Qualquer concessão demagógica nesses dois campos só pode conduzir à negação da própria universidade como instituição de ensino e de pesquisa do saber erudito da nova civilização.

É igualmente indispensável estar atento para outras ordens de considerações. Primeiro, na composição do alunado, para o risco de elitismo, que muitas vezes se esconde nas próprias provas de seleção do vestibular. Quase sempre elas só são capazes de medir o saber recentemente adquirido nos cursinhos, cegas que são, ou desatentas, para a capacidade de aprender, que é a qualidade mais preciosa de um estudante.

A UENF procurará adotar a prática mais recomendável quanto ao trabalho coletivo de grupos de estudantes, que juntos estudem, juntos pesquisem, juntos experimentem, observando-se mutuamente e aprendendo uns com os outros, sob a orientação de um professor atento.

Para isso a UENF criará grupos de 32 alunos, divididos em quatro subgrupos de oito, estimulando estes, tanto quanto possível, a cumprirem os seus cursos juntos, cooperando uns com os outros e admitindo que entre eles alguns se orientem mais para a pesquisa básica e, outros, mais para campos de aplicação. Essa é a experiência que nos vem da Alemanha, que conta com um sistema de ensino altamente eficaz em suas universidades.

Segundo, com respeito ao professorado, a maior atenção se exige na fixação de uma orientação clara, que combine tanto as exigências de formação em quarto nível como o imperativo de concurso público, no qual se selecionem os mais capazes.

As atividades dos alunos de graduação da UENF serão orientadas pelas Congregações de Carreira, reunidas em decanatos. Sua função principal é fixar e rever, periodicamente, os planos de estudo de cada carreira. Sua segunda função é coordenar o trabalho dos professores orientadores, que aprovam, semestralmente, o quadro de matérias em que seu orientando poderá matricular-se. Os orientadores serão sempre professores formados naqueles campos a que seu orientando queira dedicar-se.

A forma mais recomendável de organização da Universidade, para alcançar esses objetivos quanto ao magistério, é a estruturação da carreira docente, escalonando os títulos e os graus acadêmicos com os postos da atividade docente de uma forma prescrita. Nesse caso, o cargo inicial de instrutor deverá ser uma bolsa de estudos dada a quem está fazendo o mestrado e que terá três anos de prazo para completá-lo. Ao fim desse período, tendo ou não alcançado o título, perderá a bolsa, que será transferida a outro estudante. Do mesmo modo, a posição de assistente deverá ser reservada, exclusivamente, àqueles que estão fazendo doutorado e que terão um prazo prescrito de cinco anos, ao fim do qual, igualmente, devolverão a bolsa à Universidade, tendo ou não alcançado o título. As posições estáveis de professor I e professor II se alcançarão após o doutorado, mediante concurso público.

Os postos mais altos da carreira acadêmica na Universidade – chefes de laboratório e chefes de pesquisa – corresponderão aos orientadores dos programas de pós-graduação. Não serão alcançáveis por promoção, nem por concurso. Decorrerão de contrato, com plano e prazo prescrito de trabalho, de um professor brasileiro ou estrangeiro, para a realização de pesquisas específicas que ensejem a formação de novos pesquisadores.

A Universidade precisa contar, também, com a colaboração periódica de quantos pesquisadores e professores de alto nível, tanto do país quanto do exterior, possam participar de seus programas de docência e pesquisa, na qualidade de professores colaboradores e de professores visitantes, para ministrar cursos específicos, a fim de dar apoio aos programas correntes de ensino e de pesquisa.

Essa combinação de chefes de laboratório e chefes de pesquisa, com função de orientadores de pesquisa, de professores I e II do quadro, de bolsistas de mestrado e doutorado com funções docentes e de professores colaboradores e professores visitantes permitirá fugir do defeito maior do sistema brasileiro de recrutamento do pessoal docente. Este consiste em contratar professores para cada uma das matérias do *curriculum* oficial. Disso resulta a subutilização do seu pessoal docente, que só tem a obrigação de ensinar aquela matéria.

Efeito mais grave ainda é o de multiplicar desnecessariamente o pessoal docente, fazendo com que nossas universidades tenham muito mais professores que suas congêneres mais importantes do mundo, com rendimento muito menor, medido pelo número de profissionais que formam e, sobretudo, pela produtividade científica e intelectual infinitamente mais baixa. Efetivamente, nossa proporção professor/aluno é de 1:10, quando lá fora costuma ser de 1:15 ou 1:20. Há muitas explicações históricas e burocráticas para essa deformação, mas não há nenhuma justificação. O que pode salvar as universidades brasileiras desse entrave seriíssimo é rever as estruturas curriculares, desvincular o posto docente de uma disciplina específica do currículo, definir as funções e as obrigações docentes e orientar a renovação do magistério dentro de critérios mais responsáveis, mais rentáveis e menos onerosos.

Na UENF, precisamos manter também presente a clara consciência de que é o brasileiro pobre que, em sua penúria, sustenta a universidade. A primeira consequência dessa noção é que, num país de recursos escassos como o nosso, é criminoso todo o gasto supérfluo de bens. A devoção primeira que a UENF espera de seus corpos é o zelo por suas instalações, por seu patrimônio, inclusive pela utilização que se dá às disponibilidades de uso comum. Nada mais imoral existe do que a tendência, tantas vezes revelada no Brasil, de encarar o bem público como coisa sem dono, de ninguém, que se possa malgastar. O mau uso de materiais, ou seu gasto abusivo, é um furto que deve ser punido severamente, a começar pela expulsão da Universidade, seguida de processo criminal.

## Ensino e pesquisa

A vida acadêmica da UENF será regulada por planos trienais de desenvolvimento, que englobem as atividades de todos os seus órgãos, definindo objetivos a serem alcançados dentro desses prazos. O desejável é que, ao fim do primeiro programa trienal, seus laboratórios e centros de estudos sejam assinaláveis no plano nacional pela excelência alcançada na pesquisa e no ensino.

Para alcançar esses alvos, a UENF entrou em operação, desde o primeiro dia, no nível de graduação e de pós-graduação. Foi o que se fez na Universidade de Brasília, que só por isso alcançou, rapidamente, pelo menos por algum tempo, nível de excelência.

Cumpre agora à UENF assumir essas ambições nos campos a que se dedicar, sabendo bem que não pode ser uma pan-universidade, como ninguém pode. O saber desdobrou-se e se esgalhou tanto que o seu completo domínio é inatingível. Não pode, também, ser uma mera universidade local, formadora de quadros profissionais do tipo comum. O pleno desenvolvimento regional e nacional exige que se aproveite esta oportunidade de criação de uma nova universidade para fazer dela não um mero conglomerado de escolas de nível superior, mas aquele tipo de universidade que corresponda às exigências da modernização e desenvolvimento do Brasil.

Dois imperativos se impõem para que a UENF, como uma universidade do terceiro milênio, possa cumprir seu papel. Primeiro, o domínio instrumental dos campos gerais do conhecimento, como a matemática e a informática, as ciências físico-químicas, a geologia, as ciências biológicas e as ciências humanas, a educação e a comunicação, as letras e as artes, para compor com eles uma comunidade acadêmica de alta erudição e uma estrutura escolar capacitada a operar efetivamente como centro de ensino e de difusão do saber.

O segundo imperativo, tantas vezes assinalado neste texto, é o domínio no mais alto nível dos campos específicos do saber de que a UENF se fará um centro de pesquisa e de experimentações, com aspiração de constituir rapidamente um núcleo de excelência, assim reconhecido nacional e internacionalmente.

Tudo isso importa em dar o máximo de atenção à atividade docente, proporcionando aos professores oportunidade permanente de aperfeiçoamento e acesso a todo o instrumental moderno de ensino. Nosso objetivo é proporcionar um aprendizado crítico, flexível, profundo, moderno, durável, melhorável, individualizável e aplicável. Esse corpo de qualidades é alcançável. Já o era por muitos professores extremamente talentosos que alcançam o amor e a admiração de gerações de seus alunos por lhes dar esse tipo de ensino.

Hoje, é muito mais praticável, graças à revolução milagrosa – a maior da história da educação – que se está processando no ensino pela criação da informática, da teledifusão, da multimídia e dos satélites. Ela começa a chegar a todas as escolas, levando-lhes a mais refinada metodologia de ensino. É missão da UENF atuar intensamente nesse campo, para trazer ao Brasil a revolução educacional, tanto através dos seus próprios cursos, nos quais o uso da nova tecnologia se fará largamente, como através dos programas a distância, da Faculdade de Educação.

É uma falácia a afirmação de que todo professor deve ser um pesquisador. A maioria deles se dedica é à docência, que tem méritos em si mesma que precisam ser reconhecidos e valorizados pela insubstituível eficácia na função de ensino junto aos alunos.

Os Laboratórios de Pesquisa e os Centros de Experimentação da UENF, a cargo de professores altamente especializados, se devotarão a programas bem definidos, em nível de graduação e de pós-graduação, nas áreas do saber cujo domínio seja mais importante para a região e para o país.

Esse é o caso da exploração petrolífera e a indústria do petróleo e do gás, bem como o cultivo da cana e a produção de açúcar e, ainda, a indústria pesqueira e o reflorestamento. Cada uma dessas áreas está a desafiar a UENF para o domínio de corpos específicos do saber e de tecnologias produtivas bem definidas, que se têm desenvolvido extraordinariamente nas últimas décadas, em outras partes do país e do mundo, mas que fazem uma falta evidente na região.

Na estruturação de sua rede curricular, a UENF fugirá da tendência brasileira de organizar tubularmente o ensino para que ele corresponda precisamente às linhas dos currículos mínimos fixados pelo Conselho Federal de Educação. Essa tendência só oferece umas poucas dezenas de cursos superiores, visivelmente insuficientes, já que uma sociedade moderna funciona é com base em centenas de tipos de especialização.

Para enfrentar desafios, a UENF se organizará como uma universidade aberta, cujos múltiplos cursos curriculares e extracurriculares possam ser frequentados por qualquer pessoa capaz de cursá-los com proveito. Para tanto, seus cursos serão classificados em termos de previaturas, que indiquem quais as exigências prévias, caso elas existam, requeridas para que sejam cursados. Assim fazendo, a Universidade, além daquelas poucas dezenas de currículos mínimos oficiais, oferecerá inúmeros outros, que cada aluno comporá, frequentando os cursos que escolher. Cursos extracurriculares, teóricos e práticos, expositivos e experimentais, nos vários campos do saber, serão também oferecidos periodicamente aos alunos regulares e à população regional. Para dar regularidade a esse procedimento, a Universidade diplomará, com certificado de estudo superior, quem quer que seja aprovado em pelo menos cinco cursos que mantenham vínculos uns com os outros.

O ano letivo da Universidade se dividirá em dois semestres de 20 semanas de aulas e práticas e oito de férias. Espera-se que os estudantes façam, semestralmente, não mais do que três disciplinas curriculares e uma disciplina de integração. Esta é definida, simplesmente, como matéria de outro corpo do saber e sua função é evitar a estreiteza das superespecializações.

É preocupação da UENF renovar as práticas docentes e proporcionar a participação do estudante nas atividades dos laboratórios ou nos programas experimentais. A docência se fará através de ciclos semanais de aulas maiores, proferidas por professores eminentes, às quais se seguem horas de estudo dirigido, a cargo dos instrutores. A prática será dada pelo acesso dos estudantes aos laboratórios, seja por interesse próprio, seja através de bolsas de trabalho.

O pessoal científico dos laboratórios de pesquisa da UENF terá o encargo adicional de dar cursos básicos em seus respectivos campos científicos e humanísticos a alunos de graduação. O mesmo ocorrerá com o ensino profissional, em que as disciplinas teóricas e práticas serão ministradas pelo pessoal dos centros de experimentação.

## Corpo acadêmico

A tarefa mais difícil com que nos enfrentamos para implantar a Universidade Estadual do Norte Fluminense como uma universidade do terceiro milênio reside na capacidade de atrair a colaboração dos melhores cientistas e pensadores brasileiros, bem como na predisposição de juntar a eles quantos pesquisadores estrangeiros possamos atrair para programas de pesquisa e de pós-graduação. Não podemos olvidar jamais que uma universidade se faz com sábios, porque somente eles podem multiplicar-se, tanto na forma de novos sábios, como pela frutificação em inovações científicas e em práticas tecnológicas que respondam a problemas concretos.

Desde o primeiro momento em que se anunciou o propósito de criação no Rio de Janeiro de uma universidade com essas ambições, manifestou-se, tanto localmente como por todo o estado, bem como em várias universidades e instituições de pesquisa do país, o maior entusiasmo por essa ideia ambiciosa. Assim é que se cristalizou o projeto de uma universidade que comece imediatamente a funcionar em nível de graduação e pós-graduação, com base num corpo de grandes laboratórios científicos e centros de experimentação, com o mais amplo uso das facilidades modernas de ensino, através da teledifusão e, sobretudo, da informática e da multimídia.

Nosso projeto ganhou viabilidade quando convidamos para colaborar conosco a doutora Gilca Alves Wainstein, experiente na condução de grandes empreendimentos universitários, que nos ajudou a compor uma equipe acadêmica do mais alto padrão.

Com a ajuda dessa equipe, não só compusemos o corpo docente inicial da UENF como também a seleção de diversos cientistas estrangeiros do mais alto nível, que proximamente estarão integrando também o quadro de docentes da UENF. Eles virão principalmente da Rússia, porque lá existe, hoje, uma vasta disponibilidade de cientistas altamente qualificados e predispostos a vir para o Brasil.

## Estrutura da nova universidade

A UENF se implantará com uma múltipla estrutura de centros integrados de ciências, de centros de experimentação tecnológica, de centros complementares e do parque de alta tecnologia. Os centros integrados se comporão de laboratórios dotados de equipamento e das facilidades necessárias para a pesquisa científica e tecnológica do mais alto padrão, para a experimentação científica e para o ensino. Os cursos universitários se organizarão em decanatos, que orientarão a formação dos alunos nos centros e laboratórios. O parque compreende unidades de cooperação com o mundo empresarial e de demonstração científica. O quadro estrutural da UENF se organiza da seguinte forma:

### CENTROS INTEGRADOS DE CIÊNCIAS

**Centro Integrado de Ciências da Matéria**
Laboratório de Cálculo e Informática
Laboratório de Ciências da Terra
Laboratório de Novos Materiais
Laboratório de Fontes Energéticas
Laboratório de Supercondutores

**Centro Integrado de Ciências da Vida**
Laboratório de Biotecnologia
Laboratório de Ciências Ambientais
Laboratório de Biologia Celular e Tecidual
Laboratório de Química de Proteínas

**Centro Integrado de Ciências do Homem**
Laboratório de Ciências Humanas
Laboratório de Letras e Artes
Laboratório de Ecologia
Laboratório de Demogenética
Instituto da Civilização Brasileira

## CENTROS DE EXPERIMENTAÇÃO TECNOLÓGICA

**Centro de Experimentação Geofísica de Macaé**
Laboratório de Pesquisa do Petróleo
Laboratório de Industrialização do Gás
Laboratório de Química Industrial
Laboratório de Robótica

**Centro de Experimentação Agrária**
Laboratório de Controle Biológico
Laboratório de Experimentação Vegetal
Laboratório de Experimentação Animal

**Centro de Experimentação Educacional**
Laboratório de Currículos e Programas
Laboratório de Teledifusão e Multimídia
Escola Normal Superior
Escola de Professores
Escola Brasileira de Cinema e Televisão
Educação a Distância

## CENTROS COMPLEMENTARES

A UENF contará, ainda, com um corpo de órgãos complementares entre os quais se contam as seguintes unidades de fertilização da vida acadêmica:

Centro de Informática
Centro de Convivência dos Professores
Centro de Convivência dos Alunos
Centro Cultural Universitário
Centro Desportivo

## PARQUE DE ALTA TECNOLOGIA

A Fundação e a Universidade implantarão um *Parque de Alta Tecnologia* com as seguintes modalidades de produção empresarial de alto nível tecnológico:

- Modelos de Fazenda: modelos economicamente viáveis de pequenas empresas de atividades agrária e pastoril.
- Incubadoras de Empresas: destinadas a dar abrigo e orientação a projetos empresariais de alta tecnologia no campo da petroquímica, da química do açúcar e da exploração do gás.
- Banco de Germoplasmas: núcleo de coleta, conservação e difusão de plantas a serviço das biofábricas.
- *Brasilium Palmarum*: horto das palmeiras nativas do Brasil.
- Santuário de Aves e Frutas: horto das árvores frutíferas nativas e importadas.

# Cursos e práticas

A tarefa da universidade é formar e aperfeiçoar a mão de obra qualificada de que a sociedade necessita para a operação e a modernização da indústria dos serviços e da agricultura. Não se trata, porém, tão só de repor ampliada a sua força de trabalho, tecnicamente adestrada. O desafio que enfrentamos é formar pessoas motivadas e capacitadas para a reconstrução de nossa realidade social, a fim de fazer o brasileiro comum mais próspero, mais livre e mais feliz. Essa meta se alcançará tanto pelo cultivo das ciências e das técnicas no mais alto nível, como pela prática experimental e pela ação social participativa, mas, sobretudo, pela ação educativa, curricular, extracurricular e a distância.

Uma minoria de egressos da universidade tem a oportunidade de ingressar nos seus quadros, como professores e pesquisadores, ou de dedicar seus talentos a outros centros de pesquisa, de estudo ou de experimentação e aplicação de tecnologias refinadas. A imensa maioria se destinará ao mercado de trabalho, que de todos exigirá capacidade prática e tirocínio profissional, para os quais um alto nível de saber teórico é útil, mas não é indispensável. O que eles pedem da universidade é, essencialmente, uma capacitação efetiva para o trabalho, que só se alcança através de práticas educativas concretas e não simulatórias, tão próximas quanto possível das condições de operação de cada profissão na vida real.

Para atender a tais objetivos, os cursos da UENF combinam, desde os primeiros passos, conteúdos acadêmicos, na forma de saber a ser dominado, com treinamento e exercício prático. Por exemplo: o curso de medicina, no período inicial, deve dar aos estudantes o treinamento de auxiliares de enfermagem, para que eles tenham ocasião de conhecer, concretamente, o que é a matéria médica, e também oportunidade de participação em programas ambulatoriais, de prevenção e de higiene, para valorizar mais a saúde do que a doença, como campo de trabalho.

Na engenharia, se recomenda começar dando ao estudante, ao lado das ciências básicas, oportunidades de aprender a usar as próprias mãos nos fazimentos, através da mecânica, da eletrônica e da eletricidade, por exemplo. Aos futuros arquitetos fariam bem estudos monográficos sobre construções antigas que sejam exemplares e toda a prática possível em ateliês, em que tenham ocasião de projetar e construir, por si mesmos, desde coisas relativamente simples, como móveis, até artefatos mais complexos. O futuro educador, comunicador ou programador, além de estudos pedagógicos, jornalísticos ou de informática, deverá ter treinamento em práticas efetivas da arte de educar e de divulgar. Ao estudante de administração e profissões correlatas se proporcionará o exercício de práticas de gestão.

Os cursos curriculares da UENF podem ser dados de forma intensiva, em regime de dedicação exclusiva, para os alunos, que é o procedimento ideal. Mas podem, também, ser dados parceladamente, permitindo a cada aluno acompanhar os cursos e práticas para se apresentar aos exames que estarão sempre abertos, em qualquer tempo.

Ultimamente, se multiplicaram em todo o mundo os cursos de educação a distância, através do correio, do rádio e da televisão, com emissão por satélite, que se generalizam em vários países. Muitos deles são melhores do que os cursos correntes da maioria das escolas superiores isoladas do Brasil. Naqueles, o aluno recebe semanalmente uma massa de material didático que deve assimilar e é obrigado a comprovar depois, nos exames, que efetivamente aprendeu. São dadas, também, nos períodos de férias, em instituições especiais, oportunidades de prática nas matérias em que ela é indispensável.

O êxito crescente desses cursos se deve à sua capacidade de alcançar e servir a esse alunado imensamente maior, sem grande custo adicional. Igualmente importante é sua notória eficácia docente e sua extraordinária flexibilidade para atuar em múltiplos campos, formando uma variedade de especialidades infinitamente maior que o estreito rol de currículos mínimos que nossas escolas superiores oferecem.

A UENF ministrará também cursos de educação a distância, como se preparam para fazê-lo a PUC do Rio de Janeiro e a nova Universidade Estadual de Minas Gerais. Isso se recomenda especialmente para campos difíceis, como o aperfeiçoamento do magistério, tanto o leigo como o insuficientemente formado. Combinando cursos por correspondência com programas de teledifusão educativa, o ensino a distância pode ensejar um bom aprendizado, se controlado por um sistema eficaz de exames e devidamente complementado por estágios na universidade.

Com base nessa estrutura de órgãos de ensino e de pesquisa, a UENF ministrará os seguintes cursos:

- Ciclo básico: simultâneo de estudos de disciplinas gerais formativas e de treinamento pré-vocacional no respectivo campo profissional, associado com estudos de integração que deem aos alunos uma base humanística. Duração média de dois anos, com aprovação necessária em seis disciplinas prescritas.

- Ciclo profissional: de dois anos ou mais, depois do Ciclo básico, ministrados nas faculdades, para o domínio do saber e do tirocínio da carreira, bem como para o treinamento nas práticas da profissão.
- Curso conjugado: de dois anos, após o Ciclo básico, de estágio em empresas externas para a formação profissional em engenharia siderúrgica, portuária, florestal etc.
- Curso de bacharelado: com duração prevista de quatro semestres, mediante aprovação em seis matérias mais, do mesmo campo de saber, além das já cursadas no Ciclo básico.
- Curso de licenciatura: que compreende dois anos do Ciclo básico e dois anos mais de estudos e treinamento em serviço na Faculdade de Educação.
- Programa de mestrado: de três anos de estudos e práticas posteriores ao Bacharelado – ou simultâneo com ele –, que se conclui pela aprovação de uma dissertação em que se demonstre domínio básico das fontes de informação de seu campo do saber e da sua metodologia de pesquisa.
- Programa de doutorado: posterior ao mestrado, que se conclui pela aprovação de uma tese original e publicável.
- Treinamento em serviço: oportunidades de prática profissionalizante oferecidas durante os dois primeiros semestres do Curso básico, com o objetivo de familiarizar os alunos com o campo profissional a que pretendam dedicar-se.
- Cursos sequenciais: de disciplinas inter-relacionadas, que darão direito a Certificado de Estudos Superiores para o aluno aprovado em cinco disciplinas inter-relacionadas.
- Programa de educação a distância: difundido pelo correio e pela televisão.

## O governo da Universidade

A Universidade Estadual do Norte Fluminense foi criada por lei como instituição dupla e interativa. A Universidade propriamente, regida por um reitor, eleito por seus pares e nomeado pelo governador, que goza de plena autonomia acadêmica. E a Fundação Mantenedora, regida por um presidente livremente nomeado pelo governador e responsável por toda a administração da Universidade. Superam-se, assim, as ambiguidades resultantes da união dessas duas entidades como ocorreu quando organizamos a Universidade de Brasília, onde o reitor e o presidente da Fundação são a mesma pessoa.

Outra inovação da UENF é contar com um chanceler livremente nomeado pelo governador e que exerce suas funções em múnus público. Sua tarefa fundamental é coordenar as relações da Universidade com a Fundação e servir como interface de ambas frente ao governo do estado.

O provimento de recursos para custeio da UENF será assegurado pelo governo do Estado do Rio de Janeiro através da Fundação Mantenedora. Sua função é a administração da Universidade, a captação de recursos, públicos e privados, nacionais e estrangeiros, a elaboração do orçamento de gastos e a tomada de contas das gestões da Universidade.

A Fundação Mantenedora foi organizada como entidade autônoma de direito privado. Funcionará como entidade de economia autossustentável, podendo criar empreendimentos de que resulte renda para a Universidade. O requisito para que se implantem esses serviços, bem como atividades produtivas de caráter econômico-empresarial, é que eles também sejam obrigatoriamente centros de ensino e treinamento em serviço, formadores de mão de obra especializada.

Todos os cursos e serviços mantidos pela Universidade terão uma taxa de inscrição e uma anuidade pagas diretamente pelos alunos que possam fazê-lo, ou por instituições públicas ou privadas, que ofereçam bolsas de estudos que a Universidade colocará em concurso público.

A UENF concederá, também, bolsas de trabalho, que cobrirão os custos da matrícula e o pagamento de emolumentos aos alunos selecionados para prestação de serviços de qualquer natureza. Um esforço deliberado se fará para que a Universidade tenha um mínimo de pessoal administrativo e de serviço, de caráter burocrático, e um máximo de bolsistas de trabalho para todos os encargos que os estudantes sejam capazes de executar.

## Planos de estudos

Os cursos de bacharelado, licenciatura e graduação da UENF se dividem em dois ciclos de estudos e práticas.

O Ciclo básico, de quatro semestres, de preparação nos fundamentos científicos de cada carreira e de práticas recomendáveis para seu exercício.

Com o Ciclo básico, os alunos frequentam dois programas de práticas. O do domínio instrumental da informática como instrumento de estudo e os de habilitação elementar e mecânica de eletricidade e eletrônica.

Neste Ciclo, se dará especial atenção em formar nos alunos uma consciência crítica, solidária e bem informada sobre a realidade e os problemas da sociedade brasileira; bem como para uma formação humanística que lhes permita fazerem-se herdeiros do patrimônio humano do saber e das artes. Para tanto, os alunos participarão, obrigatoriamente, de dois seminários e cursos:

- Seminário Brasil, Temas e Problemas.
- Seminário Teorias da Sociedade e da Cultura.
- Cursos Efetivos de Letras e Artes.

Só ao fim do terceiro semestre os alunos optam pela carreira em que desejam graduar-se, inscrevendo-se então numa das práticas que lhes permitam avaliar sua aptidão para aquela carreira.

O Ciclo formativo, também de quatro semestres, de caráter teórico-prático, destina-se a dar aos alunos o domínio do saber e das práticas indispensáveis ao exercício da profissão que escolheram.

Sempre que possível, os diversos cursos terão períodos de prática real de trabalho, mediante convênios com instituições e empresas que contem com núcleos de pessoal de alta qualificação. Esse é o caso das estações de exploração de petróleo, das siderúrgicas, dos portos, das ferrovias, da indústria química, da metalúrgica, da mecânica, do reflorestamento, do saneamento e outras.

## Regime de cursos

A UENF já mantém cursos no campo das engenharias físicas e biológicas. São cursos de dia completo, assim distribuídos:

- Pela manhã, terão lugar as Aulas Magnas de Ciências Físicas e Matemáticas e de Ciências Biológicas na forma de conferências magisteriais, a cargo de renomados professores da UENF. Terão duração de duas horas e se ministrarão no auditório da Fundenor. Seu propósito é proporcionar uma visão panorâmica daqueles campos do saber. Ao fim de cada aula, os alunos receberão textos de estudo sobre a matéria tratada.
- Às quartas-feiras, de manhã, a UENF oferecerá, a toda a comunidade universitária, dois seminários de frequência obrigatória para os alunos. O seminário Brasil, Temas e Problemas, a cargo de especialistas convidados, versará sobre as questões reais relevantes para se alcançar uma visão crítica da realidade brasileira. O seminário Teorias Socioculturais se propõe a dar aos alunos uma compreensão básica das principais teorias explicativas das Ciências Sociais e dos frutos alcançados na sua aplicação à sociedade e à cultura brasileiras. Nas quartas-feiras, à tarde, serão realizados seminários programados pelos alunos.
- À tarde, os alunos, divididos em grupos de oito, terão quatro horas de estudos dirigidos sobre as matérias das Aulas Magnas. Tais estudos se desdobrarão em cursos introdutórios de matemática, física e química para os estudantes interessados nas engenharias físicas; e cursos de genética, zoologia e botânica para os que desejam orientar-se às engenharias biológicas. Todos esses cursos se darão principalmente através da computação.
- Ainda na parte da tarde, serão oferecidos, diariamente, programas obrigatórios de treinamento básico em Eletricidade, Eletrônica e Mecânica, proporcionados pelo Senai; de informática, que familiarizará o estudante com o uso de computadores; e de escrita em Língua Portuguesa e leitura em Língua Inglesa.

# TEMAS E PROBLEMAS

# O Estado necessário

Acusam o Estado brasileiro de um crescimento abusivo que precisaria ser podado para não asfixiar o empresariado. Querem o Estado mínimo dos neoliberais, socialmente irresponsável e servilmente confiante nas funções do mercado aberto como promotor do progresso. Um Estado imune ao clamor popular por emprego, casa e comida. Um Estado incapaz de intervenção na economia que não seja para beneficiar os ricos. Tudo isso fundamentado na ideologia do antagonismo essencial entre o Estado e a Sociedade Civil, entendida esta como o corpo de interesses das classes dominantes.

Nossa visão é diferente. O Estado brasileiro, levado à falência pelos tecnocratas da ditadura militar, precisa é ser recuperado, fortalecido e instrumentado para voltar a cumprir, e cumprir melhor, suas múltiplas funções absolutamente indispensáveis. As assistenciais e as educativas, levadas à degradação e ao abandono pela incúria governamental. As de manutenção da ordem e da lei, para dar segurança ao povo diante das ondas de violência desenfreada.

Os defensores do Estado mínimo ignoram o sentimento de soberania nacional. Não creem e não querem um Brasil autônomo, integrado às demais nações do mundo com identidade própria e de cabeça erguida. O patriotismo os horroriza. Para eles, um Brasil grande é tão só uma feitoria servil do mercado mundial.

O desafio maior que enfrentamos é o de reestruturar e aperfeiçoar o Estado para a condução da economia, revertendo seus pendores privatistas e elitistas, para fazê-lo olhar, antes de tudo, para o povo e suas carências. Com efeito, nos últimos anos, dobrou-se a participação dos mais ricos no PIB e reduziu-se à metade a dos brasileiros mais pobres. O contraste é tão gritante que passamos a ser apontados internacionalmente como exemplo de Estado e Nação irresponsáveis, que, gerindo um país riquíssimo, tem a distribuição de renda mais cruel do mundo. Tinha de ser assim, uma vez que a parcela do PIB que remunera o capital também dobrou e a que corresponde aos salários se reduziu à metade. O salário mínimo perdeu 50% do seu poder de compra e maior ainda foi a redução dos salários em geral.

Um oficial do exército, uma professora ou um médico ganham hoje uma terça parte dos honorários que ganhavam antes da ditadura.

A dívida externa saltou de 3 para 150 bilhões de dólares e cresceu com a mesma exorbitância a dívida interna. Em consequência, 77% do orçamento da União é absorvido pelo serviço dessas dívidas e só paga os juros delas. O atendimento de todos os outros serviços nacionais é comprimido nos 23% restantes, notoriamente insuficientes. Explodiu a inflação como um imposto que se cobra automaticamente a todos, mas onera principalmente os pobres. Eles não têm como dele defender-se, como fazem os banqueiros, que passaram a constituir, também, um escândalo mundial por sua lucratividade nunca vista e pelas instalações de suas sedes, portentosas como catedrais.

A sinistra invenção brasileira da correção monetária desvia a maior parte das escassas poupanças nacionais das aplicações produtivas para a especulação. Em consequência, generalizou-se o desemprego, convertendo os trabalhadores brasileiros numa massa de excedentes às necessidades do sistema produtivo. O Brasil, que sempre viveu faminto de mão de obra, gastando milhões de índios, de negros e de brancos no trabalho, vê seu corpo de trabalhadores convertido em massas descartáveis, lançadas na miséria, afundadas na violência, na delinquência, no abandono de menores e na prostituição de crianças.

Esse é o saldo das décadas de política econômica neoliberal, que se quer aprofundar ainda mais, privatizando as empresas públicas que dão sustentação à economia nacional, substituindo os monopólios públicos por monopólios privados. Tudo isso com a promessa mirabolante de uma prosperidade preterida para quando os ricos, enriquecidos até o fastio, se disponham a dividir o bolo de seus lucros.

Nessas circunstâncias, nada é mais urgente no Brasil que uma reforma radical do Estado, simultaneamente com a definição de um novo modelo econômico, fiel ao povo brasileiro. Não a reforma que os neoliberais propõem, destinada a agravar o privatismo desvairado, o lucrismo insaciável. Indiferentes à falência de nossa economia desnacionalizada, proclamam, orgulhosos, que o capital não tem pátria. Mais indiferentes ainda à pauperização de todos os assalariados brasileiros e à decadência de nossos já precários serviços públicos de saúde, de educação, de moradia e de previdência, o que prometem de fato, para mais lucrarem, é miséria ainda mais vil para o povo brasileiro.

A façanha maior do neoliberalismo, para mais lucrarem, foi a deterioração da máquina do Estado, entregue à corrupção, ao clientelismo, ao favoritismo e ao nepotismo. Seu resultado foi a regressão dos serviços públicos brasileiros. Efetivamente, eles haviam alcançado, com o velho Dasp, certo grau de eficácia no recrutamento e na formação dos servidores públicos, admitidos através de concurso, para carreiras em que as promoções se faziam com diretrizes prescritas e por critérios de mérito.

Expressivo dessa deterioração é o cinismo do próprio artigo constitucional que determina que os cargos de direção sejam preenchidos "preferencialmente" pelos servidores de carreira. Desde então, raramente um servidor ocupou qualquer dos 120 mil cargos de chefia dos serviços públicos e das autarquias. Quase todos eles ocupados por protegidos de deputados, senadores e governadores, com fundamento naquela preferência. Decorre daí a desmoralização de todo o serviço público, exceto onde esses critérios não foram adotados, como no Itamaraty e no Banco do Brasil.

A reforma de que necessitamos imperativamente é a que recrie e fortaleça um Estado moderno, meritocrático, desburocratizado, social e nacionalmente responsável, ético, íntegro e eficaz. Aquele Estado-Nação capacitado a cumprir as tarefas supremas de promotor do desenvolvimento nacional autônomo e sustentado, de gerador de uma economia de prosperidade generalizada, de garantidor do pleno emprego e de provedor das necessidades de nutrimento, de educação, de abrigo e de assistência ao povo brasileiro. Um Estado inteligente, dinâmico, enxuto, operado por um serviço público civil de funcionários insubornáveis, competentes, orgulhosos de seu ofício, bem remunerados e atenciosos para com o público. Em lugar do Estado mínimo que receitam, proponho o Estado necessário.

# Uma chacina anunciada

Estamos ameaçados de uma nova chacina oficial: um genocídio. Quem nos ameaça é nossa assassina Lei Agrária. Com efeito, a Lei vigente é cruamente desafiada pelo movimento social mais forte e combativo do Brasil de hoje, o dos lavradores sem-terra que se concentram em mais de uma centena de acampamentos com milhares de famílias, do Nordeste ao Sul. O que eles querem é tão só uma pequena gleba para viver e trabalhar nesse nosso imenso mar de terras sem uso.

Mas não se trata, no caso, de mera reivindicação política que ressoe como um clamor geral por justiça. Trata-se, isto sim, da exigência inarredável dos sem-terra ao governo para que promovam o loteamento e a entrega da terra de latifúndios improdutivos, especificamente apontados, a milhares de famílias camponesas ali acampadas, prontas a ocupá-los e fazê-las produzir.

A alternativa é cumprir a Lei, lançando o Exército sobre essas multidões de roceiros e trucidá-los em chacinas. Isso foi o que se fez em Canudos e no Contestado. Agora, é mais difícil. A conduta sábia e cauta em nossos dias é que as Forças Armadas revertam seus pendores e lealdades para apoiar os sem-terra. Se não o fizerem, o novo genocídio será de escala mais vasta que os citados e que as operações de limpeza que os latifundiários e seus capangas estão aprontando nas fronteiras de expansão da sociedade brasileira, em Goiás e no Pará. A nova matança, porém, não poderia ser facilmente escamoteada, porque os lavradores alçados, além de vizinhos, aos centros urbanos, cujas populações os apoiam solidariamente, se dispersam por todo o país.

A força que se opõe aos milhões de sem-terra, força capaz de desencadear tais chacinas, é a institucionalidade fundiária brasileira, consagradora do latifúndio, fundada no sagrado direito de ter a terra e retê-la improdutiva por força do direito de propriedade. Ainda que mate o povo de fome e condene o país ao atraso. Foi esse poderio institucional, até hoje invencível, que expulsou do campo duas terças partes da população rural, tangendo dezenas de milhões de descamisados para a vida famélica das favelas e dos assentamentos urbanos. Ela constitui o mais poderoso agente conformador da história brasileira. Constitui, também, a ordem legal mais fanaticamente defendida pela maioria dos parlamentares brasileiros, que há séculos condicionam uma reforma agrária ao pagamento prévio, em dinheiro, das terras de que o latifúndio se assenhorou.

O contraste mais gritante entre a legalidade do Brasil e a dos Estados Unidos da América reside nas respectivas institucionalidades fundiárias. A Lei de Terras deles, que data de 1860, abria todo o seu Oeste, enormíssimo, ao povoamento, para os que quisessem entrar numa caravana e ir para lá. Quem lá se fixasse por cinco anos, com casa e roça, podia demarcar 30 hectares de terras como propriedade familiar. O que se vê nos filmes de faroeste são os sem-terra ianques, sob o amparo da referida Lei, se convertendo nos milhões de granjeiros que embasaram a prosperidade dos EUA.

Nossa Lei de Terras, uma década mais antiga, ainda vigente no essencial, declara, ao contrário, que a posse aqui não garante a propriedade. Essa só se alcança através da concessão de sesmarias ou por via cartorial, ambas vedadas aos trabalhadores rurais. Assim é que uma casta de latifundiários apossou-se do Brasil, convertendo todo o povo em enxadeiros, que se matam de fome nas quadras de crise e se expulsam para as cidades, quando se tornam descartáveis.

Cento e cinquenta anos desse regime fundiário plasmaram a sociedade brasileira tal qual é, fazendo-a desigualitária e esfomeadora, como jamais houve outra. Nas últimas décadas, essa mesma legislação constritora regeu a ocupação do Centro-Oeste e da Amazônia. Em consequência, multiplicaram-se as propriedades de 10 mil, 100 mil e até mais de 1 milhão de hectares, apropriadas de forma irregular, contrariamente ao texto expresso da Constituição de 1946, que exigia aprovação do Senado para quaisquer concessões de mais de 10 mil hectares.

A reforma agrária que João Goulart propôs ao Parlamento consistia em introduzir na Constituição o princípio de que a ninguém é lícito manter a terra improdutiva por força do direito de propriedade. Princípio do qual decorreria a regulamentação legal do uso lícito da terra, que seria o equivalente a quatro vezes a área efetivamente utilizada. Essa reforma teria devolvido ao controle da União as centenas de milhões de hectares de terras apropriadas através de chicanas e grilagens.

Por essa via legal é que se pretendia dar terras, em pequenos lotes, a 10 milhões de famílias. O Presidente dizia que, com milhões de proprietários, o povo fixado no campo iria comer e progredir; a propriedade estaria mais defendida e o capitalismo brasileiro, mais bem consolidado. Foi também para que isso não ocorresse que sobreveio o Golpe de 1964, que moldou esse nosso Brasil de lavradores virtualmente insurgentes e de expansão astronômica do latifúndio.

A reforma agrária no Brasil de agora terá de abrir-se em duas vertentes. O atendimento aos enxadeiros já alçados e aos que venham a alçar-se, para que eles não toquem fogo no Brasil. É de assinalar que essa distribuição da terra sem uso aos enxadeiros seria a solução mais rápida e mais barata para os dois grandes problemas brasileiros: o desemprego e a fome.

A outra vertente consiste na promulgação de uma lei do uso lícito da terra – como aquela que propus na finada Reforma Constitucional –, que revertesse à União, para programas de colonização, a imensidade de terras mal havidas, monopolizadas no Brasil Central e na Amazônia. Assinale-se, também, que seria a solução mais ajuizada e até lucrativa, porque além de abrir perspectivas de um Brasil de prosperidade generalizada, essa lei reduziria a pressão contra o sistema fundiário vigente. Em consequência, garantiria a sobrevivência de fazendas produtivas destinadas à agricultura comercial provedora de divisas.

A questão está proposta pela história. É de crer que definitivamente, porque agora o gatilho está nas mãos insubornáveis dos sem-terra. Querendo ou não, teremos de optar entre a casta de uns 5 mil monopolizadores da terra, em glebas de mais de 5 mil hectares, e milhões de lavradores. Entre um Brasil coactado pelo arcaico sistema fundiário vigente, que o condena à miséria, e a edificação aqui da sociedade livre, justa e participativa que havemos de ser.

# Indignação

Sou um homem de causas. Vivi sempre pregando e lutando, como um cruzado, pelas causas que me comovem. Elas são muitas, demais: a salvação dos índios, a escolarização das crianças, a reforma agrária, o socialismo em liberdade, a universidade necessária. Na verdade, somei mais fracassos que vitórias em minhas lutas, mas isso não importa. Horrível seria ter ficado ao lado dos que nos venceram nessas batalhas.

Tudo que diz respeito ao humano, suas vidas, suas criações, me importa supremamente. Dentro do humano, o povo brasileiro, seu destino, é o que mais me mobiliza. Nele, a ínvia indianidade brasileira, que consegue milagrosamente sobreviver. Mas, sobretudo, a massa de gente nossa, ainda em fusão, esforçando-se para florescer numa nova civilização tropical, mestiça e alegre.

Acho que aprendi isso, ainda muito jovem, com os antigos comunistas. Imbatíveis em sua predisposição generosa de se oferecerem à luta, por qualquer causa justa, sem mais querer que o bem geral. Estou certo de que a dignidade e até o gozo de viver que tenho me vêm dessa atitude básica de combatente de causas impessoais. Tanto que me atrevo a recomendar duas coisas aos jovens de hoje. Primeiro, que não respeitem seus pais, porque estão recebendo, como herança, um Brasil muito feio e injusto, por culpa deles. Minha também, é claro. Segundo, que não se deixem subornar por pequenas vantagens em carreirinhas burocráticas ou empresariais pelo dinheirinho ou dinheirão que poderiam render. Mais vale ser um militante cruzado, acho eu.

Vejo os jovens de hoje esvaziados de juventude, enquanto flama, combatividade e indignação. Deserdados do sentimento juvenil de solidariedade humana e de patriotismo e de orgulho por nosso povo. Incapacitados para assumir as carências dos brasileiros como defeitos próprios e sanáveis de todos nós. Ignorantes de que o atraso, a fome e a pobreza só existem e persistem, entre nós, porque são lucrativos para uma elite infecunda e cobiçosa de patrões medíocres e de políticos corruptos.

Afortunadamente, podemos nos orgulhar de muitos jovens brasileiros que são o sêmen de nosso povo sofredor. Sem eles, nossa pátria estaria perdida.

É indispensável, porém, ganhar a totalidade da juventude brasileira para si mesma e para o Brasil. O dano maior que nos fez a ditadura militar, perseguindo, torturando e assassinando os jovens mais ardentemente combativos da última geração, foi difundir o medo, promover a indiferença e a apatia. Aquilo de que o Brasil mais necessita, hoje, é de uma juventude iracunda, que se encha de indignação contra tanta dor e tanta miséria. Uma juventude que não abdique de sua missão política de cidadãos responsáveis pelo destino do Brasil, porque sua ausência é imediatamente ocupada pela canalha.

Talvez eu veja tanto desencantamento, onde o que há é apenas o normal das coisas ou o sentimento do mundo que corresponde às novas gerações. Talvez seja assim, mas isso me desgosta muito. Desgosta, principalmente, porque sinto no fundo do peito que é obra da ditadura militar tamanha juventude abúlica, despolitizada e desinteressada de qualquer coisa que não corresponda ao imediatismo de seus interesses pessoais. É por isso que não me canso de praguejar e xingar, exaltado, dizendo e repetindo obviedades. Sobretudo, quando falo à gente jovem, em pregações sobre valores que considero fundamentais e que não ressoam neles como eu quisera.

Primeiro de tudo, o sentimento profundo de que esse nosso paisão descomunal e esse povão multitudinário, que temos e somos, não nos caiu ao acaso, nem nos veio de graça. É fruto e produto de séculos de lutas e sacrifícios de incontáveis gerações. O território brasileiro é do tamanho que é graças à obsessão portuguesa de fronteira, impressa neles por um milênio de resistência, para não serem absorvidos pela Espanha, como ocorreu com todos os outros povos ibéricos. Desde os primeiros dias de nosso fazimento estava o lusitano preocupadíssimo em marcar posses, gastando nesse esforço gerações de índios e caboclos que nem podiam compreender que nos faziam.

Meu apego apaixonado pela unidade nacional começa pela preservação desse território como a base física em que nosso povo viverá seu destino. Encho-me da mais furiosa indignação contra quem quer que manifeste qualquer tendência separatista. Acho até que não poderia nunca ser um ditador, porque mandaria fuzilar quem revelasse tais pendores.

Outro valor supremo, e até sagrado, que quero comunicar à juventude é o sentimento de responsabilidade pelo atroz processo de fazimento de nosso povo, que custou a vida e a felicidade de tantos milhões de índios caçados nas matas e de negros trazidos da África, para serem desgastados no moinho brasileiro de gastar gente. Nós viemos dos zés-ninguém gerados pela índia prenhada pelo invasor ou pela negra coberta pelo amo ou pelo feitor. Aqueles caboclos e mulatos, já não sendo índios nem africanos e não sendo também admitidos como europeus, caíram na ninguendade. A partir dessa carência de identificação étnica é que plasmaram nossa identidade de brasileiros. Fizeram-no um século depois, quando, através dos insurgentes mineiros, tomamos consciência de nós brasileiros como um povo em si, aspirando a existir para si.

Surgimos, portanto, como um produto inesperado e indesejado do empreendimento colonial que só pretendia ser uma feitoria. A empresa Brasil se destinava era a prover o açúcar de adoçar boca de europeu, o ouro de enricá-los e, depois, minerais e quantidades de gêneros de exportação. Éramos, ainda somos, um proletariado externo aqui posto para servir ao mercado mundial. Criá-lo foi a façanha e a glória das classes dominantes brasileiras, cujo empenho maior consistia, e ainda consiste, em nos manter nessa condição.

Foi sobre esse povo-nação, já constituído e levado à independência com milhões de caboclos e mulatos, que se derramou a avalanche europeia quando seus trabalhadores se tornaram descartáveis e disponíveis para a exportação como imigrantes. Os melhores deles se identificaram com o povo antigo da terra e até se tornaram indistinguíveis de nós, por sua mentalidade, língua, cultura e identificação nacional. Ajudaram substancialmente a modernizar o país e a fazê-lo progredir, gerando uma prosperidade ampliada, ainda que muito restrita, e que beneficiou principalmente os recém-vindos.

É de lamentar, porém, que vez por outra surjam, entre eles, uns idiotinhas alegando orgulhos de estrangeiridade. O fazem como se isso fosse um valor, mas principalmente porque estão predispostos seja a quebrar a unidade nacional em razão de eventuais vantagens regionais, seja a retornarem eles mesmos para outras terras, como fizeram seus avós. Afortunadamente, são uns poucos. Com um pito se acomodam e se comportam. Compreendem, afinal, que não há nesse mundo glória maior que participar da criação, aqui, da civilização bela e justa que havemos de ser.

Tal como ocorreu com nossos antepassados, hoje, o Brasil é nossa tarefa, essencialmente de vocês, meus jovens. A história está a exigir de nós que enfrentemos alguns desafios cruciais que, em vão, tentamos superar há décadas. Primeiro que tudo, reformar nossa institucionalidade para criar aqui uma sociedade de economia nacional e socialmente responsável, a fim de alcançarmos uma prosperidade generalizada a todos os brasileiros. O caminho para isso é desmonopolizar a propriedade da terra, tirando-a das mãos de uma minoria estéril de latifundiários que não plantam nem deixam plantar. Eles são responsáveis pelo êxodo rural e o crescimento caótico de nossas cidades e, consequentemente, pela fome do povo brasileiro. Fome absolutamente desnecessária, que só existe e só se amplia porque se mantém uma ordem social e um modelo econômico compostos para enriquecer os ricos, com total desprezo pelos direitos e necessidades do povo.

Simultaneamente, teremos de derrubar o corpo de interesses que nos quer manter atados, servilmente, ao mercado mundial, exigindo privilégios aos estrangeiros e a privatização das empresas que dão ser e substância à economia nacional, para manter o Brasil como o paraíso dos banqueiros. Não se trata de criar aqui nenhuma economia autárquica, mesmo porque nascemos no mercado mundial e só nele sobreviveremos. Trata-se é de deixar de ser um reles proletariado externo para ser um povo que exista para si mesmo, ocupado primacialmente em promover sua própria felicidade.

Essas lutas só podem ser travadas, com chance de vitória, desmontando a ordem política e o sistema econômico vigentes. Seu objetivo expresso é preservar o latifúndio improdutivo e aprofundar a dependência externa para manter uma elite rural esfomeadora e enriquecer um empresariado urbano servil a interesses alheios. Todos eles estão contentes com o Brasil tal qual é. Se não anularmos seu poderio, eles farão do Brasil do futuro o país que corresponda aos interesses dos países que nos exploram.

Nestas singelas proposições se condensa, para mim, o que é substancial da ideologia política que faz dos brasileiros, brasileiros dignos. Tais são o zelo pela unidade nacional; o orgulho de nossa identidade de povo que se fez a si mesmo pela mestiçagem da carne e do espírito; a implantação de uma sociedade democrática, onde imperem o direito e a justiça para todos; a democratização do acesso à terra para quem nela queira morar ou cultivar; a criação de uma economia industrial autônoma como o são todas as nações desenvolvidas.

Eis o que peço a cada jovem brasileiro: repense estas ideias, reavalie estes sentimentos e assuma, afinal, uma posição clara e agressiva no quadro político brasileiro.

# Universidade, para quê?*

Meu caro Reitor Cristovam Buarque

Não lhe dou o título de Magnífico Reitor porque jamais o quis para mim. A propósito, recordo o dia em que, estando em Goiânia, na inauguração de uma escola, o diretor, no seu discurso, saudou o governador como Excelentíssimo Senhor; saudou, depois, o bispo como Vossa Reverendíssima. Devia, então, me saudar como Magnífico Reitor, mas a palavra lhe faltou. Ele titubeou e, afinal, disse: Esplêndido Reitor.

Esplêndido Reitor Cristovam Buarque,

Todos os que falaram até agora, falaram sentidamente num diapasão que nos emocionou. Eu os ouvi de coração arfante. Cheguei a pensar que devia ter tomado algum tranquilizante para falar mais calmo, para não me deixar empolgar demais ou para não ficar trêmulo de voz. Para mim, perdoem que o diga, este dia, esta hora de renascimento da UnB, é mais dia, é mais hora do que para qualquer de vocês. Este Auditório dos Dois Candangos... Há 22 anos eu lhe dei esse nome. E dei no dia em que esta parede aqui de trás desabou, enterrou, soterrou dois jovens candangos, bem onde estamos sentados. Eram dois obreiros humildes, de tantos que vieram de toda a parte edificar Brasília e aqui não puderam ficar. Naquele dia, senti que, para recordá-los, devíamos chamar esta sala de Auditório dos Dois Candangos.

Neste Auditório dos Dois Candangos eu disse o discurso inaugural da Universidade de Brasília. A meus olhos interiores, olhos de meu coração, aqui estão muitas presenças ausentes, mais presentes que a de vocês. Aqui está, a meu lado, Jango, o presidente da República morto no exílio, que veio inaugurar nossa Universidade. Aqui está, também, o primeiro-ministro Hermes Lima, também morto. Sentado ali está meu mestre Anísio, também morto. Mais adiante vejo Oliveira Brito, o ministro da Educação. Anísio e Brito fizeram, então, discursos memoráveis.

---

* Discurso pronunciado durante a cerimônia de posse do reitor Cristovam Buarque, em 16 de agosto de 1985.

A Anísio, recordarei sempre como aquele que me ensinou a lição mais profunda de minha vida. Eu, naqueles meus trint'anos, cheio de certezas, de verdades, não podia entender a afirmação reiterada de Anísio de que ele não tinha compromissos com suas ideias. Eu estava cheio de compromisso com as minhas. Custei muito a entender que o único compromisso que se pode ter em matéria de ideias é com a busca da verdade. Toda ideia é provisória, toda ideia tem que ser posta em causa, questionada. Tudo é discutível, sobretudo numa universidade. Este é o espírito de Anísio. Com este espírito é que esta Universidade foi pensada.

Sentado aqui, conosco, estava também esta figura admirável que alguns de vocês conheceram, embora aqui não voltasse depois da hecatombe: frei Mateus Rocha, que mais tarde seria vice-reitor e reitor da UnB. Quando enfrentei a ameaça da Universidade de Brasília não ser criada, porque algumas potestades religiosas conseguiram convencer o presidente Juscelino Kubitschek de que cabia melhor aqui uma universidade católica – jesuítica –, foi frei Mateus quem nos salvou. Salvou, recorrendo ao papa João XXIII, conseguindo dele o compromisso de apoiar a primeira universidade pública que, depois da Revolução Francesa, criaria o Instituto de Teologia Católica. Os volumes de suas obras, que João XXIII me mandou, então, de presente, estarão na Biblioteca, se não os roubaram. Lembro-me bem, são tomos primorosamente impressos, encadernados em marroquino vermelho e trazem o autógrafo papal.

É muito importante ressaltar que o único Instituto da UnB que foi dissolvido, proscrito e até meio destruído a fogo pela ditadura militar foi o Instituto de Teologia Católica, tamanho era o respeito e até o medo que ele infundia. Tão fundo era o ódio que ele despertava naqueles militares ensandecidos: católicos despertos para as suas responsabilidades sociais eram, aos seus olhos, piores que os comunistas, que eles viam como verdadeiros demônios.

Estavam também presentes, ali na primeira fila, alguns dos criadores da Universidade de Brasília, hoje mortos. Eu os trago aqui. São Maurício da Rocha e Silva e Walter Oswaldo Cruz. Esta evocação sentimental tem profundo sentido para mim e para muitos de nós, fundadores, para vocês também o terá. Significa que esta Universidade tem pais de que precisa se orgulhar. Maurício foi, entre nós, o cientista, por sua devoção à busca do saber, por sua curiosidade percuciente. Viveu sua vida como homem--ferramenta a buscar, na profundidade da matéria, respostas às perguntas do seu espírito. Walter era a encarnação mesma do espírito científico, fundada na pesquisa empírica e na formação de novos pesquisadores. Estes e muitos outros membros da SBPC, felizmente vivos e ativos, é que nos ajudaram a conceber a Universidade de Brasília.

Quero invocar, também, à presença de vocês, outros companheiros mortos. Lembro-me sentidamente de Heron de Alencar, que ajudou a escrever os estatutos da Universidade de Brasília, a legalizar nossas ideias. Era um mestre da Universidade de Paris, que tudo largou para vir com a família fundar esta nossa Universidade de Brasília. Os Herons foram os primeiros residentes do *campus* que nascia. Moraram neste prédio de madeira que vi há pouco, ali do outro lado da praça. Artur Neves, nosso editor, outro velho companheiro querido, veio também com a família e foi um dos primeiros moradores daquele mesmo prédio.

Dentre os que vieram depois e se dedicaram por inteiro à Universidade de Brasília – todos eles mortos – evoco Eduardo Galvão, o melhor dos etnólogos brasileiros e o mais humano. Ele veio implantar na UnB uma antropologia fiel aos povos do Brasil. Evoco, também, tão sofrido da ausência deles, hoje, aqui, como orgulhoso da presença e da ação deles, ontem, Fritz Teixeira Sales, Paulo Emílio Sales Gomes, Machado Neto. Quantos mais?

Nesta hora, de uma era nova, que se inaugura para nosso povo e para nossa Universidade, quisera invocar todos os verdadeiros fundadores da Universidade de Brasília. A velha equipe da SBPC, sem a qual não haveria nossa Universidade, tal qual ela foi, tal qual ela é e há de ser. Era preciso que o Brasil tivesse gerado e formado previamente, formado muito bem, algumas centenas de cientistas e pensadores, cobrindo todos os campos do saber e das artes, para que o Brasil ousasse, como nós ousamos, repensar a universidade desde a raiz. Nós sabíamos que nossa tarefa-desafio não era fazer outra universidade-fruto, resultante de um desenvolvimento já cumprido, como será a Sorbonne, por exemplo. Precisávamos de uma universidade-semente, capaz de gerar um desenvolvimento que o país não tem. Para tanto, é evidente que as Sorbonnes, por mais vetustas que sejam, não nos serviam. Tanto mais porque elas já então se criticavam, descontentes consigo mesmas.

A velha universidade estava em crise. Não tinha padrões estruturais ou modelos operativos a nos oferecer. Éramos, pois, livres e estávamos desafiados a repensar. A repensar a universidade como instituição. Inumeráveis foram os encontros informais, muitíssimas as reuniões formais daquela equipe da SBPC. Presentes quase sempre estavam Leite Lopes, Tiomno, Lauro Nepomuceno, Herón, Nachbim, Haiti, Cordeiro, Moojen, Danon, Gottlieb, Carolina, José Reis e tantos, tantíssimos mais. Que calorosas discussões tivemos, que polêmicas profundas travamos, que discussões de ideias as mais díspares, que coragem de pensar, que predisposição a não copiar, que temeridade, sobretudo, de recusar-se à bobice, de ficar contente com pequenas façanhas: uma odontologia boazinha, um cursinho bem bom de bioquímica numa universidade que não tinha biologia nem química.

Nós nos recusávamos a aceitar a universidade de mentira que se cultivava no país, tão insciente de si como contente consigo mesma. O que ela gostava era de fazer cerimônias solenes, em que meu amigo, o reitor Pedro Calmon, dizia aplaudidíssimos discursos de contentamento pleno com a bobaginha que tinha e que chamavam "universidade brasileira".

Por que extraordinário milagre o preclaro presidente Juscelino Kubitschek deu a nossos descontentes a tarefa de conceber a universidade nova na nova Capital? Nós éramos, então, a consciência clara, profunda – a que você, meu caro Reitor, e sua equipe têm que encarnar hoje – de que o desafio maior que se impõe à inteligência brasileira é o de capacitar-se de que esse país não pode passar sem uma universidade séria. Esta nação exige pelo menos uma universidade de verdade, uma universidade em que possamos dominar todo o saber humano e dominá-lo conjuntamente como um todo, para que o efeito interfecundante do convívio do matemático com o antropólogo, do veterinário com o economista, do geógrafo com o astrônomo gere um centro nacional de criatividade científica e cultural. Só havíamos conseguido as façanhazinhas de criar ancilas, transplantes postos aqui e ali de universidades estrangeiras, onde um pesquisador solitário tentava criar equipes nadando contra a corrente. Esta é uma questão fundamental.

Repito: o Brasil não pode passar sem uma universidade que tenha o inteiro domínio do saber humano e que o cultive não como um ato de fruição erudita ou de vaidade acadêmica, mas com o objetivo de, montada nesse saber, pensar o Brasil como problema. Esta é a tarefa da Universidade de Brasília. Para isso ela foi concebida e criada. Este é o desafio que hoje, agora e sempre ela enfrentará. Para isso é que, tantas vezes, nos reunimos na SBPC, no CBPF, em Manguinhos e, sobretudo, no velho Inep e no novo CBPE de Anísio, ele sempre presente discutindo, polemizando. Dizia uma coisa hoje e amanhã o contrário, e era aquela beleza, porque nos obrigava a pensar, a repensar, nos forçava a justificar, a fundamentar. Nos fazia suar a camisa da mente, para questionar, vezes sem conta, cada proposição. Esta postura indagativa de autoquestionamento livre e ardente que foi implantada aqui tem de ser reimplantada, para que nossa UnB se reencontre consigo mesma e realize seu destino.

Entre os companheiros queridíssimos da hora seguinte do fazimento da Universidade, se destaca essa figura fantástica que é Oscar Niemeyer. Fisicamente a Universidade nasceu nas suas mãos, com seu carinho, o seu talento e o de sua equipe: Rocha Miranda, Lelé, Ítalo e tantos mais.

Logo vieram Roberto Salmeron, que sai do Cern em Genebra e se translada com a família para cá, querendo passar aqui o resto de sua vida. Ele é até hoje um viúvo da Universidade de Brasília; chorando a dor de vê-la morrer naquilo que era seu espírito, sua flama: o desejo e a liberdade de pensar, de pesquisar, de ensinar. Encontrei pelo mundo afora – vocês também os terão visto – esses viúvos ou viúvas da Universidade de Brasília. Isto temos sido todos nós, chorando pelo que foi a frustração de nosso sonho maior.

Não se equivoquem, porém, pensando que a Universidade de Brasília já foi ou só foi. Ela é e sempre será nossa maior ambição. A UnB é a ambição mais alta da inteligência brasileira, este é o nosso sonho maior, esta é a utopia de quem entre nós tem cabeça para pensar este país e senti-lo com o coração. Todos os intelectuais brasileiros estão de olhos postos aqui, senhor Reitor. Todos sabíamos que a UnB hibernava mas ia reviver. Esta nação não pode passar sem ela, eu já disse. Agora ela renasce e renasce porque o Brasil renasceu em liberdade.

Deixem-me trazer uma outra presença que vocês não veem. É a presença da Comunidade Científica Mundial. Sim, amigos queridos, companheiros, isto existe. Existe uma comunidade secreta, profunda, dando-se as mãos por debaixo da Rússia, dos Estados Unidos, da China. São cientistas que se comunicam, que se procuram, que se adivinham, que se compreendem, buscando soluções por cima das doiduras, da irresponsabilidade das potências mundiais. Estas potestades da guerra, mais predispostas a corromperem a própria vida no planeta do que a se entenderem. Pois bem, a Comunidade Científica olhava de longe, com carinho, esta Universidade do Terceiro Mundo, que nascia com vontade de ser a melhor do mundo. Digo a vocês, recordo, que quando discutíamos os estatutos da UnB, eu recebi – estará aí nos arquivos – um telegrama de Oppenheimer. Sim, nada menos que de Oppenheimer, o Pai da Bomba, se quiserem pensar assim. Mas, para nós, o grande humanista. Um telegrama em que ele dava seu palpite sobre um artigo do nosso estatuto. Esta Universidade de Brasília é coisa muito séria, companheiros. Ela é a carne do espírito brasileiro. Ela é a filha da comunidade científica brasileira e mundial que aqui, nos descampados do Brasil Central, quer se plantar como a Casa do Espírito, da Inteligência, do Saber.

Este legado, Cristovam Buarque, é o que você tem em mãos. Você e seus companheiros, desafiados, hoje, como nós, ontem, a fazer das tripas coração para, a partir das fraquezas decorrentes desses anos de ditadura e opressão, ir adiante, recriando a universidade necessária. De suas palavras ditas aqui, Reitor, só não concordo com uma dissertiva. Não concordo que você não possa errar. Erre, companheiro, erre e erre mais, Cristovam. Só não erra quem não tenta acertar. Limpe a mente, abra o coração, tome partido e ouse. Vá adiante, aceite errar para acertar. Eu errei muito, nós todos erramos demais, tanto que este nosso país ainda não deu certo. Concordo, porém, com você, que é preciso estar contente com o que se tem em mãos para, a partir do concreto, esgotar as possibilidades de fomento que se oferecem aqui e agora no cumprimento do honroso mandato reitoral e presidir o renascimento da nossa UnB. Ela o conclama e o condena a refletir e a agir diante de cada situação concreta, a optar e a lutar, a fim de que se realize a alternativa melhor. Havemos de ser o que houvéramos sido se a hecatombe não tivesse caído sobre o nosso povo, tudo arrasando, tudo enlameando.

Neste dia de sua posse, eu o saúdo, Cristovam Buarque, com a emoção que vocês percebem. Hoje, para mim, é o dia do renascimento no rito de passagem. Uma universidade morre – a que era indigna desse nome –, morre como Íbis, a ave que se queima. Uma universidade nasce para ser o que houvera sido: a nossa Universidade de Brasília.

É, entretanto, meu dever, neste dia de alegrias, lembrar tristezas. Começo pedindo a vocês que ponham em fogo nas suas mentes a lembrança do dia do avassalamento. Dia que jamais deve repetir-se. Recordemos hoje e sempre o terrível *Dia da Vergonha* para todos os que humilharam a Universidade de Brasília. Para todos os que ficaram aqui coniventes com o opressor. Falo do dia e da hora em que 210 professores daqui saíram, compelidos pela mão possessa dos que avassalaram nossa pátria e aqui vieram apossar-se da UnB.

Eu tinha trazido cada um desses mestres para cá: 210. Vieram com suas famílias, tinham aqui moradias mobiliadas e não tinham nada mais em lugar nenhum do mundo. Mas eles tudo largaram para ficarem leais à Universidade de Brasília. Para não serem coniventes com a humilhação, com a deformação, com a destruição da UnB, no que ela tem de ser: a Casa, o Centro, o Coração da consciência e da cultura brasileira. No momento em que ficou evidente que o Reitor era um pau-mandado, que a Universidade não era mais nossa Universidade sonhada, porque isso aqui se tinha convertido na casa da intolerância e do despotismo, eles se foram em diáspora pelo Brasil e pelo mundo afora. É preciso que um dia um monumento se levante nessa Universidade como o monumento dos burgueses de Calais, para recordar e exorcizar aquele horror. Eu o vejo como um monumento duplo que retratará dois momentos cruciais. O da prisão e humilhação de dezenas de professores que em 1964 foram desnudados numa delegacia de Brasília e lá passaram a noite sendo atormentados. E o da saída, em 1965, daqueles 210 professores fundadores da Universidade, que daqui se foram para ficarem fiéis ao espírito da UnB que há de ser.

Trouxe todas essas presenças aqui, hoje, porque achei indispensável este rito. Era meu papel falar disto e eu só podia fazê-lo, ao menos com a emoção com que o faço. Cumprida esta obrigação de honra, cabe, agora, enfrentar outra, mais gratificante, que é homenagear os que aqui ficaram em dignidade. Aqueles que aqui, anos depois, se juntaram, guardando fidelidade à Universidade e ao seu espírito. Os que aqui vieram lutar para refazer a Universidade, aceitando a dura tarefa de realizar o possível aqui e agora, debaixo do despotismo, até que viesse o amanhecer.

Assim é que homenageio os professores e alunos que aqui trabalharam, estudaram e lutaram nesses duros anos. Aos que foram humilhados, aos que foram torturados, aos que foram assassinados, aos que foram destruídos. Homenageio todos os que, de qualquer forma, resistiram ao *capitão de mar e guerra,* ao milico *sabe-tudo,* nomeado interventor que assumiu o poder reitoral da forma mais despótica para, ao longo das décadas, espargir sanções e prêmios.

Meu querido Reitor, sua tarefa é não mais e não menos do que reintegrar a Universidade de Brasília no comando de si mesma, para que, com autonomia e em liberdade, ela se repense. Na minha hora, ajudei a pensar uma utopia de universidade para Brasília. Ajudei, também, várias universidades de outros países a repensar-se. Enquanto exilado, vivi como um sapateiro remendão, a pôr meias-solas em universidades de toda a parte. Não importa que minhas meias-solas não tenham pegado. Nenhuma delas pegou, nunca. De fato, não importa nem mesmo que nenhuma utopia se realize. Não é preciso. Só é preciso haver utopia.

A primeira obrigação da comunidade de professores e alunos da UnB, meu querido Cristovam, é olhar para frente para prefigurar, aqui e agora, utopicamente, o que dentro de dez, de vinte anos, a UnB há de ser. Fixar metas e lutar por elas, com clareza sobre os objetivos a serem alcançados, sobre a utopia a ser cumprida.

Esta é a função da utopia: ordenar, concatenar as ações, para fazer frente ao espontaneísmo fatalista e, sobretudo, para impedir que os oportunistas façam prevalecer propósitos mesquinhos. Impedir que o professor tal, muito competente às vezes em seu campo, porém, com mais talento ainda para puxar o saco do ministro tal, para adular o senador tal, a fim de que o seu pequeno reino da universidade cresça mais que a universidade como um todo. Esta eficácia daninha destrói a universidade, tal como o câncer destrói um corpo. É um parasita que vive da carne da instituição em que habita.

Uma universidade que não tem um plano de si mesma, carente de sua própria ideia utópica de como quer crescer, sem a liberdade e a coragem de se discutir amplamente, sem um ideal mais alto, uma destinação que busque com clareza, só por isto está debilitada e se torna incapaz de viver o seu destino.

A esta altura, o desafio que se coloca diante de vocês, meus queridos colegas, meus queridos estudantes da Universidade de Brasília, é perguntar: Universidade de Brasília, para quê? Universidade de Brasília, para quem? O Brasil precisará de mais uma universidade conivente?

Pode-se dizer, da cultura erudita brasileira, que ela serviu e serve mais às classes dominantes, para a opressão do povo, que a outra coisa. Muitas vezes foi como um enfeite, um adorno, quando não foi a legitimação do poder dos poderosos, a consagração da riqueza dos ricos e a consolação dos aflitos com as realidades deste mundo.

Mesmo quando dominou os saberes técnicos, os dominou muito mais para produzir, acumular e exportar lucros, do que para construir um país habitável, para implantar uma sociedade solidária. O saber ou a técnica, por competentes que sejam, nada significam, se não se perguntam para que e para quem existem e operam, se não se perguntam a quem servem, se não se perguntam se há conivência do sábio com o cobiçoso.

A dura verdade é que nós, universitários, temos sido e somos, também nós, coniventes com o atraso do povo brasileiro. Somos coniventes com o projeto que fez de nós um povo de segunda classe, dentro da civilização a que pertencemos. Como negar que tivemos, como nação, um desempenho medíocre? É evidente que sim, mas cabe perguntar quais são os fatores causais desta frustração.

Nesta tarefa de desvendamento das causas ocultas e ocultadas de nosso atraso nacional é que temos sido mais coniventes. É gritante o descaso acadêmico pela elaboração e difusão de um discurso através do qual o nosso povo se explique e se aceite. As classes dominantes dizem, com toda altivez, que a culpa do atraso não é delas. Estaria no clima, na mistura de raças: tanto calor, tantos mulatos. Nada valem todos os saberes científicos que aí estão a dizer há tantas décadas que nenhum fator natural, climático ou racial é explicativo do desempenho de um povo. Dentro da pupila de nossas classes patronais e patriciais, continua persistente este olhar racista, raivoso, azedando a convivência entre os brasileiros.

Alguns idiotas acham que o atraso se deve, talvez, a sermos católicos e não protestantes. A França e a Itália estão muito-bem-obrigado, apesar de não serem protestantes. Também se costuma dizer que foi uma pena que aqui se fixassem justamente os lusitanos, em lugar dos holandeses ou dos franceses. Se não fosse assim, todos falaríamos francês, teríamos olhos azuis, seria uma maravilha. Esses tolos que rejeitam o português como colonizador nunca foram ao Suriname ou a Caiena. Nunca viram. Nunca viram outras colonizações.

Há quem diga que a culpa real do nosso atraso está em ser o Brasil um país penosamente pobre. Ora, foi demonstrado, irretorquivelmente, que éramos muito mais ricos que qualquer país do século XVI ou do século XVII, pela nossa produção. O que o Brasil exportou de açúcar e de ouro enriqueceu o mundo. Aqui, deixou buraco e sepultura. Onde no mundo se haverá gastado tanta gente como aqui se gastou?

Outro falso fator causal do nosso atraso residiria supostamente em que somos um país jovem; qualquer dia alcançaremos a maioridade e iremos adiante. Fala-se de nós como se fôssemos menores de idade, como os índios. O fato incontestável, porém, é que o Brasil é cento e tantos anos mais velho que os Estados Unidos. Somos, portanto, um país maduro, ameaçado até de apodrecer de tão maduro pelas condições de existência que impõe a seu povo.

Há, ainda, quem diga que a raiz do nosso atraso estaria no plano cultural. Não há tolice maior. Os Estados Unidos nunca tiveram uma Ouro Preto, uma Bahia, um Recife. Nunca tiveram cidades dessa dignidade, dessa beleza. É certo, porém, que nas suas igrejinhas de tábuas, no seu mundo de granjeiros livres, eles encontraram base para construir uma sociedade muito mais capaz de progresso generalizável, nós não. Às vezes penso que somos, de certa forma, o que os Estados Unidos teriam sido se, na Guerra de Secessão, vencesse o Sul. Aqui, o Sul venceu. Nem houve guerra, tanta foi a conivência. Nossos "sulinos", que eram toda a classe dominante, criaram aqui essa sociedade hedionda, repelente, doente: enferma de desigualdade.

É preciso entender bem, sem deixar-se iludir, que o discurso explicativo das classes dominantes, que ressoa por toda a parte, apesar de tão absurdo é da mais extraordinária atualidade e funcionalidade. Nele, se assentam políticas governamentais muito presentes. Por exemplo, a justificativa de que precisamos produzir para exportar é dada como uma compensação da nossa pobreza. A afirmação de que necessitamos de capital estrangeiro, quando é evidente que ele nos sangra e que somos, de fato, um país exportador de capital, também se funda na ideia esdrúxula de que somos, ainda, um país por fazer, uma área por colonizar, que estaria até hoje por civilizar.

A verdade verdadeira é que esse discurso das classes dominantes constitui um dos mecanismos de manutenção do Brasil na miséria e no atraso. Ele é uma das causas, um dos fatores intelectuais, desse nosso país não ter dado certo ou ainda não ter dado certo. Coactado que foi desde sempre nas realizações de suas potencialidades, dentro das várias civilizações em que esteve integrado, o Brasil cresceu deformado, aleijado, enfermo.

Um exemplo luminoso de que somos um país enfermo de desigualdade nos é dado pela educação primária – matéria em que estou metido de mãos e pés com Brizola, no Rio de Janeiro. Neste campo, somos um caso teratológico de atraso calamitoso. Nossos maiores centros culturais, como o Rio e São Paulo, não conseguem nem dar a 2ª série da educação elementar à metade da criançada. E assinale-se que a aprovação na 2ª série é que comprova a alfabetização.

Na educação pública somos piores do que o Paraguai e a Bolívia. Falo desses países-irmãos não só porque são pobres, mas porque em ambos a língua da população é uma e a língua da escola é outra. Como é que eles conseguem levar mais crianças à 4ª série primária do que nós? Alguma coisa há de errado, alguma coisa há de podre nessa Dinamarca nossa. Por que nós, que fomos capazes de fazer indústrias e cidades e algumas façanhas mais como essa Brasília, não fomos e nem somos capazes de fazer essa coisa elementar: ensinar todos a ler, escrever e contar?

Nosso objetivo, hoje, no Rio de Janeiro, é criar a escola pública que o Uruguai tem desde 1850. Ali, como na Argentina e no Chile, como no mundo inteiro, a escola pública é uma escola de dia completo. A criança entra às oito da manhã e sai às quatro da tarde. Pela primeira vez se faz isso no Brasil: no Rio de Janeiro. Brizola faz uma revolução educacional? Revolução nenhuma! Ou apenas uma revolução arcaica. Fazemos simplesmente o que o mundo faz há muito tempo. Ora, a criançada brasileira não é feita de gênios, devíamos saber. As nossas, como todas as demais, não podem aprender em escolas de três turnos que dão de fato duas e meia, três horas de aula. Até escola de quatro turnos eu encontrei no Rio de Janeiro. A questão que estou colocando, exemplificativamente, não é de educação. Quero é demonstrar o quanto essa sociedade nossa é perversa com o seu povo.

No plano alimentar, sabidamente, a situação é ainda pior. A fome aí está, crônica, esfomeando metade dos brasileiros. A propósito, a primeira coisa que tivemos de fazer no Rio de Janeiro, ao assumir o governo, foi dar uma boa merenda nas escolas: um pratão de comida – arroz, feijão e carne – a todo aluno da escola pública. A escola não é lugar de dar comida, isto é assistencialismo, diria algum alienado. Deveríamos dar emprego. Talvez seja verdade. Ocorre, porém, que enquanto não se consiga atingir essa meta do pleno emprego – só alcançável no plano federal – não poderemos deixar a criançada do Rio morrer de fome ou de prostração.

Com efeito, a economia brasileira não está organizada para ocupar o povo, como ocorria no período colonial ou nas primeiras décadas de nossa vida independente. Então, o que mais se importava era gente, era mão de obra. Mão de obra negra, escrava, da África através de séculos. Mão de obra branca, imigrante, mais tarde. Hoje, o que sobra aqui é gente, é mão de obra querendo ser explorada por algum patrão que não aparece. Se pudéssemos exportar os mineiros, os cearenses, os goianos, talvez se desse jeito, viabilizando até o capitalismo dependente. A Europa exportou no último século uns 60 milhões de europeus para as Américas e outras partes. Sobrava, então, branco para exportar. Somados aos que matou em guerras, eles perfazem uns 100 milhões. Com sua erradicação do quadro demográfico europeu, se evitou a revolução inevitável que Marx vaticinava.

Nossa classe dominante não tem essa saída singela para nossa crise de superpopulação. De fato, uma crise de subemprego e de subutilização de nossos recursos; crise, na verdade, programada como um projeto próprio das classes dominantes, que querem continuar enricando, indiferentes ao povo que cresce na fome, na ignorância.

Não tendo como exportar nossa gente – ninguém os requer –, temos é que reorganizar a vida aqui em outras bases, a fim de que o povo possa trabalhar, comer e viver. Isso nunca foi feito. Nosso povo sempre viveu famélico, por maior que fosse o PIB ou o produto *per capita* de que falam esses economistas desvairados. A renda *per capita* dos negros produtores de açúcar de Pernambuco ou da Bahia era a mais alta do mundo do seu tempo. Maior, ainda, era a dos negros tiradores de ouro de Minas Gerais, que multiplicavam a existência de ouro neste mundo. Mas uns e outros duravam em média sete anos no eito.

Não se estranhe que eu fale hoje disto, aqui. Esta Universidade de Brasília existe para tomar estes problemas em sua carnalidade, a fim de equacioná-los. Existe para entender o Brasil com toda profundidade, e a primeira tarefa que se impõe no exercício dessa missão é ter a coragem de lavar os olhos para ver nossa realidade, é perscrutá-la, é examiná-la, é analisá-la. O Brasil, entendido como seu povo e seu destino, é nosso tema e nosso problema.

Assinalei até aqui as falsas causas de nosso atraso histórico, os fatores responsáveis, os supostamente responsáveis, por andarmos na rabeira de tantos povos, nossos contemporâneos. Cumpre perguntar agora: se aquelas causas e fatores eram infundados e falsos, quais são os verdadeiros? Não pretendo aprofundar-me na resposta a esta questão. O que se cumpre perguntar aqui e agora é que culpas cabem a nós, universitários, neste campo. Uma primeira resposta a essa questão não é difícil. Que universidade nossa discute as causas do atraso em suas cátedras, como uma questão fundamental? Que universidade toma esses temas como sua causa? Todo o saber acumulado nelas é fiel ao povo que as subsidia para formar e manter as cabeças mais brilhantes?

Temo muito que nossos acadêmicos não tenham sido fiéis ao povo brasileiro. Temo até que a maioria de nós serviu mais a sua opressão que a sua liberação. Por exemplo, no curso da longa ditadura que acaba de eclipsar-se, vimos florescer extraordinariamente as Ciências Sociais em nosso país. A politicologia esgalhou-se em dezenas e dezenas de doutorados. Não é espantoso que isso ocorra precisamente quando mais se torturava no Brasil? Não é de perguntar como e por que, quando havia menos política, quando os militantes políticos eram despedaçados na tortura, assassinados e tinham seus corpos escondidos, mais doutores em ciência política se multiplicavam pelo país afora?

Por tudo isso é que precisamos ser claros no debate permanente das funções e dos deveres da universidade para com o povo. De todas e de cada uma das universidades brasileiras, mas muito especialmente desta nossa Universidade de Brasília. A UnB não é uma universidade qualquer. Muito lutamos para criá-la. Havia demasiadamente gente contra. Israel Pinheiro, engenheiro admirável, dizia que duas coisas não deveriam existir em Brasília: operários e estudantes. É evidente que Juscelino não se guiava por esse critério, mas ele também duvidou da conveniência de se criar aqui uma livre universidade pública ou uma universidade privada. Nós que lutamos para ver surgir a Universidade de Brasília, tal como foi concebida e afinal consagrada na lei, sempre a pensamos como a Casa da Consciência Crítica em que o Brasil se explicaria e encontraria saída para seus descaminhos.

Cabe assinalar agora que, dentro do Brasil, Brasília em particular é tema, causa e problema dessa nossa UnB. Brasília foi feita para transposição da burocracia do Rio de Janeiro para cá. Ela trouxe consigo, é certo, grande quantidade de gente que dominava vários campos do saber, mas eles eram os poucos, dentre os numerosos servidores que lá assessoravam desde sempre o poder público. Felizmente Brasília foi feita por Juscelino, aquela beleza de pessoa. Imagino o que seria essa nossa Brasília, se ela fosse feita por Dutra. Dutra que fez o Ministério da Guerra, o do Rio de Janeiro, aquele despautério. O nosso orgulho de termos a cidade do milênio, o devemos a JK, à sua coragem de chamar Oscar Niemeyer e Lúcio Costa para aqui reinventarem a cidade.

Voltemos, porém, à questão que colocávamos: às funções da universidade, à necessidade de se repensar seu papel, especialmente o que devemos à cidade de Brasília e aos órgãos de poder aqui instalados. Há quem diga que em Brasília o que sobra são assessorias. Só a Câmara dos Deputados teria mais assessores do que todos os Parlamentos do mundo. São as más-línguas. Não deve ser verdade.

Não falo desse tipo de assessores. Falo de uma assessoria cultural, científica e técnica, que seja independente e insubornável, composta por sábios, que não sejam servidores de ninguém, que não dependam de partido nenhum. Essa assessoria autônoma só a universidade pode dar. No Rio de Janeiro contava-se com uma cultura erudita arraigada que lá podia dar esclarecimento, antes que qualquer decisão fosse tomada, por qualquer potestade. Aqui no pasto goiano, onde e com quem os poderes vão se informar? Com as vacas magras e chifrudas que pastam no cerrado? Aqui não haveria com quem se assessorar, se não se realizasse um transplante cultural prodigioso. Essa é a façanha que tentamos realizar.

A Universidade de Brasília veio cumprir essa função. Para tanto o requisito indispensável é que ela surgisse como universidade autônoma, a fim de que tivesse condições de tratar com os representantes dos Poderes com a independência da Casa dos Saberes, como o Centro de Cultura em que o professor independente possa pensar de forma diferente do governo. Assim foi sonhada essa Universidade. Ela foi pensada, também, como indispensável para que Brasília pudesse conviver com os outros centros culturais do país, como Rio, São Paulo, Belo Horizonte; e com os estrangeiros, como Paris, Roma e tantos outros. Só atendendo a esses requisitos a UnB poderia tornar Brasília capaz de, um dia, multiplicar-se com grandeza e sabedoria. Brasília é arquitetônica e urbanisticamente o fruto mais maduro da cultura-Rio. Foram precisos séculos para produzirmos Lúcio e Oscar. Brasília disso se beneficiou. Ela surgiu quando o Rio se tornou um centro autônomo de civilização. Brasília precisa ser, ela também, um centro assim. Essa é a nossa tarefa.

Assim pensamos ontem, quando planejamos a Universidade de Brasília, tal como ela era. Hoje são vocês que a têm nas mãos, como um desafio, desafio tremendamente difícil. Querem um exemplo? Eu sei fazer odontólogos e matemáticos, por exemplo, em qualquer quantidade. Quantos advogados ou psicólogos vocês querem: 14 mil? 17 mil? Médicos, vocês querem 20 ou 40 mil? Engenheiros, 30 ou 100 mil? Eu os formo todos. Deem-me uns poucos anos e os formo bem formados. Agora me peçam um Oscar Niemeyer e eu não formo nenhum. Peçam um Aleijadinho e eu não formo nenhum. Peçam um Villa-Lobos e eu não formo nenhum. Essa é, entretanto, a nossa responsabilidade, a que somo outra, ainda maior: a de criar aqui uma cidade autêntica, singular e criativa como Ouro Preto, Bahia, Rio. Isso é o que Brasília há de ser. Como? Como negar, porém, que essa é a missão da UnB? Mas como ajudar a florescer aqui um centro cultural autônomo e criativo? Tentamos contribuir para isso, criando no nosso *campus* um ambiente propício. Foi com esse objetivo que demos casas a artistas que aqui vieram viver, para pintar ou ensinar a pintar, se quisessem; para fazer gravuras ou ensinar gravuras, se quisessem; para fazer música e ensinar a apreciar música, se lhes aprouvesse; mas, essencialmente, para conviver conosco, para ajudar a compor uma comunidade universitária, enriquecida por gente criativa em todos os planos.

O reitor Cristovam Buarque nos dizia em seu discurso que não é com carta doutoral que se comprova competência. Assim é. Aqui na UnB, quando se fez a lei, fui eu que a redigi. Nela se inscreveu que esta é uma universidade experimental, livre para tentar novos caminhos na pesquisa e no ensino. Formamos e doutoramos, por exemplo, em quatro anos, um rapaz de alto talento matemático que não tinha nem diploma primário. A família superprotegendo-o não havia lhe dado escola, mas ele tinha uma cabeça ótima. Aqui chegou, começou a frequentar aulas de matemática, como aluno livre, logo saltou para o mestrado. Os matemáticos me disseram que ele era ótimo, mas não podia estudar oficialmente, porque não tinha nem o ginasial. Isto eu resolvo – respondi –, e dei-lhe o ginasial. Em quatro anos o rapaz Fausto Alvim era doutor, não doutor feito por mim, ele fez seu doutorado na Inglaterra, brilhantemente. Esse caso exemplifica a responsabilidade que tomamos às vezes no livre exercício das regalias de uma universidade experimental e livre. Outro exemplo nos dá Zanini, que também não tinha curso superior e foi feito professor da Universidade de Brasília, por sua competência específica e admirável, excelente professor.

Não sei como andará aquela lei que redigimos e fizemos aprovar. Ela dava à Universidade de Brasília regalias especiais. Por exemplo, o usufruto das rendas líquidas da Companhia Siderúrgica Nacional. Outorga que se perdeu, ao que sei. Que mais se perdeu nas transformações legais que se fizeram nestes anos todos? Ignoro. O importante é que não se perca a liberdade de tentar acertar por diversos caminhos. A responsabilidade de ousar. O direito de errar.

Peço a vocês a paciência de me ouvirem uns minutos mais. Tenho algumas coisas a dizer, hoje, que não quero calar. Nosso amigo Pompeu referiu-se às duas lealdades a que a Universidade se deve. Ele está sempre falando delas e o faz com toda razão e propriedade. Quero comentá-las e acrescentar a terceira lealdade, inscrita também nos nossos estatutos originais. Refiro-me à lealdade aos padrões internacionais do saber; mestrado ou doutorado de mentira, como moeda falsa, é crime contra a cultura, mais do que isso, é crime contra a pátria. Isso é muito importante. Vi recentemente uma lista de instituições acadêmicas com o mais alto grau de excelência de nosso país. Ignoro quais foram os critérios e creio até que eles poderiam ser discutíveis. Mas com comparativos e a posição da Universidade de Brasília em cada campo se não era desprezível, era muito baixa.

Nosso prestígio minguou demais. A ditadura que avassalou e humilhou nossa UnB não teve nem mesmo a competência meramente técnica que é compatível com o despotismo. Ela rebaixou essa Universidade.

É preciso estar atento para isto, uma universidade se faz é com gente, é com gente competente, é com gente muito competente. É preciso evitar, impedir, todo compadrismo. É preciso exterminar todo filhotismo. É preciso vedar todo protecionismo. Esse espírito paternalista de achar que quem entrou, por medíocre que seja, pode ir ficando; que um professor-auleiro deve ser deixado por aí cumprindo seu papel, ainda que o faça muito mediocremente, mata uma universidade.

Uma universidade se faz é com multiplicadores. O primeiro gesto nosso, quando começamos a implantar a Universidade de Brasília, foi abrir, simultaneamente, a primeira série da graduação e os cursos de mestrado. Como conseguimos isso? Escolhemos 80 jovens de talento e os trouxemos como instrutores juntamente com seus futuros mestres. Pertence, que está sentado ali, o Procurador-Geral da República, veio para cá como um desses instrutores. Era um dos jovens que selecionamos informalmente entre os melhores da sua geração. Nós o encontramos perguntando a seus professores: qual o menino mais inteligente que apareceu por aqui ultimamente?

Um instrutor de então era um estudante de mestrado, com prazo de três anos para conseguir seu grau e prosseguir no doutorado, ou não conseguir e sair da Universidade. Enquanto frequentava os cursos de pós-graduação, ele dava aulas aos alunos de graduação. Os professores sem doutorado tinham também um prazo máximo de cinco anos para alcançá-lo e só permaneciam na UnB se classificados entre os melhores que se ofereciam. A função de professor titular não pertencia à carreira docente; era o posto de um mestre chamado a conduzir programas de pós-graduação por sua competência reconhecida por seus pares e demonstrada numa obra copiosa e profunda.

O nosso Reitor tem que sair por aí, ele também, com a lâmpada na mão, procurando talentos, roubando talentos, onde puder, mas trazendo para cá, além dos talentos jovens, também todos os talentos maduros que puder atrair. Celso Furtado, que está aqui a meu lado, vai para Bruxelas, como embaixador, é uma pena. Não sei o que ele vai fazer lá. Suponho, porém, que se lhe fosse dada pela UnB oportunidade de criar um Centro de Estudos Econômicos da América Latina, ele até que poderia aceitar. Exemplifico com Celso um raciocínio que é válido para muitos dos poucos intelectuais maduros que o Brasil tem. Se lhes forem dados uns poucos recursos, um milésimo do que nossa Universidade gasta para trazer meia dúzia de colegas seus dos melhores, eles formarão, aqui, um novo núcleo multiplicador.

No caso da economia, clama aos céus a necessidade urgente de criar núcleos capazes de repensar a problemática nossa e da América Latina. Os economistas oficiais estão todos doidos. A economia, desvairada. Ninguém trabalha na busca pelas alternativas válidas que se abram a nós para sair desse atraso autoperpetuante. É preciso repensar outra vez tudo, é preciso juntar gente nova, de cabeça fresca, e lhes dar meios, desafiando-os para, com toda a liberdade, criar uma nova economia. Criá-la, como só uma universidade pode fazer, sem que ninguém dê ordens e palpites em cima do trabalho deles, só com o objetivo de – reconhecendo que esse país nosso não deu certo – buscar o modo de criar uma economia de prosperidade generalizável a toda a população, para que o Brasil dê certo. É com gente assim, é com pensadores maduros que para cá venham repensar todos os problemas da civilização, do mundo, da América Latina, que sairemos um dia do atraso. Para tanto, é preciso abrir a Universidade aos talentos mais promissores que surjam no Brasil. É preciso acabar com o paternalismo. Essa ideia daninha de que uns tantos anos de serviço dão direito à ascensão aos postos mais altos, e até à função de professor titular, é pura loucura no caso da Universidade. Isso aqui não é carreira militar que pode ser gerontocrática e hierárquica, porque de fato eles não precisam fazer guerra nenhuma. Nós sim, nós temos que travar nossa guerra contra o atraso, e nela só se vence com competência.

Esse é o sentido preciso da lealdade aos padrões internacionais do plano do saber a que eu aludia. Para fazê-lo sentir mais carnalmente, figadalmente, permitam que eu reconte aqui um episódio histórico conhecido de todos, mas demonstrativo, como nenhum, de insubstitubilidade do saber científico. Reporto-me a um dos momentos mais trágicos da vida humana. Aquele em que os norte-americanos lançaram suas bombas atômicas sobre Hiroshima e Nagasaki, deixando o mundo perplexo. Sabe-se, agora, que elas não eram necessárias para vencer a guerra, a guerra estava ganha.

Elas foram as bombas da Terceira Guerra Mundial, destinadas tão só a coagir a União Soviética e o mundo para tudo se submeter à hegemonia norte-americana. Os russos tinham perdido 17 milhões de habitantes. A nação debilitada sentiu que as bombas eram lançadas contra ela. Stalin encolheu-se, indagando o que fazer diante da bomba. Frente à nova hegemonia romana, a *pax* americana, fundada no monopólio da bomba do fim do mundo, o mundo todo, apavorado, se perguntava: que fazer contra quem tinha a bomba, quem tudo podia? Stalin simplesmente chamou os universitários, os físicos, os matemáticos, os químicos e lhes disse: a URSS precisa da bomba. Os russos, com sacrifícios inenarráveis, haviam acabado de evitar o milênio hitlerista: agora viam um novo despotismo se levantar em nome da liberdade e do lucro.

Outro milênio hegemônico contra o mundo inteiro se implantaria se não tivessem a bomba. Só os cientistas podiam dá-la. Em três anos, Stalin teve a bomba atômica: dois anos depois teve a bomba de hidrogênio. Manteve, assim, o equilíbrio do poder, terrífico equilíbrio do terror recíproco. Melhor, é verdade, que a *pax* ditada por Wall Street.

Meus queridos amigos, saber é isto: uma força, uma arma. Naquela conjuntura de guerra ou aqui na nossa conjuntura do subdesenvolvimento, da dependência, da guerra contra a pobreza, contra a ignorância, o acelerador da história é o saber. Ao menos é esse o acelerador que a nós, universitários, cumpre dominar e manejar. Esse é o sentido profundo do nosso princípio de fidelidade aos padrões internacionais do saber. Ciência falsa e mediocridade nada são, nada podem.

No caso da universidade, esse desafio científico aponta para o dever de evitar que se cultive um saber fútil, inútil. Que seja esse saber de brincadeira de tantos acadêmicos universitários, em que um escreve para o outro.

Às vezes acho que a imensa maioria dos cientistas vivem do prestígio da ciência sem jamais contribuir mensuravelmente para ela. Tem que ser assim, concordo eu; mas não pode ser só assim. O último reino da irracionalidade é a ciência que, embora sendo a província mais racional do mundo, é também não suscetível de ser "racionalizada". Seus precários êxitos se baseiam exatamente no fato de que milhares de pessoas têm que estar procurando, às cegas, as mesmas coisas por caminhos diferentes, porque não sabem onde vai estalar a descoberta. Só um racionalizador doido, gerindo as pesquisas do câncer, por exemplo, tiraria 200 mil pesquisadores, por serem demasiados, reduzindo-os a 20 mil, para fazer cada qual trabalhar no seu eito, sem ninguém repetir o que o outro está fazendo. Isso seria a loucura desvairada. Se 200 mil nada descobrem, quanto mais 20 mil...

Como se vê, a ciência é por sua natureza uma procura, uma busca, uma inquietação anárquica, aleatória que tem de ser livre e até arbitrária. Mas essa liberdade tem de ser exercida dentro da pasta de dois sentidos de responsabilidade. A responsabilidade de que o saber não seja inútil, mas sirva ao seu povo e ao seu tempo, ponderado com a responsabilidade de que ele seja livre, vale dizer, sem nenhuma ideia utilitarista, pragmática de que a ciência deva se dedicar a tarefas práticas. Aprendemos a duras penas que nada há de mais frutífero do que a pesquisa pura, nominalmente infrutífera.

Dentre as questões postas ao saber que utilizamos, cumpre enfrentar primeirissimamente esta pergunta: por que este país nosso não deu certo? País que deu certo, para mim, é aquele em que cada pessoa tem um emprego, em que todos comem todo dia, em que toda criança vai à escola, em que todos têm moradia, em que todo velho e doente é amparado. Isso é um país que deu certo. Há muitos que deram certo. Um país que deu certo pode não dar bola para o que se faz na universidade, pode despreocupar-se com o saber que nela se curte; mas um país que não deu certo como o nosso, não. Estamos desafiados a perguntar ao nosso filósofo: filósofo, qual a sua utilidade?

Não estou querendo que ninguém diga ao filósofo o que ele vai fazer. Quero é dizer ao filósofo que participe do debate com o matemático, com o economista, com o geólogo: o Brasil é nossa causa. A luta contra o atraso é nossa guerra e nessa guerra a universidade toda está envolvida, a filosofia também, esta é a segunda lealdade.

A terceira lealdade – trágica lealdade, cujo descumprimento vocês sofreram na carne – está inscrita, ela também, nos estatutos da UnB, mais ou menos com os seguintes termos: nesta Universidade ninguém, professor ou aluno, será punido ou premiado, jamais, por sua ideologia. É o princípio do respeito recíproco, da tolerância, da liberdade docente. É preciso que a esquerda, reintegrada agora em seus direitos, não faça o que fazia a direita; não comece a ser intolerante. A tolerância é condição essencial da vida universitária; a provação mais dura, mais humilhante que vocês sofreram, foi aquele reitor sabe-tudo que aqui estava. Ele sabia perfeitamente qual professor pensava bem e qual pensava mal, era subversivo. Ao primeiro dava premiozinhos, ao outro punia. Onde isso ocorre numa universidade, o espírito humano fenece e a criatividade morre.

Como se vê, essa lealdade, tal como as outras duas, é fundamental, e a UnB deve ter orgulho dela. Vocês precisam tomar aquele velho estatuto para ler e pensar. É até provável que não sirva mais para a UnB de hoje, mas nele se incorporam valores permanentes que se tem de recuperar. Valores oriundos do amplo debate com base no qual se estruturou a UnB. Aqueles debates tiveram uma importância crucial na história da inteligência brasileira. Foi a partir deles que se elaboraram os documentos basilares da Universidade de Brasília, documentos relevantíssimos em dois planos: pela crítica das instituições universitárias que tínhamos e que pela primeira vez em nossa história eram examinadas com objetividade e descritas na mediocridade que encarnavam e pela proposição de uma universidade de utopia. Até então, todos estavam muito contentes com a universidade que tínhamos, nem se sabia que ela era problema. Foi o projeto da Universidade de Brasília que serviu de tábua de contrastes para a reforma universitária. Dizendo o que nossas universidades eram em comparação com o que a UnB ia ser – embora nunca tenha sido –, elas tomaram consciência de si mesmas e, envergonhadas, trataram de melhorar. Assim se desencadeou a reforma frustrada por razões externas iníquas.

A Universidade de Brasília tem de voltar a exercer essa liderança intelectual, pensando com profundidade a universidade e a nação. Propondo alternativas às práticas que aí se veem, deploráveis, de uma universidade em que os professores fazem de conta que ensinam e os alunos fazem de conta que aprendem. Uma farsa trágica.

Voltando ao nosso princípio das responsabilidades sociais da universidade, quero assinalar mais profundamente, ainda, o papel da universidade como a Casa em que a nação brasileira se pensa a si mesma como problema e como projeto. Não podemos deixar isso em mãos dos políticos, menos ainda, em mãos dos militares ou de seus sequazes tecnocratas: eles não têm nem identidade nacional efetiva, nem grandeza mental suficiente para pensar no Brasil em todas as suas potencialidades, vendo nosso povo como protagonista da história universal.

É preciso que essa Universidade de Brasília aprofunde a ideia de que somos uma parcela muito importante desse mundo, um pedaço ponderável e belo da humanidade, se não o maior, diria eu, o melhor. Vamos ser 200 milhões perto do ano 2000. Vale dizer, um dos blocos nacionais maiores e o mais homogêneo da terra no plano cultural e linguístico. Junto com os outros latino-americanos, somaremos 600 milhões. Só seremos comparáveis, então, aos eslavos, aos chineses e aos neobritânicos. Essa mola humana, uma nova romanidade mestiçada de sangues negros e índios, é o quadro histórico da América Latina que constitui o campo em que o nosso destino vai se jogar.

Temos obviamente um papel relevante a representar no mundo. Fico perplexo, vendo Cuba com seus parcos 10 milhões de habitantes ser vital para a independência da África e nós não sermos nada. Esse nosso Itamaratyzão de gorduras flácidas é ridículo frente a Cuba que, fazendo das tripas coração, garante a independência de Angola.

Meus amigos, meus companheiros, meus colegas, é preciso aprofundar esse raciocínio, é preciso definir nosso papel na América e no mundo. Temos que encontrar um caminho nosso de realização de nossas potencialidades, de exercício pleno de nossos poderes para a realização de nosso destino. Aquele destino que nós mesmos definiremos para nós e não o que nos é induzido, hoje, pelos que fazem de nós a contrapartida necessária e subalterna à sua própria grandeza.

Nosso caminho não será o soviético, nem o japonês, nem o canadense. Ninguém revive a história alheia. Cada roteiro trilhado por um povo no esforço para realizar, na civilização a que pertence, o seu destino é um caminho próprio e único. Assim será o nosso, precisamos é de claridade para encontrá-lo. Sabendo bem que, espontaneamente, pelo entrechoque de interesses a partir da situação de dependência em que vivemos, nosso atraso relativo será crescente. Isso porque outros crescem a um ritmo mais acelerado que o nosso, inclusive porque nos exploram, comendo nossa carne, bebendo nosso sangue.

É imperativo e urgente que se rompa a estrutura legal que estrangula o Brasil. Estrutura urdida secularmente pela velha liderança patricial brasileira, sempre vaidosa de termos alguma lei mais explícita que a inglesa em algum campo de defesa das liberdades, entre os pares; sempre indiferente à sorte do povo. Só nos realizaremos pelo caminho inverso de reescrever suas leis, de passar a limpo a institucionalidade vigente, proscrevendo o latifúndio que ela consagra, coactando a espoliação estrangeira que ela legaliza. É chegada a hora, uma vez mais, de rever esta institucionalidade pervertida e perversa. Em outras instâncias, quando isso ocorreu, a oportunidade se perdeu. Em todos os casos, porque a reabertura do debate sobre as bases constitucionais da vida nacional se deu mais para legitimar as riquezas e os poderes tidos e regidos do que para alterá-los. Assim foi com a Constituição que nos fez independentes, uma história trágico-cômica. Assim foi com a primeira Constituição republicana, uma história cômico-trágica. Assim foi, ainda, em 1934. Assim foi no pós-guerra, quando uma Constituição liberal-reacionária deu nossos fundamentos de legitimidade ao latifúndio, ao entreguismo e à espoliação.

Quando vemos surgir uma comissão constitucional biônica, integrada, principalmente, por netos, filhos e sobrinhos de velhos constituintes, o que devemos pensar? Para que retornam eles outra vez? Não será demais? Algum malvado poderia até achar que os mais vetustos deles deviam ser proibidos de entrar nessa discussão porque têm genealogia demais. Se queremos uma Nova República, como pedirmos suas leis aos pais e padrinhos e afilhados da República Velha? O que eles podem trazer de melhor, temo eu, é o espírito de Rui Barbosa, a sagacidade jurídica, a manha tremendíssima, que não foi roubada, mas herdada, da velha classe dominante lusitana, numa continuidade histórica tão admirável como detestável.

Deixem-me dar um exemplo mais. Com dez anos de diferença a lei brasileira e a norte-americana institucionalizaram o modo de apropriação das terras públicas. Lá se estabeleceu na lei a posse como forma de propriedade. Aqui, a compra. O Estado dá terras a você em outorga ou você as compra de alguém, no Brasil. Isso significa que o caboclo que lá está no Brasil Central, na Amazônia, lavrando a terra, com o padre o benzendo e o confessando, é um invasor quando chega a Volkswagen com o título registrado no cartório, provando que a proprietária é ela. Nos Estados Unidos é o contrário, lá, a lei abriu o Oeste à colonização do vaqueiro. Quem chegue e faça uma casa e uma roça tem garantida a posse de uma granja que não pode exceder a 30 hectares. Vale dizer, lá prevaleceu a lei da posse, que deu legalidade à criação de milhões de granjas, onde o povo livre, capaz de prosperidade generalizada, se expandiu. Aqui, a lei legitima, há quase duzentos anos, o latifúndio. O que se expande é a propriedade imensa e infecunda. É o monopólio da terra, menos para usar – porque não usa – do que para compelir toda mão de obra a servir aos fazendeiros. O lavrador que sai de uma fazenda, cai noutra igual.

Ultimamente, tenho falado muito, no Rio, de *Síndrome de Calcutá*. Pondero que, se o Rio crescer, de 1980 ao ano 2000, como cresceu de 1960 a 1980, chegará a ter 17 milhões de habitantes. A isso é que chamo *Síndrome de Calcutá*. São Paulo, pelo mesmo cálculo, terá 24 milhões, será a maior cidade do mundo e a mais faminta e infeliz.[1] Como em Calcutá, na Índia, a maioria da população vai nascer e morrer na rua, sem nunca ter tido casa. Os ricos viverão em campos de concentração aramados e eletrificados, com medo dos pobres.

Isso é o que fez a ditadura militar para impedir que a legislação agrária e antimultinacional do presidente João Goulart se implantasse. O que Jango e eu queríamos era nem mais nem menos do que criar 10 milhões de pequenos proprietários, fixando metade da população brasileira na terra para impor um novo pacto às multinacionais, proibindo que o capital que cresceu aqui, em cruzeiro, se multiplique em dólares. Era criar universidades como essa nossa UnB como casas da crítica e da conscientização, que ajudassem o povo brasileiro a definir e a realizar seu destino.

1 De acordo com dados divulgados em 2014 do censo realizado pelo Instituto Brasileiro de Geografia e Estatística (IBGE), a população da capital carioca foi dimensionada em 6,5 milhões de habitantes. Já a cidade de São Paulo, segundo dados do mesmo levantamento, abriga 11,9 milhões de pessoas. (N. E.)

Meus queridos amigos, tudo que disse tão longamente quer apenas significar que as questões cruciais que estão postas para a nação estão postas também para a Universidade. A causa da universidade brasileira é o Brasil. O Brasil é nossa tarefa. Pois bem, o Brasil vai ser passado a limpo, a lei básica vai ser novamente reescrita, teremos uma nova Constituição. Poderia isso ser indiferente à universidade? Não. A universidade tem que preocupar-se com toda profundidade com essa questão. Pensar nas alternativas que se abrem nesta hora, vendo e fazendo ver quais as consequências previsíveis de cada um dos caminhos que possamos tomar.

Não nos esqueçamos de que a Constituição zera tudo, como no dia da criação. Dos que nada têm, zera o nada que têm. Dos que muito têm, ameaça minguar parte do que têm. Isso torna crucial o problema da Constituinte. Aí estão, todos os vemos, por todo o país, são os ruibarbosinhas aflitos, os tecnocratas vorazes e corruptos, os gerentes das multinacionais, os latifundiários, a mídia; todos prontos e mancomunados para fazer a Constituição deles, aquela que lhes dê mais garantias e mais lucros. Quem se perfila do lado oposto vê como os donos das terras estão com os trabucos nas mãos, e seus capangas, como os empresários urbanos e seus porta-vozes políticos, estão se mancomunando, estão fazendo caixinhas e caixonas, estão conspirando. E nós, intelectuais, com poder precaríssimo, mas precioso, de mobilização da consciência nacional, estamos fazendo o quê?

Nossas universidades, esta Universidade de Brasília em particular, não podem fugir do debate constitucional; têm que discutir aprofundadamente cada opção. A alternativa não pode ser a façanha, supostamente revolucionária, de expulsão de todas as multinacionais. Não será também a de enforcar os fazendeiros. Não será, do mesmo modo, lamentavelmente, a de fazer dos bancos, das financeiras e das seguradoras um serviço público, como de águas e esgotos. Mas qual será?

Outras vezes, aqui no Brasil e lá fora, no meu longo exílio, participei de debates em conjunturas semelhantes, em busca de saídas. Participei até de esforços de implementação no poder de alternativas à ordem vigente. Confesso que não tinha noção, naquela altura, de que estávamos tentando impor ao capital estrangeiro, aos bancos e aos latifúndios alterações tão profundas que criariam uma modalidade nova de economia, modalidade que a América Latina toda copiaria, anulando, em consequência, a hegemonia norte-americana. Estávamos, sem saber, tocando no eixo do mundo. Agora sabemos que não se pode cutucar com vara curta. Sabemos hoje quanto precisamos de aliados, de apoios, sobretudo dos socialistas europeus, dos democratas norte-americanos, das igrejas de toda a parte, para viabilizar uma rota que abra a sociedade brasileira à participação, criando uma estrutura social mais voltada para a satisfação das necessidades do povo do que para a otimização dos lucros. Como alcançá-la? Nós não estamos condenados ao acerto, ao contrário, a tendência histórica, se continuarem mandando os que até agora mandaram, é submeter o Brasil a uma mera modernização, mantendo-o na mesma condição. O Nordeste então será mais faminto e todo o Brasil será um Nordeste.

Quero dar meu testemunho, amigos queridos: andei pela terra, conheço o mundo, vi com meus olhos que não há província mais bonita que o Brasil. Conheço bem o povo brasileiro, até como antropólogo posso dizer a vocês que não só a terra é boa como o povo é ótimo. O ruim aqui são os ricos. Os bonitos, os educados. Sinto na ponta dos dedos, se estico as mãos, que em tempos previsíveis e breves se pode criar aqui um país próspero e solidário. Temos todas as possibilidades de fazer com que o Brasil dê certo. A condição é proibir o passado de se imprimir no futuro. É interromper a dominação hegemônica e pervertida de nossa classe dominante infecunda. Inumeráveis são os exemplos de que ela e seus tecnocratas só planejam contra o povo. Aí está esse horror que é o Projeto Carajás. Metem lá todo o dinheiro do Brasil, para produzir o minério que os estrangeiros querem consumir. Vão produzir no Brasil um buraco maior que o maior buraco do mundo – que é o de Itabira, em Minas Gerais – deixando os brasileiros tão pobres como os mineiros.

Outro exemplo nos é dado pelos que querem mais capitais estrangeiros, mais indústrias e multinacionais, mais modernização modernosa. Eles se esquecem que São Paulo tem mais indústrias do que a Inglaterra tinha quando enfrentou a última guerra. Mas esta indústria, ao contrário da inglesa, não é nossa. Aqui implantada, cumpre a função de uma bomba de sucção do sangue brasileiro, de colonização interna do Brasil. Frente a essas questões, as universidades brasileiras têm que se mobilizar. E nelas, e muito especialmente nesta minha, nossa, Universidade de Brasília, ponho minhas esperanças maiores, de ver um pensamento utópico concreto se formular, conclamando os brasileiros a definir aqui e agora o Brasil que há de ser.

Termino essa longuíssima fala à minha filha querida, desviada, que volta a ser minha namorada. Dizem que falei mal dela, não é verdade. Apenas lamentei a dor que me doía de vê-la avassalada. Hoje, meu sentimento é de euforia. Eu me sinto um freudiano enamorado da minha filha querida que é a UnB.

Imensa é minha alegria de saudar o renascimento da UnB. Só me resta assinalar que nossa querida UnB renasce – e renasce bem e em boas mãos – porque renasce no Brasil a liberdade. A questão fundamental é a liberdade. Reitero: nossa tarefa é o Brasil, mas nossa missão fundamental para que o Brasil se edifique para seu povo é a liberdade.

# Minhas peles

Quem sou eu? Que fiz eu de minha vida? Até gosto de me ser, tal qual sou, mas reconheço que meus méritos são escassos. Minhas mãos, inúteis para fazimentos, só servem para escrever e acariciar. Não sei dançar, nunca soube, o que sempre me vexa. Olho, idiota, o céu, maravilhado de seu esplendor, sem reconhecer constelações ou estrelas. Das árvores inumeráveis do meu mundo brasileiro, todo feito de arvoredos os mais variados, reconheço uma dúzia, se tanto. Diante das flores, do milagre de suas formas, cores, perfumes, eu paro perplexo. Só reconheço rosas, cravos, jasmins, girassóis e umas poucas mais. A música clássica, prodigiosa criação humana, me assusta e me cansa. Fala a outros muito mais que a mim.

De todas as coisas desse mundo tão variado, a única que me exalta, me afeta, me mobiliza, é o gênero humano. São as gentes. As ínvias gentes índias, com quem convivi intimamente tantos anos, os mais belos que vivi. As gentes nacionais, que me acolheram nos meus longos anos de exílio mundo afora. Mas, principalmente, minha amada gente brasileira, que é minha dor, por sua pobreza e seu atraso desnecessários. É também meu orgulho, por tudo o que pode ser, há de ser, como uma Civilização Tropical de povos morenos, feitos pela mistura de raças e pela fusão de culturas.

Meu tema, aqui, sou eu mesmo e devo versá-lo com o gosto que tenho e confesso de falar de mim. Quem sou eu? Às vezes me comparo com as cobras, não por serpentário ou venenoso, mas tão só porque, eu e elas, mudamos de pele de vez em quando. Usei muitas peles nesta minha vida já longa e é delas que vou falar.

A primeira de minhas peles que vale a pena ser recordada é a do filho da professora primária, mestra Fininha, de uma cidadezinha do centro do Brasil. O menino que um dia roubou um pacote de um quilo de azul de metileno e atirou, apavorado, no reservatório de água da cidade para vê-lo azular. Me haviam dito que aquilo daria para colorir o Oceano Atlântico, a mim que nunca havia visto nem mar nenhum. Levei uma surra danada, mas não me corrigi. Continuo fazendo bobagens e desafiando este mundo, só pelo gosto de vê-lo variar.

Outra saudosa pele minha foi a de etnólogo indigenista. Vestido nela, vivi dez anos nas aldeias indígenas do Pantanal e da Amazônia. O fundo de meus olhos da memória é feito da visão que retive da beleza daquelas províncias do planeta, as mais belas. No Pantanal, vi uma vez uma lagoa grande cheia de aves – garças, colhereiros, tuiuiús – que assustadas por mim saíram voando. Era como se a lagoa voasse. Na Amazônia, um dia, atravessando a mata espessa, deparei com uma clareira onde uma árvore havia caído, talvez uma década antes, e o sol penetrava, ajudando a floresta a refazer-se. Ali, no tronco caído, exposto e iluminado, estava bem quieta uma enorme onça negra. Lá ficou ela, um momento ou um século, olhando com seus olhos verdes aqueles bichos-gente – os índios e eu – que avançávamos. Ela me olhava e eu olhava para ela, extasiado, até que se foi, desdobrando-se num salto elástico, que ainda vejo.

Mas eram os povos índios que me interessavam supremamente naqueles anos. Demasiados anos, para simples pesquisa antropológica. Insuficientes anos para o meu gozo e minha curiosidade de entender aquela humanidade em flor. Eu queria compreender seu veemente desejo de beleza, expresso em cada um dos seus artefatos, feitos com muito mais primor do que o necessário para cumprir sua função utilitária. A função verdadeira que os índios buscam em seus fazimentos é a beleza. É a perfeição que, impressa neles, exibe o caráter e a criatividade de quem os fez. Outro talento índio, ainda mais extraordinário, que me encheu de espanto, é a capacidade que eles têm de viver sempre convivendo harmoniosamente uns com os outros. Tendo passado tantos anos com eles, eu nunca vi um índio avançar sobre o outro numa briga. Jamais vi uma índia castigar fisicamente um filho. O que vi foi um carinho inesgotável com que os acariciam.

Quando digo que sou socialista, o socialismo que sonho é o de uma civilização avançada, com esse talento índio da convivência e da solidariedade. Creio que no convívio com os índios eu me refiz, o que aprendi com eles é talvez o que me singulariza entre os intelectuais de minha geração. Aos índios devo, também, a dignidade que me deu a luta que travo há quarenta anos para salvá-los. Não os salvei e esta é a dor que mais me dói. Apenas consolam algumas parcas conquistas, como a criação do Parque Indígena do Xingu e do Museu do Índio, do Rio de Janeiro.

Pele que encarnei e encarno ainda, com orgulho, é a de educador, função que exerço há quatro décadas. Essa, de fato, foi minha ocupação principal desde que deixei a etnologia de campo. Lembro-me bem dos primeiros anos do meu trânsito de antropólogo para educador. Minha ignorância e ousadia eram tamanhas que o meu mestre, Anísio Teixeira, dizia de mim que eu tinha a coragem dos inscientes. É verdade. Eu investia contra o analfabetismo ou pela reforma da universidade com mais ímpeto de paixão que sabedoria pedagógica. Não me dei mal. Acabei ministro da Educação de meu país e fundador e primeiro reitor da Universidade de Brasília. Ela, ao nascer, cristalizava não só meu sonho maior, mas também a aspiração mais alta da comunidade científica e intelectual do Brasil. Ambas cientes da necessidade de dominarmos o saber humano para colocá-lo a serviço do desenvolvimento nacional, como o principal acelerador da história. Lamentavelmente, minha querida Universidade de Brasília decaiu logo depois de nascer, degradada pela intolerância da ditadura militar que se abateu sobre o Brasil.

Outra pele que ostentei e ostento ainda é a de político. Sempre fui em toda a minha vida adulta um cidadão ciente de mim mesmo como um ser dotado de direitos e investido de deveres. Sobretudo o dever de intervir neste mundo para melhorá-lo. Um intelectual dinamarquês pode legitimamente dedicar-se ao que bem quiser, indiferente à ordem social, porque a Dinamarca deu certo. Seu povo realiza bem suas melhores potencialidades dentro da civilização a que pertence. O Brasil não deu certo. Ainda não deu. Nossos intelectuais, por isso mesmo, são urgidos a tomar posição política. A miséria é grande demais para que possam ficar alheios.

Demonstrarei isso com dois exemplos. Primeiro, com a afirmação inegável de que a maioria da nossa gente, se não morre de fome, vive com fome. Isso ocorre no meio da prosperidade de uma lavoura comercial, socialmente irresponsável, só devotada a lucrar, produzindo álcool motor com cana-de-açúcar ou soja de exportação. Não produz é o que o povo come. Outro exemplo nos é dado pelas nossas 200 mil escolas públicas primárias. É inegável que elas formam mais analfabetos do que alfabetizados, uma vez que mais de 90% das crianças as frequentam por quatro ou cinco anos, mas delas saem sem a capacidade de escrever um bilhete ou de procurar um emprego num anúncio de jornal. Isso ocorre mesmo em centros tão ricos e civilizados como São Paulo e Rio.

Tamanhos fracassos só se explicam, a meu juízo, pela grave enfermidade nacional que é a desigualdade social e a insensibilidade diante do sofrimento dos pobres. Ela decorre, certamente, do fato de termos sido o último país no mundo a acabar com a escravidão. A classe dominante brasileira ficou marcada por isso. Ela é feita em grande parte de descendentes de senhores de escravos, indiferentes a seu destino. Só isso torna inteligível tanto descaso, seja pela fome do povo, seja pela ignorância generalizada. O Brasil sempre foi e ainda é um moinho de gastar gente.

É para lutar contra isso que faço política, movido por uma motivação essencialmente ética. Nunca fui um indiferente, ao contrário, meu pendor é para a indignação ante toda injustiça. Jovem, ainda na universidade, me fiz estudante comunista, porque esse foi o modo que encontrei de me preocupar com o destino humano, de me comover com o sofrimento de qualquer povo, em qualquer lugar da Terra. Entrei para a política militante quando vi, assombrado, o presidente Getúlio Vargas, com mais de 70 anos, matar-se, arrebentando o coração com uma bala, para fugir ao assédio de uma campanha de desmoralização pela imprensa, custeada pelos grupos mais ricos. Frente a esse drama, eu me perguntei por que aquele homem, o mais amado pelo povo pobre, era tão ferozmente odiado pelas elites. Vi, ali, que o que causava revolta na minoria, que vive à tripa forra, era sua identidade com os trabalhadores e sua política nacional de industrialização e de produção autônoma de petróleo e de eletricidade.

Desde então me defino como socialista. Socialista no sentido trabalhista, de quem luta para forçar o capital a remunerar melhor o trabalho, de lutar para que o Estado cumpra seus deveres na área de educação e de assistência às camadas mais carentes da população. Isto sou hoje.

Com a pele de político militante, fui duas vezes ministro de Estado, mas me ocupei fundamentalmente foi na luta por reformas sociais, que ampliassem as bases da sociedade e da economia, a fim de criar uma prosperidade generalizável a toda população. Nessa luta me concentrei principalmente na defesa de uma reforma agrária, que democratizasse a propriedade da terra a fim de integrar milhões de lavradores na economia nacional, evitando que se vissem forçados a engrossar a massa de favelados das cidades. Cerca de 10 mil grandes proprietários se apossaram de 80% do continente Brasil. Nesse mundão de terras, eles não plantam nem deixam plantar. Condenam, assim, milhões de brasileiros à penúria.

Fracassando nessa luta pelas reformas, eu me vi exilado por muitos anos e vivi em diversos países. Entretanto, minha pele de proscrito foi mais leve do que se poderia supor. Nela pude ver meu país em conjunto, como só se vê olhando de fora. Comparando, nela pude exercer-me largamente como educador e como político, aprendendo muito. Meu ofício, naqueles anos, foi o de professor de antropologia e, principalmente, reformador de universidades. Disso vivi. Propus reformas para a Universidade da República do Uruguai, para a Universidade Central da Venezuela e para o Sistema Universitário Peruano. Ajudei a reestruturação da Universidade de Argel, elaborei o projeto básico de implantação da Universidade Nacional da Costa Rica e propus, para a Universidade Nacional Autônoma do México, uma Faculdade de Educação e Comunicação.

Nenhuma dessas reformas ou planos de criação de uma universidade se cumpriu segundo as diretrizes que ajudei a formular, com equipes de educadores locais. Mas a função dos planos não é conduzir rigidamente as ações. É tão só promover uma autoavaliação da universidade e desenhar um paradigma do que é desejável para ela na forma de um plano decenal. A existência desse paradigma por si só justifica o imenso trabalho de elaboração de uma reforma. Só por existir, ele estabelece metas, impedindo o crescimento ganglionar das cátedras à custa das carnes da universidade. Cada um desses projetos de reformas foi reduzido a texto e publicado. Com base neles e, sobretudo, na minha experiência de criação da Universidade de Brasília é que elaborei meu livro *A universidade necessária.*

No campo político, minha atuação de exilado foi a de conspirar, por quatro anos, no Uruguai, cada vez mais desesperançado de nosso projeto de derrubada da ditadura militar. Mais adiante, fui chamado a uma atividade propriamente política. Primeiro no Chile, onde ajudei Salvador Allende a formular seu projeto de socialismo em liberdade. Depois, no Peru, onde fui ajudar Velasco Alvarado a transformar sua revolução nasserista num plano de socialismo cibernético.

Tentei também, naqueles anos, compreender melhor as causas do desempenho medíocre do Brasil na Civilização Industrial. Nesse esforço escrevi meus *Estudos de antropologia da civilização*. São cinco volumes, com quase 2 mil páginas. No primeiro deles, *O processo civilizatório*, proponho, para tornar nossa realidade inteligível, uma teoria não eurocêntrica da história. Em *As Américas e a civilização*, analiso as causas do desenvolvimento desigual da América Saxônica e da América Latina. Em essência, tento entender como e por que entraram em decadência na Civilização Industrial justamente as áreas que, no passado, produziram maiores riquezas e edificaram cidades majestosas como o México, Lima, Bogotá ou a Bahia, o Recife e o Rio de Janeiro.

No exílio, devolvido a mim, eu me fiz romancista, cumprindo uma vocação precoce que me vem da juventude. Estudante de medicina, eu era reprovado ano após ano porque não estudava o que devia, só me ocupava de ler e de escrever literatura. Sofri demais essas frustações, tanto que até corri risco de vida. Naquela angústia da busca por minha própria identidade, eu me dizia e repetia num diário que, não tendo decidido se ia nascer, me cumpria decidir naquela hora se queria morrer. Andei muito perto do suicídio, o que, visto da distância de 50 anos que me separam daqueles dias, mostra como foi difícil para mim viver meus 20 anos.

Mas eu falava é de minha literatura. Dela me afastei por décadas, primeiro, pela atração irresistível da etnologia indígena, tão cheia de seiva; depois, pelo envolvimento inevitável das lutas como educador e como político reformista. Só no exílio, nos seus longos vagares, tive ocasião e desejo de novamente romancear. Escrevi então meu primeiro romance, *Maíra*, o mais conhecido deles, em que revivo as emoções dos anos de convívio com os índios. Seu tema é a dor e o gozo de ser índio, tal como eu os pude sentir emocionalmente mas nunca fui capaz de expressar nos meus escritos científicos. Seu sentido é a morte de Deus, ou ao menos de Maíra, o Deus índio que renasce e morre porque este mundo não tem remédio.

Ainda no exílio, escrevi um outro romance, *O mulo*. Nele retomo meus recordos da primeira juventude, no feio mundo de minha gente paterna de senhores de terra, afeitos ao ofício de gastar gente com indiferença espantosa. Imaginei que o personagem principal, a quem por isso chamo de mulo, seria detestado pelos leitores. Não é assim. Como minha literatura não é maniqueísta, ele encarna muitas verdades, e o fato é que mais comove do que revolta.

Escrevi depois duas novelas mais. A *Utopia selvagem*, que é uma alegoria satírica da busca pela identidade dos brasileiros que, já não sendo europeus, nem índios, nem africanos, se perguntam o que são. Minha outra novela, *Migo*, é uma autobiografia inventada, mais confessional do que meus ensaios explicitamente autobiográficos.

De volta do exílio, retomei minhas peles todas. Hoje estou no Brasil lutando pelas minhas velhas causas: a salvação dos índios, a educação popular, a universidade necessária, o desenvolvimento nacional, a democracia, a liberdade. No plano político, me elegi vice-governador do Rio de Janeiro e depois senador da República.

Estas são as peles que tenho para exibir. Em todas e em cada uma delas, me exerci sempre igual a mim, mas também variando sempre. Se tivesse ficado em uma só, teria feito, talvez, uma vida de mérito. Exercendo tantos papéis – antropólogo, educador, político, romancista – me dispersei demais, perdendo consistência biográfica. Mas não me arrependo, se me fosse dado viver outra vida, eu faria o mesmo. Afinal, não vivemos só para servir. Vivemos também e principalmente é para nos exercermos como humana gente, curtindo a vida, tirando dela o gozo que nos pode dar. Apesar de todos os amargores, gosto muito de ter vivido a vida que vivi e guardo no fundo do peito a esperança de que meus fazimentos maiores não estejam no passado, mas no futuro. Serão aqueles que ainda hei de fazer.

# Vida e obra de Darcy Ribeiro

Acervo Fundar

**1922**

Nasce na cidade de Montes Claros, Estado de Minas Gerais, a 26 de outubro, filho de Reginaldo Ribeiro dos Santos e de Josefina Augusta da Silveira Ribeiro.

**1939**

Começa a cursar a Faculdade de Medicina de Belo Horizonte. Nesse período, inicia a militância pelo Partido Comunista do Brasil (PCB), do qual se afastaria nos anos seguintes.

**1942**

Recebe uma bolsa de estudos para estudar na Escola de Sociologia e Política de São Paulo. Deixa o curso de Medicina e segue para a capital paulista.

**1946**

Licencia-se em Ciências Sociais pela Escola de Sociologia e Política de São Paulo, especializando-se em Etnologia, sob a orientação de Herbert Baldus.

**1947**

Ingressa no Serviço de Proteção aos Índios, onde conhece e colabora com Cândido Mariano da Silva Rondon, o Marechal Rondon, então presidente do Conselho Nacional de Proteção aos Índios. Realiza estudos etnológicos de campo entre 1947 e 1956, principalmente com os índios Kadiwéu, do Estado de Mato Grosso, Kaapor, da Amazônia, diversas tribos do Alto Xingu, no Brasil Central, bem como entre os Karajá, da Ilha do Bananal, em Tocantins, e os Kaingang e Xokleng, dos Estados do Paraná e Santa Catarina, respectivamente.

**1948**

Em maio, casa-se com a romena Berta Gleizer.
Publica o ensaio "Sistema familial Kadiwéu".

**1950**

Publica *Religião e mitologia Kadiwéu.*

**1951**

Publica os ensaios "Arte Kadiwéu", "Notícia dos Ofaié-Xavante" e "Atividades científicas da Secção de Estudos do Serviço de Proteção aos Índios".

**1953**

Assume a direção da Seção de Estudos do Serviço de Proteção aos Índios.

**1954**

Organiza o Museu do Índio, no Rio de Janeiro (rua Mata Machado, s/nº), que dirige até 1957. Ao lado dos irmãos Orlando e Cláudio Villas-Bôas, elabora o plano de criação do Parque Indígena do Xingu,

no Brasil Central. Escreve o capítulo referente à educação e à integração das populações indígenas da Amazônia na sociedade nacional, da Superintendência do Plano de Valorização Econômica da Amazônia (SPVEA).
Publica o ensaio “Os índios Urubu”.

**1955**

Organiza e dirige o primeiro curso de pós-graduação em Antropologia Cultural no Brasil para a formação de pesquisadores (1955/1956). Sob sua orientação, o Museu do Índio produz diversos documentários sobre a vida dos índios Kaapor, Bororo e do Xingu. Assume a cadeira de Etnografia Brasileira e Língua da Faculdade de Filosofia, Ciências e Letras da Universidade do Brasil, no Rio de Janeiro, função que exerce como professor contratado (1955/1956) e como regente da cátedra (1957/1961). Licenciado em 1962, é exonerado em 1964, com a cassação dos seus direitos políticos pela ditadura militar, e retorna à universidade somente em 1980, já com o nome de Universidade Federal do Rio de Janeiro (UFRJ). Por incumbência do Departamento de Ciências Sociais da Unesco, realiza um estudo de campo e de gabinete sobre o processo de integração das populações indígenas no Brasil moderno.
Publica o ensaio “The Museum of the Indian”.

**1956**

Realiza estudos sobre os problemas de integração das populações indígenas no Brasil para a Organização Internacional do Trabalho (OIT).
Publica o ensaio “Convívio e contaminação: defeitos dissociativos da população provocada por epidemias em grupos indígenas”.

**1957**

É nomeado diretor da Divisão de Estudos Sociais do Centro Brasileiro de Pesquisas Educacionais (1957/1959) do Ministério da Educação e Cultura (MEC).

Publica os ensaios "Culturas e línguas indígenas do Brasil" e "Uirá vai ao encontro de Maíra: as experiências de um índio que saiu à procura de Deus" e o livro *Arte plumária dos índios Kaapor* (coautoria de Berta Ribeiro).

**1958**

Empreende um programa de pesquisas sociológicas, antropológicas e educacionais destinado a estudar 14 comunidades brasileiras representativas da vida provinciana e urbana nas principais regiões do país. É eleito presidente da Associação Brasileira de Antropologia, exercendo o cargo entre os anos de 1958 e 1960.
Publica os ensaios "Cândido Mariano da Silva Rondon", "O indigenista Rondon" e "O programa de pesquisas em cidades-laboratório".

**1959**

Participa, com Anísio Teixeira, da campanha de difusão da escola pública frente ao Congresso Nacional, que elaborava a Lei de Diretrizes e Bases da Educação Nacional.
Publica o ensaio "A obra indigenista de Rondon".

**1960**

É encarregado pelo governo Juscelino Kubitschek de coordenar o planejamento da Universidade de Brasília (UnB). Organiza, para isso, uma equipe de uma centena de cientistas e pensadores.
Publica os ensaios "Anísio Teixeira, pensador e homem de ação", "A universidade e a nação", "A Universidade de Brasília" e "Un concepto de integración social".

**1961**

É nomeado diretor da Comissão de Estudos de Estruturação da Universidade de Brasília por Jânio Quadros.

**1962**

Toma posse como o primeiro reitor da Universidade de Brasília, cargo que exerce até 1963. É eleito presidente do Centro Brasileiro de

Pesquisas Físicas. Assume como ministro da Educação e Cultura do Gabinete Parlamentarista do primeiro-ministro Hermes Lima. Publica o ensaio "A política indigenista brasileira".

**1963**

Exerce a chefia da Casa Civil do presidente João Goulart, até 31 de março de 1964, quando se exila no Uruguai devido ao golpe militar.

**1964**

Exerce, até setembro de 1968, o cargo de professor de Antropologia em regime de dedicação exclusiva da Faculdade de Humanidades e Ciências da Universidade da República Oriental do Uruguai.

**1965**

Publica o ensaio "La universidad latinoamericana y el desarrollo social".

**1967**

Dirige o Seminário sobre Estruturas Universitárias, organizado pela Comissão de Cultura da Universidade da República Oriental do Uruguai.
Publica o livro *A universidade necessária.*

**1968**

Recebe o título de Doutor *Honoris Causa* pela Universidade da República Oriental do Uruguai. Retorna ao Brasil em setembro por ter sido anulado, pelo Supremo Tribunal Militar, o processo que lhe havia sido imposto pelo tribunal militar. Com o Ato Institucional nº 5 do regime militar brasileiro, é preso em 13 de dezembro.
Publica os ensaios "La universidad latinoamericana" e "Política de desarrollo autónomo de la universidad" e o livro *O processo civilizatório: etapas da evolução sociocultural* (Série Estudos de Antropologia da Civilização).

**1969**

Julgado por um tribunal militar, é absolvido por unanimidade a 18 de setembro, em sentença confirmada pelo Superior Tribunal Militar.

É aconselhado a retirar-se novamente do país. Fixa-se em Caracas, sendo então contratado pela Universidade Central da Venezuela para dirigir um seminário interdisciplinar de Ciências Humanas, destinado a professores universitários e estudantes pós-graduados, e para coordenar um grupo de trabalho dedicado a estudar a renovação da Universidade.

A revista *Current Anthropology* promove um debate internacional sobre seu livro *The Civilizational Process* e seu ensaio "Culture-Historical Configurations of the American People".

**1970**

Participa do 39º Congresso Internacional de Americanistas, realizado em Lima, Peru, em agosto, como coordenador do seminário Formação e Processo das Sociedades Americanas, no qual apresenta o trabalho "Configurações Histórico-Culturais dos Povos Americanos", que publicaria no mesmo ano. Conclui seus estudos dos sistemas universitários, publicados em *La universidad latinoamericana.* A convite da Universidade Nacional da Colômbia, integra, em setembro, um grupo de peritos em problemas universitários que realiza um seminário em Bogotá para debater os aspectos acadêmicos da universidade: políticas, programas, estrutura.

Publica os livros *Propuestas acerca de la renovación* e *Os índios e a civilização: a integração das populações indígenas no Brasil moderno* (Série Estudos de Antropologia da Civilização).

**1971**

Prepara, a pedido da Divisão de Estudos das Culturas da Unesco, a introdução geral à obra *América Latina em sua arquitetura.* Participa de um congresso sobre o problema indígena, realizado em Barbados, sob os auspícios do Conselho Mundial de Igrejas, e colabora como um dos redatores da Declaração de Barbados sobre etnocídio dos índios. Participa do Colóquio Internacional sobre o Ensino das Ciências Sociais, realizado em Argel, apresentando trabalho em colaboração com Heron de Alencar. Em julho, convidado pelo Athe-

neo de Caracas, ministra uma série de seis palestras sobre Teoria da Cultura, resumidas em quatro conferências na Universidade de Los Andes, Mérida, Venezuela.
Publica o livro *O dilema da América Latina: estruturas de poder e forças insurgentes* (Série Estudos de Antropologia da Civilização).

**1972**

Em janeiro, com Oscar Varsavsky, Amílcar Herrera e um grupo de educadores do Conselho Nacional da Universidade Peruana, prepara um plano de reestruturação do sistema universitário peruano. Participa da II Conferência Latino-Americana de Difusão Cultural e Extensão Universitária, promovida em fevereiro, no México, pela União das Universidades Latino-Americanas (Udual), apresentando o trabalho "¿Qué integración latinoamericana?". Em abril, volta a Lima para reunião do Conselho Nacional da Universidade Peruana (Conup) e escreve, em seguida, o estudo "La universidad peruana". Radica-se em Lima, Peru, onde planeja, organiza e passa a dirigir o Centro de Estudos de Participação Popular, financiado pelo Programa das Nações Unidas para o Desenvolvimento (Pnud), pela Organização Internacional do Trabalho (OIT) e por sua contraparte peruana, o Sistema Nacional de Mobilização Social (Sinamos). Por solicitação do Ministério de Educação e Pesquisa Científica da República da Argélia, elabora o projeto de estruturação da Universidade de Ciências Humanas de Argel, que conta com um projeto arquitetônico de Oscar Niemeyer. Entre junho e julho, assina, em Genebra, um contrato com a OIT para dirigir o projeto *Pnud-OIT Per 71.550*. Posteriormente, segue para Belgrado, Paris e Madri para visitar e estudar cooperativas e sistemas de participação. Em setembro é contratado como professor visitante do Instituto de Estudos Internacionais da Universidade do Chile e fixa residência em Santiago.
Publica os ensaios "Civilización y criatividad" e "¿Qué integración latinoamericana?" e o livro *Os brasileiros: teoria do Brasil*.

**1973**

Viaja ao Equador para participar de um programa de estudos do Centro Nacional do Planejamento e de seminários nas universidades. Publica o ensaio "Etnicidade, indigenato e campesinato" e o livro *La universidad nueva, un proyecto.*

**1974**

Participa, em agosto, do 41º Congresso Internacional de Americanistas, realizado no México, dirigindo um seminário sobre o problema indígena. Em outubro, participa do Ciclo de Conferências nas Universidades do Porto, de Lisboa e de Coimbra, sobre reforma universitária. Em dezembro, regressa ao Brasil para tratamento médico, pondo fim ao seu exílio político.

Separa-se de Berta Ribeiro.

Publica o ensaio "Rethinking the University" e os livros *Uirá sai à procura de Deus: ensaios de etnologia e indigenismo* e *La universidad peruana.*

**1975**

Reassume, em junho, a direção do Centro de Estudos de Participação Popular, em Lima.

Em outubro, participa da comissão organizada pelo Pnud para planejar a Universidade do Terceiro Mundo, no México.

Publica o ensaio "Tipologia política latino-americana" e o livro *Configurações histórico-culturais dos povos americanos.*

**1976**

Participa do Seminário de Integração Étnica do Congresso Internacional de Ciências Humanas na Ásia, África e América, organizado pelo Colégio do México e realizado na Cidade do México, em agosto. Preside um simpósio sobre o problema indígena, realizado em Paris, em setembro, pelo Congresso Internacional de Americanistas.

Em outubro, regressa definitivamente ao Brasil.

Publica o ensaio "Os protagonistas do drama indígena" e o livro *Maíra*, seu primeiro romance.

**1977**

Participa de conferências no México e em Portugal.

**1978**

Participa da campanha contra a falsa emancipação dos índios, pretendida pela ditadura militar brasileira.
Casa-se com Claudia Zarvos.
Publica o livro *UnB: invenção e descaminho*.

**1979**

Recebe, em 13 de maio, na Sorbonne, o título de Doutor *Honoris Causa* pela Universidade de Paris IV. A coleção "Voz Viva de América Latina", da Universidade Nacional Autônoma do México (Unam), lança um disco de Darcy Ribeiro apresentado por Guillermo Bonfil Batalla. No disco, Darcy recita trechos de seu livro *Maíra*.
Publica o livro *Sobre o óbvio: ensaios insólitos*.

**1980**

Anistiado, retorna ao cargo de professor titular do Instituto de Filosofia e Ciências Sociais da Universidade Federal do Rio de Janeiro. Participa como membro do júri do 4º Tribunal Russell, que se reuniu em Roterdã, na Holanda, para julgar os crimes contra as populações indígenas das Américas. Integra a Comissão de Educadores convocada pela Unesco e que se reuniu em Paris, em novembro de 1980, para definir as linhas de desenvolvimento futuro da educação no mundo. A revista *Civilização Brasileira*, em seu volume 19, publica uma entrevista com Darcy Ribeiro sob o título: "Darcy Ribeiro fala sobre pós-graduação no Brasil". É eleito membro do Conselho Diretor da Faculdade Latino-Americana de Ciências Sociais (FLACSO).

**1981**

Participa como membro da Diretoria da 1ª Reunião do Instituto Latino-Americano de Estudos Transnacionais (Ilet).
Publica o romance *O Mulo*.

**1982**

Participa do Seminário de Estudos da Amazônia da Universidade da Flórida (fevereiro/março). Visita São Francisco e Filadélfia. É recebido na Universidade de Columbia e participa da reunião da Latin American Studies Association (Lasa), em Washington. Participa, em abril, do ciclo de conferências na Universidade de Madri.
É eleito vice-governador do Estado do Rio de Janeiro.
Publica o ensaio "A nação latino-americana" e o romance *Utopia selvagem*.

**1983**

Participa dos Rencontres Internationales de la Sorbonne: Création e Développement.
Assume as funções de secretário de Estado da Secretaria Extraordinária de Ciência e Cultura e de chanceler da Universidade do Estado do Rio de Janeiro.

**1984**

Como secretário extraordinário de Ciência e Cultura:

1) Planeja e coordena a construção do Sambódromo.
2) Constrói a Biblioteca Pública Estadual do Rio de Janeiro, organizada como um centro de difusão cultural baseado tanto no livro como nos modernos recursos audiovisuais, destinado a coordenar a organização e o funcionamento das bibliotecas dos Centros Integrados de Educação Pública (Ciep).
3) Organiza o Centro Infantil de Cultura do Rio, como modelo integrado de animação cultural, aberto a centenas de crianças.
4) Reedita a *Revista do Brasil.*

Publica o ensaio "La civilización emergente" e o livro *Nossa escola é uma calamidade.*

**1985**

Coordena o planejamento da reforma educacional do Rio de Janeiro e põe em funcionamento:

1) uma fábrica de escolas, destinada a construir mil unidades escolares de pequeno e médio porte;

2) a edificação de 300 Ciep para assegurar a educação, em horário integral, de 300 mil crianças.

Organiza, no antigo prédio da Alfândega, o Museu França-Brasil (atualmente Casa França-Brasil), com a colaboração do Ministro da Cultura da França, Jack Lang.

Publica o livro *Aos trancos e barrancos.*

**1986**

Darcy licencia-se dos cargos de vice-governador e secretário de Estado para concorrer ao pleito fluminense. Deixa para o Estado do Rio de Janeiro vários legados, como o Monumento a Zumbi dos Palmares, a Casa de Cultura Laura Alvim, o Restauro da Fazenda Colubandê, em São Gonçalo, e 40 atos de tombamento, incluindo 150 bens imóveis, com destaque para a Casa da Flor, a Fundição Progresso, os bondes de Santa Teresa, quilômetros de praias do litoral fluminense, a praia de Grumari, as dunas de Cabo Frio, diversos coretos públicos, a Pedra do Sal e o sítio de Santo Antônio da Bica, de Antônio Burle Marx. Cria a Casa Comunitária, um novo modelo de atendimento para milhares de crianças pobres.

Edita, com Berta Ribeiro, o livro *Suma etnológica brasileira*, em três volumes.

Reintegra-se ao corpo de pesquisadores do CNPq, para retomar e concluir seus Estudos de Antropologia da Civilização.

Publica os livros *América Latina: a pátria grande* e *O livro dos CIEP.*

**1987**

Assume o cargo de secretário de Estado da Secretaria de Desenvolvimento Social no Estado de Minas Gerais, para programar uma reforma educacional. A convite da Universidade de Maryland (EUA), participa de um ciclo de debates sobre a realidade brasileira. Elabora a programação cultural do Memorial da América Latina, a convite do então governador de São Paulo, Orestes Quércia.

**1988**

Profere conferências em Munique, Paris e Roma. Comparece à reunião anual da Tribuna Socialista em Belgrado e visita Sarajevo. Viaja a Cuba, México, Guatemala, Peru, Equador e Argentina para selecionar obras de arte para constituir o futuro acervo do Memorial da América Latina.
Publica o romance *Migo*.

**1989**

Como parte da campanha de Leonel Brizola à presidência da República do Brasil, coordena, nas capitais do país, a realização do Fórum Nacional de Debates dos Problemas Brasileiros. Participa, em Caracas, do Foro de Reforma do Estado, onde fala das Dez Mentiras sobre a América Latina. É reincorporado ao corpo docente da Universidade de Brasília, por ato ministerial proposto pela universidade. Comparece, como convidado especial, ao ato de posse do presidente Carlos Andrés Pérez, da Venezuela. Participa das jornadas de reflexão sobre a América Latina.
Publica o ensaio "El hombre latinoamericano 500 años después".

**1990**

Participa de debates internacionais na Alemanha (sobre intercâmbio cultural Norte-Sul) e na França (sobre a Amazônia e a defesa das populações indígenas). Integra o Encontro de Ensaístas Latino-Americanos, realizado em Buenos Aires. É eleito senador pelo Estado do Rio de Janeiro, nas mesmas eleições que reconduziram Leonel Brizola ao governo do Estado do Rio de Janeiro.
Publica o ensaio "A pacificação dos índios Urubu-Kaapor" e os livros *Testemunho* e *O Brasil como problema*.

**1991**

Licencia-se de seu mandato no Senado para assumir a Secretaria de Projetos Especiais de Educação do Governo Brizola, com a missão de promover a retomada da implantação dos Ciep (ao todo, foram inaugurados 501).

**1992**

É eleito membro da Academia Brasileira de Letras, ocupando a cadeira de nº 11. Elabora e inaugura a Universidade Estadual do Norte Fluminense, em Campos dos Goytacazes.
Publica os ensaios "Tiradentes estadista" e "Universidade do terceiro milênio: plano orientador da Universidade Estadual do Norte Fluminense" e o livro *A fundação do Brasil, 1500/1700* (em colaboração com Carlos de Araújo Moreira Neto).

**1994**

Concorre, ao lado de Leonel Brizola, à Presidência da República.
É internado em estado grave no Hospital Samaritano do Rio de Janeiro.
Publica o ensaio "Tiradentes".

**1995**

Deixa o hospital e segue para sua casa em Maricá, no intuito de concluir a série Estudos de Antropologia da Civilização, o que acaba por conseguir com a obra *O povo brasileiro: a formação e o sentido do Brasil.*
Publica também o livro *Noções de coisas* (com ilustrações de Ziraldo).

**1996**

Assina uma coluna semanal no jornal *Folha de S.Paulo*. Retoma sua cadeira no Senado e concentra suas atividades na aprovação da Lei nº 9.394/1996 (Lei de Diretrizes e Bases da Educação Nacional – Lei Darcy Ribeiro). Recebe o título de Doutor *Honoris Causa* da Universidade de Brasília. Recebe o Prêmio Interamericano de Educação Andrés Bello, concedido pela Organização dos Estados Americanos (OEA).
Publica os ensaios "Los indios y el Estado Nacional" e "Ethnicity and Civilization" (este com Mércio Gomes) e o livro *Diários índios: os Urubu-Kaapor.*

**1997**

Publica os livros *Gentidades*, *Mestiço é que é bom* e *Confissões.*
Falece, em 17 de fevereiro, na cidade de Brasília, no dia em que defenderia o seu Projeto Caboclo no Senado.

# Leia também, de Darcy Ribeiro

Darcy Ribeiro foi um homem múltiplo: antropólogo, etnólogo, político, educador e um dos mais importantes intelectuais brasileiros, além de ter ajudado na fundação do Parque Indígena do Xingu. *Maíra*, seu romance de estreia, traz para o universo ficcional sua experiência como antropólogo, o que levou o crítico literário Antonio Candido a afirmar: "curioso é o caso de um antropólogo como Darcy Ribeiro, que no romance *Maíra* renovou o tema indígena, superando a barreira dos gêneros numa admirável narrativa onde o mitológico, o social e o individual se cruzam para formar um espaço novo e raro".

Em *Maíra*, o índio Avá deixa o convívio de sua tribo, ainda menino, e parte para Roma com o propósito de se tornar padre e missionário. Seu retorno, acompanhado da carioca Alma, resulta em momentos intensos, que mostram a riqueza da cultura indígena e sua inadequação aos valores hegemônicos da sociedade cristã.

No romance, vê-se a apaixonada defesa da causa indígena, promovida pelo autor durante toda sua trajetória de antropólogo. Embebido por leituras teóricas sobre o universo dos índios e, especialmente, por sua experiência de vida junto a eles, Darcy constrói aqui uma narrativa instigante e envolvente em torno do contato entre o mundo dos conquistadores e o dos conquistados, flagrando os desdobramentos trágicos resultantes desse encontro.

*Utopia selvagem*, que tem o esclarecedor subtítulo "Saudades da inocência perdida" é uma fábula (assim o autor a batizou) escrita em tom lúdico, como se o mundo dos homens fosse um grande parque de diversões. É uma boa maneira de se dizer verdades duras e seduzir o leitor, sem aborrecê-lo. Com irreverência e deboche, Darcy Ribeiro conta as aventuras de um novo Macunaíma (a comparação é inevitável), em busca do Eldorado, vividas em um Brasil mítico e simbólico, mas em substância muito real, povoado por amazonas, índios que não entendem a civilização dos brancos, missionárias religiosas que não entendem a cultura dos índios e uma tropa do exército brasileiro numa estapafúrdia missão na Amazônia.

Engolido por uma nuvem branca, o negro Pitum cai no "país mulheril", tribo indígena habitada só por mulheres, onde exerce as funções de reprodutor único. A felicidade não é eterna, e logo a tal nuvem branca o leva a outra tribo de índios, oportunidade para o autor dar plena vazão à fantasia, realçando o choque entre a mentalidade dos índios e a dos civilizados e a busca problemática por uma inocência perdida, que talvez nunca tenha existido. E, de repente, como saído do nada, surge o personagem Próspero, emissário da civilização moderna, garoto de recado das multinacionais, revelando o pensamento das grandes potências sobre uma discutível estrutura de poder e gozo vigente no Brasil.

Polêmico, visionário, divertidíssimo e contraditório, *Utopia selvagem*, com sua liberdade de composição, sua mistura de fantasias e reflexões contundentes, ditas em tom descompromissado e terminando com uma inesquecível e gozadíssima guerra escatológica, é na verdade uma antiutopia, um retrato mágico de um país ainda em busca de sua verdadeira identidade.